Kamala Harris
la conquérante

Du même auteur

La Nouvelle Révolution américaine, Plon, 2016.
Les Transgressifs au pouvoir, Plon, 2017.
Kamala Harris, la pionnière de l'Amérique, Plon, 2021.

Olivier Piton

Kamala Harris
la conquérante

PLON
www.plon.fr

92, avenue de France
75013 Paris
Tél. : 01 45 87 50 01
www.plon.fr
www.lisez.com

Dépôt légal : septembre 2024
ISBN : 978-2-259-32151-8
Mise en pages : Nord Compo

À Éléonore, ma fille.

Avant-propos

Genèse

20 janvier 2021. Sous une température clémente, Washington s'était parée des couleurs rouge, blanc, bleu du drapeau américain, et des stickers au nom des deux vainqueurs ornaient aussi bien les voitures que les commerces d'une capitale américaine aux anges, et qui avait voté démocrate à près de 95 %. Le contraste était saisissant dans une ville qui ressemblait toujours, à l'époque, à un camp retranché dans laquelle 20 000 membres de la garde nationale campaient en permanence depuis les événements tragiques du 6 janvier 2021.

Le front ouest du Capitole où devait initialement se tenir la 59e cérémonie d'investiture du pays était désert. En raison du Covid-19 et de mesures de sécurité draconiennes liées aux émeutes qui avait choqué l'Amérique et le monde à peine trois semaines plus tôt, les milliers de sympathisants attendus ne furent pas autorisés à se rendre sur la « colline », cœur du pouvoir législatif des États-Unis. À la place, 200 000 drapeaux américains furent disposés sur le parterre central.

Un peu plus de deux mois auparavant, le mardi 3 novembre 2020, le ticket démocrate constitué de Joe Biden et Kamala Harris battait le Président républicain sortant Donald Trump et le vice-président sortant Mike Pence. L'élection connut le taux de participation en pourcentage le plus élevé depuis 1900. Plus de 81 millions de votants s'exprimèrent en faveur du binôme démocrate, un record, contre 74 millions pour leurs adversaires[1].

Le matin de la cérémonie d'investiture de son adversaire, Trump avait quitté Washington pour son complexe Mar-a-Lago à Palm Beach, en Floride, depuis la base Andrews à bord d'Air Force One. Des canons avaient tiré une salve en guise de salut, après qu'une fanfare militaire eut joué « Hail to the Chief », devant une foule famélique de quelques dizaines de supporters. Contrairement à Mike Pence qui était présent, Trump avait refusé d'assister à la cérémonie, devenant le premier Président sortant à agir de la sorte depuis Andrew Johnson en 1869.

Le conte de fées pouvait commencer. Émus et empreints de solennité, Kamala et Doug avaient pénétré sur le parvis à la suite de Joe et Jill Biden. Les personnalités se levèrent. Il y avait les juges de la Cour suprême qui symbolisaient le pouvoir judiciaire, les membres du Congrès représentant le pouvoir législatif, et les anciens

---

1. *The New York Times*, « 2020 Presidential Election Results : Joe Biden Wins », 3 novembre 2020.

présidents et leurs épouses Bill et Hillary Clinton, George et Laura Bush, et Barack et Michelle Obama pour le pouvoir exécutif. Jimmy Carter, très malade et âgé, s'était fait excuser. Mike Pence représentait les sortants. Enfin se trouvaient les représentants des principaux corps constitués et les ambassadeurs. Les trompettes se mirent à sonner. Le US Marine Band, surnommé « The President's Own », joua « Hail, America », l'hymne officiel des présidents des États-Unis, au moment où Joe Biden se plaça au centre du parvis. Puis l'orchestre militaire interpréta « Hail, Columbia », l'hymne officiel des vice-présidents, lorsque Kamala Harris, vêtue d'une longue robe bleue tirant sur le mauve lui arrivant à mi-mollet se plaça derrière le Président.

La poétesse afro-américaine Amanda Gorman suscita la première grande émotion de cette journée. Elle récita l'un de ses plus beaux textes, intitulé *La Colline que nous gravissons*[1], dans un silence quasi religieux.

Puis la cérémonie proprement dite débuta, à 11 h 40. Sous un soleil pâle, le sénateur Roy Blunt, président du Comité mixte du Congrès sur les cérémonies d'inauguration et maître de cérémonie, prononça un bref discours d'introduction, dissertant notamment sur le préambule de la Constitution, qui commence par le célèbre « Nous, le peuple ». Leo O'Donovan, prêtre catholique et ancien président de l'université de Georgetown, s'avança et fit une courte prière pour Joe Biden et Kamala Harris. Lady Gaga entonna l'hymne national, et la présidente

1. Fayard, 2021.

du syndicat des pompiers de Géorgie, Andrea Hall, prêta le serment d'allégeance, utilisant la langue des signes américaine. Enfin, Jennifer Lopez chanta « This Land Is Your Land » et termina par un dernier couplet en espagnol.

Le moment tant attendu arriva enfin. Après que Joe Biden eut prêté serment sur une bible qui appartenait à sa famille depuis 1893, Kamala Harris s'avança à son tour sur le parterre. Droite, le visage grave, un léger sourire aux lèvres, elle leva la main droite et prêta serment sur deux bibles qui appartenaient à son mari. La petite fille d'Oakland jeta furtivement un regard vers le ciel. Elle savait que, de là-haut, Shyamala, sa mère décédée dix ans plus tôt, la regardait. Mais l'histoire ne faisait que commencer. En 2021, nous n'étions qu'au début de l'épopée.

Introduction

« Ma fille, tu es peut-être la première dans beaucoup de domaines, mais assure-toi que tu ne seras pas la dernière[1]. » La mère de Kamala Harris, Shyamala, son modèle et son mentor, avait beau lui répéter cette phrase, elle n'aurait jamais imaginé le rôle de pionnière que sa fille allait un jour incarner en Amérique.

Car Kamala Harris n'est pas « que » la première femme élue à la vice-présidence des États-Unis.

Si le pays de John Adams, le premier vice-président sous George Washington, a déjà eu plusieurs candidates à la vice-présidence, dont la démocrate Geraldine Ferraro en 1984 et la républicaine Sarah Palin en 2008, et une candidate à la présidence, Hillary Clinton en 2016, Kamala Harris restera à jamais la première à avoir été élue à la deuxième fonction la plus importante des États-Unis. Elle est la première femme à occuper le 1, Observatory Circle, la résidence des vice-présidents dans la propriété de l'Observatoire naval, à un peu moins de quatre kilomètres de la Maison Blanche.

1. Dan Morain, *Kamala's Way : An American Life*, p. 1.

La Californienne est également la première Américaine d'origine asiatique, la première Américaine d'origine indienne, la première personne d'origine jamaïcaine et d'origine afro-américaine à devenir vice-présidente. Son mari est le premier « Second Gentleman » de l'histoire de son pays.

Enfin, avant d'entamer sa carrière politique, elle fut la première femme procureure générale de Californie. Car le droit est sa vraie vocation. Kamala Devi Harris est, avant tout, une justicière dans l'âme.

La question n'est donc plus de savoir si Kamala Harris laissera sa marque dans l'histoire de son pays. Celle-ci ne se pose plus. Elle est de juger laquelle et de mesurer la profondeur du sillon. Qu'a-t-elle fait de ses quatre ans de mandat de vice-présidente ? Par quelles circonstances exceptionnelles celle qui se destinait à concourir comme colistière de Joe Biden pour un nouveau mandat de quatre ans s'est finalement retrouvée propulsée comme candidate à la présidentielle ?

En ce jour du 25 août 2024, à moins de deux mois et demi de l'élection présidentielle américaine qui se tiendra le 5 novembre, seulement neuf vice-présidents ont été amenés à occuper le Bureau ovale : soit qu'ils aient été élus eux-mêmes, soit qu'ils aient été amenés à remplacer le Président. Au cours du XXe siècle, ce fut uniquement le cas de Harry Truman après la mort de Franklin Roosevelt en 1945, Lyndon Johnson après l'assassinat de John Fitzgerald Kennedy en 1963, ou encore

Gerald Ford après la démission de Richard Nixon en 1973.

Kamala Harris est une enfant de l'entre-deux-siècle aux États-Unis, celui du passage au multiculturalisme et à l'aspiration à l'égalité des droits entre les femmes et les hommes. Elle est issue d'un métissage qui préfigure les États-Unis de demain. Elle est la fille de deux immigrés, qu'elle présente comme l'accomplissement du rêve américain. Ses parents, elle indienne et lui jamaïcain, tous les deux étudiants étrangers, se sont rencontrés à Berkeley, au début de la lutte pour les droits civiques. Sa mère, Shyamala Gopalan, fille d'un diplomate indien, est devenue une spécialiste du cancer du sein. Son père, Donald Harris, a obtenu une chaire de professeur d'économie à Stanford. Ainsi, enfant d'une famille aisée et éduquée de la côte ouest, elle a baigné dans l'idéologie progressiste des années 1970 en Californie, qu'elle a intégrée avant de la dépasser par des choix de luttes plus en accord avec les aspirations de sa génération.

Malgré les origines indiennes de sa mère, elle se revendique comme Afro-Américaine et affiche « baptiste » dans la case « religion ». Sa mère a élevé Kamala et sa sœur Maya comme des enfants noires. Sans jamais renier les origines indiennes de leur mère, elles se sont toujours identifiées comme étant « noires », contrairement à ce qu'ont affirmé les républicains pendant l'été 2024 en ciblant la démocrate. Et le choix de Kamala Harris de faire du droit lui vient de son amour pour la justice sociale. Elle s'est notamment attachée à la protection des femmes et des enfants. Elle le démontrera très tôt, dès son premier poste d'adjointe au procureur du comté d'Alameda, près d'Oakland où elle se fit rapidement connaître pour sa pugnacité et ses interrogatoires incisifs.

Raconter le parcours de Kamala Harris, c'est raconter la révolution féministe, égalitariste et multiculturelle en cours aux États-Unis. C'est tenter d'expliquer que cette femme fut portée par un vaste mouvement qui la dépasse. Mais qu'elle a dompté pour en devenir une sorte d'égérie du « nouveau monde ».

Après ses quatre années de vice-présidence que nous détaillerons ici, Kamala Harris est-elle au bon endroit et au bon moment ? Le temps est-il venu pour une femme de diriger les États-Unis ?

Qu'elle remporte ou non cette élection ne modifiera pas la marche en avant de l'histoire. Ses racines et son éducation, issues de cultures multiples, lui permettent d'incarner mieux que quiconque l'Amérique telle qu'elle se présente au XXIe siècle et d'autres leaders à l'avenir, hommes ou femmes, représenteront et symboliseront encore davantage les États-Unis de ce premier quart du siècle.

En outre, Kamala Harris a parfaitement su s'intégrer dans les réseaux de la communauté blanche. Issue de la bourgeoisie éduquée californienne, c'est tout naturellement qu'elle fut admise dans les cercles de pouvoir.

Prudente et forte de l'expérience de ses aînés, le début de sa carrière de procureure l'a montrée très soucieuse d'éviter les pièges de la catégorisation raciale. Elle se fond, sans surprise, dans le discours post-racialiste d'un Barack Obama et se décrit à l'époque comme « américaine ».

Son attitude évoluera néanmoins en 2011, lors de sa campagne en tant que procureure générale. Elle assume d'adopter alors une approche plus communautariste, plus radicale, d'autant que son adversaire républicain est un homme blanc. Mais la Californie de l'époque a déjà réalisé son *aggiornamento* politique et la majorité progressiste blanche, notamment les femmes, a suivi le mouvement.

Elle retrouvera un temps sa prudence en tant que vice-présidente, tentant, avec plus ou moins de réussite, d'incarner, comme Joe Biden, une Amérique qui doit se réconcilier avec elle-même.

Exception faite dans un seul dossier, mais qui lui tient tant à cœur, quand Kamala Harris repartira en guerre pour défendre les droits des femmes et de ce que l'on appelle les « droits reproductifs » après la décision de la Cour suprême, en juin 2022, de renverser la jurisprudence fédérale sur l'interruption volontaire de grossesse.

Dans sa vie privée, elle ne se sent nullement prisonnière d'un carcan racial, se souciant peu de la couleur de peau ou de la religion de ses partenaires de vie. Sa première relation sérieuse, elle la vit avec un Afro-Américain de trente ans son aîné, Willie Brown, mais elle se mariera avec Doug Emhoff, un Juif de Brooklyn. Sans enfants, elle vit bien dans une cellule familiale recomposée qu'elle estime être la quintessence de la famille américaine moderne. Une image d'elle que les médias adoptent rapidement et qui participera de sa popularité, notamment auprès des femmes.

Kamala Harris est aussi un style. Avant d'être vice-présidente, et donc moins soumise au protocole, on la reconnaissait à ses éternelles Converse aux pieds qui lui permettaient de se lancer avec bonheur dans des danses rythmées à chaque fin de meetings et qui deviendront rapidement virales sur les réseaux sociaux. Son rire reste cristallin et communicatif. Elle a su donner d'elle une image de femme joyeuse, résolument optimiste. Même les caricaturistes conservateurs la grimaient avec un fou rire, certes grotesque, mais un fou rire quand même. Et c'est avec un immense éclat de rire qu'elle accueillit la proposition de Joe Biden de faire d'elle sa colistière en 2020, comme c'est avec ce même rire qu'elle débuta son discours d'intronisation à la Convention démocrate, le 22 août 2024.

Cette fraîcheur, qu'elle soit surjouée ou non, est souvent accompagnée d'un humour caustique, de traits d'esprit bien campés et d'une bonne dose d'autodérision.

Lors d'un échange sur X (anciennement Twitter) avec le fils de Donald Trump, celui-ci avait lancé : « Pourquoi @KamalaHarris est-elle la seule personne qui rit de ses propres blagues[1] ? » « Parce que vous ne sauriez pas reconnaître une blague si quelqu'un vous en faisait une[2] », lui rétorqua-t-elle en réponse.

Si son image profita de ses coups de charme, Kamala Harris accéda véritablement à la célébrité nationale par ses coups de griffe.

Ses interrogatoires impitoyables de Brett Kavanaugh, alors candidat à la Cour suprême, et suspecté de harcèlement sexuel, la propulsèrent en pleine lumière. Les Américains apprirent à connaître son sourire carnassier. Elle n'avait été le premier « flic » de Californie pour rien. La défense des femmes lui servait de boussole, et elle savait manier la rudesse voire la brutalité pour défendre ses valeurs.

Était-elle pour autant « assez » progressiste pour l'époque ? Comme vice-présidente, elle n'a pas dérogé d'un iota à la ligne fixée par Joe Biden, y compris sur Gaza où elle était supposée être davantage à l'écoute des campus étudiants en ébullition. Avant son mandat, elle s'était montrée opposée à la peine de mort et avait milité, avec retard, en faveur du mariage homosexuel, mais les plus radicaux à gauche avaient critiqué son penchant sécuritaire quand elle était procureure générale de Californie. C'était la même Kamala Harris qui défendait les enfants maltraités ou abusés, mais qui avait institué des peines

1. Tweet de Donald Trump Jr., 11 octobre 2019, 20 h 23.
2. Tweet de Kamala Harris, 11 octobre 2019, 21 h 13.

d'emprisonnement pour les parents dont les enfants étaient déscolarisés pour cause d'absentéisme répété.

De même, elle fut l'une des plus critiques contre Donald Trump lors des détentions de migrants à la frontière mexicaine, mais, une fois vice-présidente, ce fut elle qui se montra la plus ferme contre l'immigration clandestine lors de ses déplacements au Mexique et au Guatemala avant d'échouer, tout comme Joe Biden, à régler le problème devenu un des principaux thèmes de campagne des républicains à partir de 2021.

Bien souvent, les médias s'interrogèrent sur qui était *vraiment* Kamala Harris. Femme d'une époque de grande transformation, elle est à l'image de ces temps troublés alliant un idéalisme né de ses jeunes années militantes avec un pragmatisme assumé, dont le cynisme de la politique n'est peut-être pas totalement absent.

In fine, sa complexité est la nôtre et dépasse le cadre américain pour recouvrer l'ensemble des questionnements que rencontre actuellement l'Occident. Ses contradictions se trouvent chez la plupart d'entre nous. Elle ne chemine pas sur une route claire et dégagée. Elle défriche. Qu'elle gagne ou qu'elle perde en novembre prochain ne changera pas la nouvelle donne. Ce que cette justicière trouvera au bout de sa machette sera le monde dans lequel nous vivrons tous demain.

Washington DC, le 25 août 2024.

I

LA FIDÈLE

1

Présidente... du Sénat

Kamala Harris connaît mal le Sénat. La brièveté de son passage, où elle n'aura même pas effectué un mandat complet (tout comme Barack Obama), ne lui a pas permis de connaître les arcanes d'une institution régie par des codes anciens, où chaque membre, dans une hiérarchisation qui n'est pas sans rappeler les liens jadis tissés dans l'Europe médiévale, se doit d'être le féal ou le vassal d'un autre.

Et pourtant, en vertu de l'article I, section E, clause 4 de la Constitution des États-Unis[1], le vice-président des États-Unis est traditionnellement le président du Sénat. Même si c'est le président *pro tempore* (le doyen du parti majoritaire) qui occupe la présidence, le vice-président a l'immense prérogative d'user de son droit de vote en cas d'égalité des voix.

Voilà la première tâche paradoxale dévolue à Kamala Harris, toute nouvelle vice-présidente des États-Unis : la seconde tête du pouvoir exécutif doit l'avoir tournée résolument vers le pouvoir législatif. La bonne

1. https://constitution.congress.gov/constitution/article-1/

nouvelle est que le nouveau Congrès, issu des urnes du 3 novembre 2020, a tout pour lui plaire.

La colistière de Joe Biden n'est pas la seule à avoir brisé le fameux « plafond de verre ». Selon le CAWP (Center for American Women and Politics)[1], le 117e Congrès du pays compte 135 femmes (103 démocrates et 32 républicaines), du jamais-vu.

Au cours de ces élections, les femmes et la diversité ont gravi de nouveaux sommets, même si, par rapport à la représentation globale, le compte n'y est toujours pas et ne peut souffrir de la comparaison avec la majorité des parlements d'Europe occidentale.

Les femmes, tout d'abord, représentent toujours un peu moins du quart des 535 sièges que compte le Congrès américain. À la Chambre des représentants, elles sont désormais 111 (87 démocrates, 24 républicaines), soit un peu plus de 25 % des élus, contre 23 % jusqu'à présent. Le Sénat est composé de 24 femmes (16 démocrates, 8 républicaines), sans inclure Kamala Harris. Les sénatrices représentent désormais 24 % des élus. Mais ici, le record ne sera pas battu puisque le Sénat sortant en comptait 26 %.

Quant aux élues afro-américaines, latino-américaines, amérindiennes, etc. le résultat est à somme nulle. La Chambre des représentants compte autant d'élues de couleur que deux ans auparavant, à savoir 44 (42 démocrates, pour seulement 2 républicaines). Le Sénat qui en comptait quatre, étant donné que Kamala Harris quitte son poste de sénatrice pour celui de vice-présidente, n'en a plus que trois.

---

1. https://cawp.rutgers.edu

Pourtant, la double symbolique du renouvellement et de la féminisation est bien présente et le duo de l'exécutif communique allègrement sur « le verre à moitié plein » au lendemain des élections plutôt que sur l'inverse.

Du symbole, en voilà : trois Amérindiennes siègent désormais à la Chambre des représentants. Un record. Les deux démocrates Deb Haaland élue pour le Nouveau-Mexique (issue de la tribu Laguna Pueblo) et Sharice Davids élue pour le Kansas (membre de la tribu Ho-Chunk) ont été reconduites pour un nouveau mandat. Yvette Herrell, également issue du Nouveau-Mexique et membre de la nation Cherokee, complète le trio.

Le Nouveau-Mexique est le premier État du pays dont les trois sièges à la Chambre des représentants sont occupés par des femmes issues de minorités. Avec Deb Haaland et Yvette Herrell déjà citées, l'État peut compter sur la démocrate Teresa Leger Fernandez, d'origine latino-américaine, avocate qui a étudié à Yale et Stanford.

De son côté, le Wyoming a élu pour la première fois de son histoire une femme, la républicaine Cynthia Lummis, comme sénatrice. Dans le Missouri, la démocrate Cori Bush, élue à la Chambre des représentants, devient la première femme noire élue de cet État au Congrès.

Pourtant, Kamala Harris le sait pertinemment alors que s'ouvre la mandature, la nouvelle « présidente du Sénat » ne pourra pas forcément compter sur cette féminisation et cette diversité comme force d'appui pour obtenir une majorité. Toutes ces « élues » ne sont pas des progressistes, tant s'en faut. La républicaine Marjorie

Taylor Greene, élue à la Chambre des représentants pour l'État de Géorgie, en est le meilleur exemple. Celle qui va devenir l'une des porte-voix la plus entendue – et crainte – de Donald Trump au Congrès et dans les médias, se définit ainsi comme « pro-vie, pro-armes, pro-Dieu ». *Idem*, pour Lauren Boebert, élue à la Chambre pour le Colorado et qui milite inlassablement contre le droit à l'avortement.

Or, pour mener à bien ses objectifs politiques et tenir ses promesses électorales pour les quatre années qui viennent, Joe Biden doit impérativement forger des majorités dans les deux assemblées. Si les démocrates détiennent désormais la majorité à la Chambre des représentants (222 sièges contre 213 pour les républicains), ils ne comptent que 48 sièges sur 100 au Sénat. Cependant, en raison d'élections partielles en Géorgie deux sièges restent à pourvoir.

Le 5 janvier 2021 est donc la première date cruciale dans la nouvelle carrière de Kamala Harris. Ce jour-là, les deux seconds tours organisés entre candidats démocrates et républicains de Géorgie prennent une importance stratégique. Les démocrates ont besoin de les gagner tous les deux pour obtenir le contrôle de la chambre haute. Et, contre toute attente, ils remportent les deux sièges vacants, ce qui entraîne de fait une égalité parfaite au Sénat : 50 sénateurs républicains contre 50 sénateurs démocrates. Dès lors, le droit de vote de Kamala Harris donnant voix prépondérante à son camp en cas d'égalité devient le premier atout maître dans le jeu de la nouvelle administration. Les promesses de campagne seront assurées d'être converties en lois pendant au moins les deux années à venir, jusqu'au prochain renouvellement à la mi-mandat en 2022.

Grâce à Kamala Harris aux manettes du Sénat, les lois les plus emblématiques de la présidence Biden, les « Bidenomics » (mot-valise pour « Biden » et « Economics » censé illustrer l'étendue des réformes économiques menées sous son mandat) s'additionnent. Le 5 février 2021, soit exactement un mois après le fameux vote de Géorgie, sa voix prépondérante fait basculer le Sénat, à 5 heures du matin, clôturant une séance épuisante qui aura duré toute une nuit[1].

Il s'agit d'une résolution budgétaire qui est une étape clé vers l'adoption accélérée du plan de secours contre le Covid : 1,9 milliard de dollars pour soutenir les Américains les plus précarisés et les entreprises les plus touchées par la crise économique qui frappe dans la foulée de la crise sanitaire.

Il y a 50 « oui ». Il y a 50 « non ». Le Sénat étant également divisé, la vice-présidente peut user de son droit de vote. Solennellement, Kamala Harris appuie sur le bouton « Yea » (oui) qui se trouve devant elle sur son pupitre. « La résolution concurrente telle qu'amendée est adoptée », clame-t-elle aussitôt après sous les applaudissements enthousiastes de ses collègues démocrates alors que l'aube ne se lève pas encore sur cette journée de février devenue historique.

Ce scrutin demeurait un vote de procédure qui n'avait pas vocation à approuver en lui-même le plan d'aide.

1. https://www.presidency.ucsb.edu/documents/vice-presidential-pool-reports-february-5-2021

Le budget devait revenir ensuite à la Chambre des représentants, où il fallait qu'il soit de nouveau approuvé en raison des changements apportés par le Sénat. Or, la voix de Kamala Harris a ouvert un chemin aux démocrates pour que ce plan soit approuvé sur la base d'un vote à majorité simple, limitant ainsi les possibilités de blocages par les républicains. Première historique. Première victoire.

L'épée de Damoclès que représente, pour les républicains, le vote éventuel de la présidente du Sénat, annihile la plupart des velléités de rébellion de l'opposition.

De fait, un mois plus tard, le 10 mars 2021, le Congrès des États-Unis adopte, par 220 voix contre 211, « The American Rescue Plan Act », le plan de relance à 1 900 milliards de dollars. Ce texte prévoit notamment une aide massive sous forme de chèques de 1 400 dollars aux 90 millions d'Américains les plus pauvres.

Puis le 11 août, le parlement vote « The Infrastructure Investment & Jobs Act » le grand plan d'investissement de 2 300 milliards de dollars dans les infrastructures. Joe Biden assume une augmentation du taux d'imposition sur le bénéfice des entreprises de 21 à 28 %, ce qui en fait la hausse d'impôt la plus importante aux États-Unis depuis 1968, alors que l'impôt sur les sociétés américaines avait été en baisse quasi continue depuis cinquante ans.

Enfin, un an plus tard, le 16 août 2022, Joe Biden promulgue sa grande loi baptisée « Inflation Reduction Act », portant sur la réduction de l'inflation en baissant les prix de différents produits de première nécessité.

Pour autant, si la minorité républicaine, après avoir longtemps combattu – Kamala Harris détient le record des « Tie-breaking Votes[1] » avec 33 interventions ultimes au Sénat pour faire passer des textes – panse ses plaies et attend des jours meilleurs, comme souvent, c'est la résistance de « frondeurs » du côté des démocrates qui crée des tensions. Joe Biden rencontre surtout des difficultés à faire adopter ses promesses de campagne du fait de certains sénateurs démocrates rétifs, pour ne pas dire hostiles, à une hausse des dépenses publiques qu'ils jugent inconsidérée et qui contribue à creuser davantage, selon eux, une dette déjà abyssale. Deux figures emblématiques, issues d'États plutôt conservateurs, émergent et vont incarner cette résistance du côté démocrate à ce qu'ils considèrent être une « gabegie » fédérale : la sénatrice de l'Arizona Kyrsten Sinema et surtout le très influent sénateur de Virginie-Occidentale, Joe Manchin.

À eux deux, ils vont prendre en otage le Sénat plus souvent qu'à leur tour, obligeant l'exécutif à négocier sans cesse, à raboter, à supplier. Or à ce petit jeu, Kamala Harris n'a pas les codes, n'a pas l'expérience et surtout n'a pas la patience pour caresser la trompe de ces éléphants-là. Le vieux parlementaire qu'a été Joe Biden de 1972 – date de son premier mandat – à 2008, date de son élection à la vice-présidence de Barack Obama, le rend bien plus apte à cet exercice. Mais en dépit de son talent de négociateur, il ne pourra empêcher l'échec de son projet de loi fétiche « Build Back

1. https://ballotpedia.org/Tie-breaking_votes_cast_by_Kamala_Harris_in_the_U.S._Senate

Better » « (reconstruire mieux ») censé revitaliser l'État-providence américain que les deux sénateurs démocrates feront capoter en refusant de le voter.

D'une façon générale, Kamala Harris, indispensable pour tenir l'opposition en laisse, se montre bien désarmée pour cajoler les membres les plus récalcitrants de ses troupes. Il faudra faire avec.

Heureusement le quotidien de la vice-présidente ne se limite pas aux joutes florentines du Congrès à Washington DC. Joe Biden l'attend ailleurs et les tâches qui s'annoncent sont infiniment plus essentielles que le vote d'un amendement sénatorial.

2

Crise ouverte avec la France

En politique étrangère, la soldate Harris est rapidement appelée à monter au front. Et sa première grande mission est un incendie qu'il faut circonscrire définitivement avec le plus vieil allié des États-Unis : la France.

Le 9 novembre 2021, l'avion de Kamala Harris atterrit sur le tarmac du Bourget. L'heure est grave. La France vient d'apprendre la signification d'un acronyme barbare : Aukus.

La plus importante crise diplomatique entre la France et les États-Unis depuis l'invasion de l'Irak en 2003 débute deux mois plus tôt. Le 14 septembre, une invitation du Conseil de sécurité nationale, rattaché à la Maison Blanche, est lancée pour un « briefing » de presse. Le thème annoncé est vague : « Réunion sur une initiative de sécurité nationale. »

C'est en réalité d'une bombe qu'il s'agit. Une nouvelle alliance est créée entre l'Australie, le Royaume-Uni et les États-Unis, baptisée « Aukus » (« Australia, United Kingdom and United States »). Elle modifie l'« Anzus » qui datait de 1951 et comptait la Nouvelle-Zélande en sus. Mais le plus important est que cette alliance annonce fournir, à terme, à l'Australie des sous-marins à propulsion nucléaire. Problème, les Australiens avaient déjà signé un contrat pour 12 bâtiments à propulsion diesel avec la France *via* Naval Group.

Une lettre arrive le 15 septembre à midi à l'Élysée signifiant la trahison.

Les cris de colère côté français sont autant dus à la duplicité des alliés anglo-saxons de la France qu'à la rupture du « contrat du siècle » de plusieurs milliards d'euros en perspective et aux milliers d'emplois prévus.

Paradoxalement, les Américains vont être plus longs à convaincre selon les informations du *Times*. Indispensables pour que l'alliance se concrétise, les Australiens savent que sans eux, pas de sous-marins nucléaires possibles dont ils détiennent la technologie. C'est pourtant leur silence, lié à leur hésitation, que les Français vont vivre le plus mal, l'interprétant comme un double jeu de la part de Joe Biden.

Les trois mois de faux-semblants de Washington, en parallèle du bouclage du nouveau contrat par les Australiens, mettent les Français, eux qui n'ont rien vu ou rien voulu voir, dans une colère noire.

Dès lors, Paris rappelle son ambassadeur à Washington, Philippe Étienne, « en consultation » après que celui-ci a annulé une « soirée de l'ambassadeur » dans la Résidence, prévue de longue date. Et boude. C'est peu, mais la France n'a pas les moyens d'exprimer sa déception autrement. Les échanges téléphoniques reprennent progressivement entre responsables politiques à différents niveaux. Emmanuel Macron entend d'abord que les indemnités prévues à Naval Group en cas de rupture de contrat seront versées. Pour le symbolique de la réconciliation, on verra plus tard.

Le président de la République finit par s'entretenir avec Joe Biden par téléphone trois semaines plus tard, le 22 septembre. Philippe Étienne est, entre-temps, retourné à Washington. Reste à mettre un terme final à la crise.

C'est Kamala Harris qui s'y collera en profitant de la commémoration du 11-Novembre. Elle effectue une visite exceptionnellement longue de cinq jours.

Accompagnée du très francophile et francophone secrétaire d'État américain, Antony Blinken, et du conseiller de la Maison Blanche pour la sécurité nationale, Jake Sullivan, Kamala Harris va donc à Canossa. Elle participe aux cérémonies de commémoration de l'armistice de 1918, prend part au Forum de Paris sur la paix, événement voulu par Emmanuel Macron, et rend un hommage posthume à Hubert Germain, dernier compagnon de la Libération, décédé un mois plus tôt et inhumé au Mont-Valérien.

Arc de Triomphe, Invalides, Mémorial de la Résistance à Suresnes, Élysée, Kamala Harris aura parfaitement négocié toutes les stations menant au Golgotha de la réconciliation franco-américaine. Mission accomplie. On peut oublier « Aukus ». D'autant que les Américains vont rapidement avoir bien d'autres priorités à gérer que la brouille avec les Français.

Les services secrets américains avaient pourtant alerté leurs alliés, souvent sceptiques, depuis de nombreuses semaines. Mais le 24 février 2022, en pleine nuit à l'heure de Washington DC, l'armée russe franchit pour de bon la frontière et envahit l'Ukraine.

Une fois la stupeur passée, l'exécutif américain doit établir rapidement une stratégie face à l'agression. La priorité est donnée à un double mouvement : rassurer les alliés d'Europe de l'Est, par ailleurs anciens satellites de l'ex-URSS et organiser la livraison d'armes et de matériels militaires de tout type aux Ukrainiens. Pour cela, les États-Unis doivent impérativement s'entendre avec deux États clés : l'Allemagne et la Pologne. L'Allemagne possède la deuxième armée du continent après la France mais dépend du gaz russe. La Pologne est l'étape suivante sur la carte en cas d'aggravation du conflit. En outre, les Polonais possèdent aussi des armes et sont les premiers à aider les Ukrainiens, notamment les cohortes de réfugiés qui fuient les combats et se pressent à la frontière au bout de quelques jours de combat. Confiance, solidarité, soutien, l'OTAN se met en branle dans cette vraie-fausse guerre avec Vladimir Poutine.

Kamala Harris se voit confier par Joe Biden la tâche essentielle de prendre l'attache des dirigeants allemands et polonais. Le 27 février, soit cinq jours après le début de l'invasion, la vice-présidente se rend à Berlin puis à Varsovie avec, pour objectif, de mettre en œuvre les prémices de la future coopération de ces deux maillons essentiels de l'alliance Atlantique avec les États-Unis.

Quant à l'autre grande crise mondiale qui frappera lors de son mandat, la guerre entre Israël et le Hamas en 2023 et 2024, Kamala Harris sera à l'unisson de Joe Biden. Elle affichera son soutien à Israël et le

12 novembre 2023[1] et déclarera qu'aucune condition ne doit être posée à l'aide apportée par les États-Unis à l'État hébreu.

Elle reviendra cependant sur cette annonce quelques mois plus tard, quand en pleine explosion des campus américains, le 4 mars 2024, elle appellera solennellement à « un cessez-le-feu immédiat » à Gaza[2]. La doctrine louvoyante du couple de l'exécutif démocrate, tétanisé par la révolte d'une partie de son électorat qui « vote avec ses pieds », notamment dans le Michigan où réside la plus importante communauté musulmane du pays, mais lié – tout comme les républicains – à un soutien indéfectible à Israël – ne sortira vraiment jamais de l'ambiguïté. Du moins jusqu'au 24 juillet 2024, date de la visite de Benyamin Nétanyahou à Washington DC. Excepté que ce n'est plus la vice-présidente des États-Unis qui refuse de se rendre au Congrès pour entendre l'allocution du Premier ministre israélien. C'est, depuis 48 heures, la désormais quasi-candidate à l'élection présidentielle.

1. https://www.nytimes.com/live/2024/07/25/world/israel-gaza-war-hamas-netanyahu

2. https://www.npr.org/2024/03/04/1234822836/kamala-harris-benny-gantz-gaza-cease-fire-israel-hamas

3

Prise au piège

Sur le front intérieur, en dépit des premiers succès législatifs auxquels Kamala Harris a largement pris sa part en tant que « présidente du Sénat », l'année 2021 est bien plus compliquée. Les États-Unis tardent à sortir du marasme post-Covid, l'inflation est galopante, le chômage ne baisse pas et les perspectives ne sont guère optimistes.

À la situation économique morose va s'ajouter la crise migratoire, domaine pourtant réservé de Kamala Harris à la demande de Joe Biden en début de mandat. Alors que la vice-présidente fait de son mieux pour démontrer qu'en matière de gestion de l'immigration illégale, une voie médiane, plus humaine mais ferme, existe après le mandat assumé du tout-répressif de Donald Trump, le 20 septembre 2021, des photos montrant des gardes-frontières à cheval en train de repousser au lasso des migrants près de Del Rio, au Texas, suscitent une forte émotion, notamment dans les rangs démocrates. Face au choc des photos, Joe Biden n'a guère le choix et annonce l'ouverture d'une enquête.

Sur la défensive, Kamala Harris ne peut que condamner les actes commis par les rangers : « des êtres humains ne devraient jamais être traités d'une telle façon et cela me préoccupe profondément », jugeant ces images « horribles » et soutenant « naturellement » les investigations en cours[1].

Dans le camp du Président, c'est le sauve-qui-peut. Le chef démocrate du Sénat américain, Chuck Schumer, exhorte l'exécutif à mettre fin aux expulsions des migrants et à revenir sur les règles adoptées en 2020 au début de la présidence Biden, qui autorisaient, *via* la loi fédérale 42 USC § 265 ou plus simplement baptisée « Titre 42 », les refoulements de migrants pour raisons sanitaires.

« Nous ne pouvons pas poursuivre ces politiques ignobles et xénophobes venant de Donald Trump, qui ignorent nos lois sur les réfugiés », lance-t-il. Puis c'est la présidente démocrate de la Chambre des représentants, Nancy Pelosi, qui lui emboîte le pas de façon concertée en jugeant « bouleversante » la situation des migrants à la frontière.

Au-delà de l'émotion suscitée par ces images, l'afflux de migrants à la frontière s'est effectivement transformé depuis longtemps en crise béante pour l'administration Biden.

Face aux réfugiés qui s'entassent à la frontière, le Haut-Commissariat des Nations unies pour les réfugiés (HCR) est obligé d'admonester le duo de l'exécutif et d'exprimer sa « profonde inquiétude » à l'égard de ces

1. https://www.fairus.org/blog/2021/09/20/wheres-kamala-harris-nowhere-near-mess-del-rio

expulsions massives de migrants – notamment haïtiens – par les États-Unis en cette fin d'année 2021.

« Nous sommes profondément inquiets du fait qu'il n'y ait eu aucun examen individuel dans le cas des Haïtiens », a ainsi déclaré une porte-parole du HCR, Marta Hurtado, lors d'un point presse de l'ONU à Genève.

Sous la pression de son camp, du Congrès à majorité démocrate, de l'ONU et des responsables politiques latino-américains, Joe Biden doit se résoudre à annoncer la fin des expulsions automatiques en raison du Covid. Or cette décision à laquelle s'ajoutent les crises récurrentes en Amérique centrale et au Venezuela va faire littéralement exploser les flux illégaux à la frontière sud sans que les voies légales promues par Kamala Harris aient réussi à détourner les migrants.

Au dernier trimestre 2023, 989 000 interpellations ont eu lieu dans le pays, dont 80 % à la frontière avec le Mexique. Un rythme déjà supérieur à celui de l'année fiscale 2023, qui avait pourtant établi un autre record, avec 3,2 millions d'entrées illégales de migrants, dont près de 2,5 millions au sud du pays, selon les chiffres de l'agence fédérale des douanes et de la protection des frontières.

En 2023, pour la première fois dans l'histoire des États-Unis, davantage de migrants illégaux sont parvenus à entrer sur le territoire américain que le pays n'a connu de naissances. L'an passé, il se trouvait aux États-Unis environ 10,5 millions de personnes en situation illégale, selon les derniers chiffres de Pew Research[1], soit environ

1. https://www.pewresearch.org/short-reads/2024/07/22/what-we-know-about-unauthorized-immigrants-living-in-the-us/

un cinquième des personnes nées à l'étranger, à rapporter à une population de 335 millions de personnes aujourd'hui.

Et pour la première fois, 27 % des « rencontres » concernent des récidivistes, à savoir des migrants qui ont tenté plusieurs fois de franchir la frontière au cours des douze derniers mois[1].

La part des renvois chute à la suite de l'abrogation du fameux « Titre 42 ». En 2023, 472 000 personnes ont été renvoyées vers le Mexique ou leur pays d'origine, bien loin des près de 2,4 millions d'interpellations réalisées sur la même période. En outre, près de deux migrants sur trois (63,5 %) ont bénéficié d'une « libération humanitaire » selon les chiffres de l'US Border Patrol.

Après l'extinction du titre 42, le retour à la règle ancienne (« Title 8 ») pour gérer la frontière accorde plus de temps aux migrants pour demander l'asile. L'administration Biden espérait qu'avec ses sanctions plus lourdes, elle dissuaderait les candidats à l'immigration, mais les moyens ont manqué – il n'y a notamment que 21 000 places dans les centres de détention le long de la frontière sud.

Les demandeurs d'asile pénètrent aux États-Unis avec un ordre de comparution (« notice to appear ») à produire devant un juge de l'immigration. Résultat les dossiers en instance d'examen atteignent rapidement les

1. https://www.pewresearch.org/short-reads/2024/07/22/what-we-know-about-unauthorized-immigrants-living-in-the-us/

3 millions, soit 4 500 dossiers pour chaque juge de l'immigration. Intenable et ingérable.

En outre, l'origine géographique des migrants se met à changer. Aux Mexicains majoritaires étaient déjà venus s'ajouter, ces dernières années, les ressortissants de trois pays du « North Triangle » (Guatemala, Honduras et El Salvador). Mais en deux ans, la part de ces quatre pays est passée de 70 % des entrées illégales à 38 %, illustrant les flux récents de Colombiens ou de Vénézuéliens, mais aussi de nouvelles nationalités comme les Chinois ou les Indiens (100 000 en 2023).

Enfin, le *modus operandi* de la migration a changé. Auparavant, les migrants cherchaient à échapper à la police en entrant clandestinement aux États-Unis. Désormais, c'est l'inverse : les candidats à l'asile cherchent à se faire interpeller dès qu'ils ont franchi la frontière pour pouvoir déposer leur dossier, sachant qu'ils ne peuvent être renvoyés dans leurs pays respectifs qui n'acceptent pas de récupérer les expulsés. Le nombre de Colombiens a explosé (+ 1 373 %), ainsi que le nombre de Cubains (+ 475 %), de Vénézuéliens (+ 293 %) et de Nicaraguayens (+ 238 %). Des Afghans, des Syriens, des Soudanais et des Africains de pays subsahariens commencent à être signalés.

Pour les républicains, le terme « invasion » revient inlassablement. « Cinq millions d'étrangers en situation irrégulière depuis que Biden a pris ses fonctions », proclame Marjorie Taylor Greene. À Phoenix, en Arizona, la candidate au poste de gouverneur, proche de Donald Trump, Kari Lake, promet de déclarer un état

« d'invasion » à la frontière et d'utiliser les forces de police locales pour expulser les migrants. À Austin, au Texas, le gouverneur, Greg Abbott, candidat à sa propre succession, lance son plan, baptisé « Operation Lone Star », de 4 milliards de dollars pour enrayer l'immigration illégale à la frontière sud de son État.

Les républicains rejettent la responsabilité de la crise sur Joe Biden mais c'est Kamala Harris, en charge du dossier, qui subit les conséquences politiques de cet échec.

Les choses empirent encore pour elle quand, au printemps 2022, les élus républicains des États frontaliers changent de stratégie et, « pour que chacun comprenne les conséquences de ce laxisme et pas seulement les Américains au sud des États-Unis », élaborent un plan redoutablement efficace : envoyer en bus les demandeurs d'asile dans les villes démocrates s'étant proclamées « sanctuaires » pour les migrants. Le premier convoi part du Texas en avril. Environ 8 000 personnes sont ainsi transférées de cet État vers Washington DC à bord de 190 bus ; 3 000 autres sont convoyées vers New York et Chicago.

Le gouverneur Abbott assure que tous les voyageurs étaient volontaires. Aussi le 15 septembre, il fait affréter le transport de migrants jusqu'à l'Observatoire naval, la résidence officielle de Kamala Harris[1].

Mais c'est le gouverneur de Floride, Ron DeSantis, déjà en campagne pour la présidentielle de 2024 au

1. https://www.texastribune.org/2022/09/15/greg-abbott-texas-kamala-harris-migrant-bus/

nom des républicains, qui transforme une stratégie artisanale en fonctionnement quasi-industriel. Le 14 septembre 2021, deux avions privés affrétés par la Floride, atterrissent au cœur de la villégiature préférée de l'intelligentsia démocrate de la côte est : l'île de Martha's Vineyard dans le Massachusetts. L'opération a l'impact médiatique recherché et rend la question migratoire illégale incontournable, au grand désarroi de Kamala Harris, aussi débordée et impuissante que Joe Biden à pouvoir enrayer le phénomène et à le combattre politiquement. Engluée dans un dossier sans issue et incapable de trouver une thématique plus porteuse où faire montre de ses qualités, Kamala Harris sombre dans les sondages. Pour elle cette fin d'année 2021 est maudite.

Alors que les élections intermédiaires se profilent pour l'année suivante et promettent d'être un désastre pour les démocrates et pour le couple exécutif, le salut, aussi paradoxal qu'inattendu, va venir de l'institution *a priori* la plus opposée aux valeurs prônées par les démocrates et totalement relancer le jeu.

4

Au nom de toutes les femmes

La Cour suprême des États-Unis a été instituée grâce à l'un des tout premiers articles de la Constitution du pays, l'article III[1].

Le nombre de ses membres est fixé par la loi et peut donc évoluer au fil du temps. Cependant, il est resté stable depuis 1869 et s'élève à neuf membres, dont huit juges assesseurs (*Associate Justices*) et un président (*Chief Justice*). Sa devise est « Equal Justice under Law » (« Égalité de justice devant la loi »).

En réalité cette vénérable institution est le véritable cœur de la politique américaine. La Cour exerce un contrôle de constitutionnalité (*Judicial Review*) *a posteriori* de façon « concrète » et « diffuse », qui est la raison même de son extraordinaire puissance.

« *A posteriori* » signifie qu'il a lieu après que la loi a été promulguée. De façon « concrète », veut dire que la constitutionnalité d'une loi est examinée dans le cadre d'une affaire particulière. Enfin, le contrôle est « diffus », ce qui sous-entend que tous les tribunaux, qu'ils soient

1. https://www.uscourts.gov

fédéraux ou d'État et pas seulement la Cour suprême, peuvent examiner la constitutionnalité d'une norme juridique.

Compétente sur tous les cas relevant de la Constitution, elle l'est également sur les lois des États-Unis et les traités que le pays a conclus. Bref, c'est un arsenal nucléaire au service du droit. Et de la politique. En outre, ses membres sont nommés à vie par un processus simple : ils sont désignés par le président des États-Unis en exercice avec le consentement du Sénat à la majorité.

La longévité des juges étant, par excellence, impossible à prévoir, leur remplacement lors du décès d'un des membres (ou plus rarement lors d'une retraite volontaire) est une occasion rare de fortifier son camp. Et à ce petit jeu, les républicains se sont montrés infiniment plus habiles que leurs adversaires démocrates. À la fin du mandat de Donald Trump en 2020, le déséquilibre en faveur des conservateurs n'a jamais été aussi important avec six juges sur neuf jugés proches des républicains dont trois nommés par l'ancien Président américain : Neil Gorsuch en 2017, Brett Kavanaugh – que Kamala Harris avait impitoyablement combattu lorsqu'elle était sénatrice de Californie – en 2018 et surtout Amy Coney Barrett en 2020. Moine-soldate infatigable de la cause « pro-life » et donc de la lutte contre l'avortement, mère de sept enfants et catholique fervente, Barrett allait contribuer à faire basculer les États-Unis dans une de ces luttes homériques aux conséquences sociales, humaines et politiques encore aujourd'hui difficilement quantifiables.

Car c'est sous son impulsion et sous celle d'un autre juge de la Cour suprême, Samuel Alito, rédacteur du projet, que la plus haute juridiction institutionnelle allait renverser l'arrêt Roe *vs* Wade par une décision historique.

Le 24 juin 2022, par six voix contre trois, la Cour décide que la Constitution des États-Unis ne conférera plus de droit à l'avortement.

Les droits des femmes, et plus précisément, ce que les démocrates vont rapidement baptiser « les droits reproductifs », vont éclipser l'immigration illégale comme sujet principal de préoccupation des Américains, mobiliser fortement l'électorat féminin et donner enfin à Kamala Harris un rôle à la mesure de son talent.

Tout débute de façon anodine. Le 20 mars 2018, un tribunal fédéral de district et la Cour d'appel du cinquième circuit, dans l'État du Mississippi, adopte le projet de loi « 1510 » lequel décrète une interdiction de pratiquer l'avortement en raison d'un conflit avec les délais d'interruption volontaire de grossesse établis en vertu de l'arrêt Roe *vs* Wade (24 semaines selon l'arrêt de la Cour suprême de 1973 contre 15 seulement pour le Mississippi « sauf en cas d'urgence médicale ou d'anomalie fœtale grave »).

La clinique « Jackson » a longtemps été l'une des seules cliniques pratiquant l'IVG dans le Mississippi, État sudiste conservateur.

Les autorités du Mississippi décident de contester la pratique – légale de 24 semaines pour pratiquer une IVG – par les médecins de la clinique.

Dans un premier temps, un tribunal fédéral de district statue en faveur de la clinique et de la Jackson Women's

Health Organization qui est l'agence chargée d'inspecter les cliniques pratiquant les IVG. Les juges du tribunal de district bloquent ainsi la loi du Mississippi. Mais l'État fait appel devant la Cour suprême et enclenche la mécanique qui mènera au renversement de la jurisprudence.

La Cour suprême est donc saisie. Pressentant le danger que représente une majorité de juges conservateurs, des milliers de législateurs d'État, de membres du Congrès, de personnalités, médecins, infirmières, sages-femmes déposent des mémoires pour demander à la Cour de confirmer Roe *vs* Wade et de rejeter la demande de l'État du Mississippi.

Ainsi naît l'affaire « Dobbs *vs* Jackson Women's Health Organization » que la Cour doit trancher en dernière instance.

À titre d'anecdote, le nom de Thomas Dobbs – censé être le plaignant et dont le nom est désormais associé, pour l'histoire, au nouvel arrêt « Dobbs *vs* Jackson Women's Health Organization » – n'est absolument pas à l'origine de cette révolution juridique.

Son nom figure dans l'arrêt en raison de son statut de directeur de la santé du Mississippi en 2018. Afin de poursuivre l'agence d'État, les plaignants avaient décidé de désigner Thomas Dobbs en leur nom et place, au corps défendant de ce dernier.

Dobbs quittera son poste en juillet, soit un mois seulement après la décision de la Cour suprême.

Quels arguments ont été opposés par le Mississippi comme fondement juridique menant au renversement de Roe *vs* Wade ?

En fait, l'argument de l'État reposait sur le critère de viabilité. Jusqu'à quel délai peut-on aller pour pratiquer un avortement sans menacer la viabilité d'un fœtus ?

Le Mississippi avait fait valoir que la viabilité du fœtus avait évolué au fil du temps grâce aux progrès de l'obstétrique et de la technologie médicale.

De leur côté, les avocats de la Jackson Women's Health Organization avaient opposé que la question de la viabilité avait déjà été tranchée par Roe *vs* Wade en 1973 et par le « Planned Parenthood of Southeastern Pennsylvania *vs* Casey » en 1992 et qu'il ne convenait pas de revenir sur ce point qui avait désormais valeur constitutionnelle. La clinique voulait que la Cour suprême confirme la décision qui empêchait les États d'interdire l'avortement avant la viabilité fœtale, prévue dans les 24 premières semaines, au motif que le choix d'une femme d'avorter pendant cette période est protégé par le droit à la vie privée en vertu XIVe amendement de la Constitution des États-Unis.

Sans surprise, les juges conservateurs ont estimé que la question de la viabilité du fœtus supplantait le droit des femmes à la vie privée. C'est donc par six voix contre trois que la Cour statue que la loi du Mississippi est conforme, et par cinq voix contre quatre que le droit à l'avortement n'était pas un droit constitutionnel. Ainsi est renversé Roe *vs* Wade.

Finalement, la Cour suprême s'en remettra aux États individuellement afin qu'ils décident de la législation locale à instituer en matière d'avortement. Le droit fédéral n'est plus.

Dans les jours qui suivent, plus de vingt États, tous conservateurs et majoritairement sudistes, soumettent une nouvelle législation. Treize États interdisent strictement l'avortement. Le combat pour les « droits reproductifs » devient immédiatement un enjeu de politique nationale. Des manifestations spontanées s'organisent, notamment devant la Cour suprême, les démocrates se succèdent aux tribunes pour dénoncer les juges et exiger un nouveau mode de désignation, l'exécutif n'est pas en reste qui, de Joe Biden à Kamala Harris multiplie les déclarations incendiaires.

Sur le plan politique, il est vrai que cette décision rebat les cartes à l'approche des élections intermédiaires de 2022. Focalisée sur l'immigration illégale et l'inflation qui ne baissait pas, l'opinion publique montrait de forts signes de lassitude et d'agacement à l'encontre de l'exécutif. Sur la défensive depuis une grosse année, les démocrates tenaient enfin un solide cheval de bataille. Joe Biden dépêche naturellement l'ex-procureure Kamala Harris au front. À charge pour elle de mobiliser l'électorat féminin et plus généralement progressiste sur le mécontentement né du retournement de Roe *vs* Wade. À la vice-présidente de saisir sa chance et de prouver ses qualités.

5

Une petite brise inattendue

Du mois de juin où la Cour suprême renverse le droit fédéral à l'avortement, au mois de novembre 2022 date des « Midterm Elections », les élections de mi-mandat, Kamala Harris sonne la révolte et ne communique plus que sur la question des droits reproductifs et la défense des femmes. Ses tweets, très peu « likés » et encore moins relayés jusque-là, font désormais écho à sa colère. La vice-présidente harangue les femmes dans les meetings, sur les plateaux de télévision, sur les réseaux sociaux. Rien ne l'arrête pour mobiliser. Les démocrates savent que le vote féminin a basculé très sensiblement en leur faveur depuis 2015 et l'émergence de Donald Trump jugé sexiste et misogyne.

Cet activisme de tous les instants va peu à peu porter ses fruits. Alors que l'été s'achève, le différentiel entre genres grimpe à sept points de plus en faveur des femmes chez les démocrates selon le « Center for American Women & Politics[1] ».

---

1. https://cawp.rutgers.edu

Le retournement est spectaculaire. Fin juin, le parti républicain était gagné par l'euphorie. L'inflation atteignait un niveau inédit depuis quarante ans (+ 9,1 %) et l'immigration était le sujet phare des Américains, après la vie chère. La sidération due à la décision de la Cour suprême a balayé toutes les prévisions électorales, plaçant les droits de femmes comme sujet majeur pour les électeurs. Dans une étude du Pew Research Center, publiée le 23 août 2022, le nombre d'électeurs qualifiant l'IVG de sujet essentiel passe de 43 % à 56 %, par rapport au mois de mars. Ce chiffre bondit même de 46 % à 71 % chez les démocrates. Aussi, en quelques mois, avec ce mélange de colère et de mobilisation dans l'électorat, notamment chez les indépendants, les femmes et au sein de la communauté noire, la donne politique se trouve bouleversée.

Les inscriptions sur les listes électorales connaissent un rebond exceptionnel. Les courbes de popularité de Joe Biden et de Kamala Harris, au plus bas en juillet, remontent à des niveaux convenables. Dans la dernière étude Gallup, ils sont 44 % à soutenir son action, grâce notamment, à un retour des électeurs indépendants.

Et si, après tout, chose inimaginable au printemps, les démocrates pouvaient garder le contrôle de la Chambre ? En mai, le site Cook Political Report projetait un gain possible pour l'opposition républicaine de 20 à 35 sièges à la chambre basse. Dorénavant, l'avantage possible des républicains ne serait plus que de 10 à 20. Voire moins. Signe avant-coureur, les quatre élections spéciales organisées depuis la décision de la Cour suprême ont toutes permis aux démocrates d'obtenir des scores supérieurs à ceux de Joe Biden lors de la présidentielle de 2020. Et le 24 août 2022, dans le 19e district de New York, le démocrate Pat Ryan l'emporte après avoir placé l'IVG au cœur de sa campagne.

L'idée d'une vague rouge, la couleur des républicains, paraît moins crédible. D'autant que les ennuis judiciaires de Donald Trump, symbolisés par la perquisition, le 9 août, de sa résidence de Mar-a-Lago en Floride par le FBI, remettent au centre l'enjeu principal de la vie politique américaine depuis 2015 : être pour ou contre lui. Et le parti républicain est désormais totalement vampirisé par Donald Trump. Plus aucune voix dissidente n'ose se faire entendre ou bien elles sont désormais en marge du parti, comme celle de Liz Cheney, la fille de l'ancien vice-président de George W. Bush ou celle de l'ancien candidat républicain à la présidence, Mitt Romney. Le contrôle des « MAGA » (Make America Great Again), les troupes de l'ancien Président est total.

Les élections de mi-mandat se déroulent le 8 novembre 2022. 435 sièges de la Chambre des représentants et 35 des 100 sièges de sénateurs sont à renouveler. À cela s'ajoutent les élections des gouverneurs de 39 États et territoires ainsi que de nombreux référendums locaux.

Le soulagement l'emporte chez les démocrates : à la Chambre des représentants, les républicains ne gagnent que 9 sièges et s'ils parviennent à en prendre le contrôle avec 222 élus contre 213 pour les démocrates, ils sont bien en deçà de leurs espérances.

Quant au Sénat, avec 49 élus en plus du vote de Kamala Harris, les démocrates défient les oracles et conservent, contre toute attente, la majorité dans la chambre haute.

Si la victoire a beaucoup de pères comme le dit l'adage, ce succès électoral, largement inespéré, les démocrates le doivent énormément à Kamala Harris. Sa mission était de mobiliser l'électorat féminin. Elle a fait ce qu'on attendait d'elle et même au-delà. Le vote des femmes en faveur des démocrates s'est montré déterminant, avec une hausse de 7 points par rapport aux élections de 2020 selon l'étude réalisée par le Pew Research Center.

Une petite brise a gonflé ses voiles. Certes, les réserves sur sa capacité à incarner un recours en cas de renoncement de Joe Biden sont toujours bien présentes mais le temps joue pour elle et si le vent veut bien continuer à souffler dans la bonne direction, si possible un peu plus fort, son talent et ses capacités lui permettront alors peut-être d'incarner l'avenir et de prétendre à la plus haute fonction politique du pays. Et puis, après tout, présidente des États-Unis, Kamala Harris ne l'a-t-elle pas déjà été. Pendant 84 minutes.

6

84 minutes

L'histoire retiendra la date du vendredi 19 novembre 2021 comme celle où une femme aura formellement exercé les fonctions de présidente des États-Unis d'Amérique pendant 84 minutes. Le XXVe amendement[1] établit les procédures pour combler une éventuelle vacance du poste de Président par le vice-président. De fait, pendant une heure et vingt-quatre minutes, elle aura assumé formellement les prérogatives présidentielles dans le pays.

Ce matin-là, Joe Biden s'est rendu peu avant 9 heures du matin au centre médical Walter Reed, près de Washington, pour « subir une coloscopie de routine », fait savoir sobrement la Maison Blanche. Mais l'examen se déroulant sous anesthésie générale, ses pouvoirs ont été, *de facto*, temporairement transférés à sa vice-présidente.

La Maison Blanche a pris soin de préciser que Joe Biden avait transmis ses prérogatives à la vice-présidente « à 10 h 10, heure de la côte est, dans les conditions

---

1. https://constitutioncenter.org/the-constitution/amendments/amendment-xxv

prévues par la Constitution et qu'il avait repris ses fonctions – en publiant un document signé de sa main – à environ 11 h 34 » ce même jour. Puis, le Président est sorti de l'hôpital vers 14 h 05, assurant au passage aux nombreux journalistes présents que son « bilan de santé s'était très bien passé ».

Pendant toute la durée de sa « présidence », Kamala Harris a travaillé depuis son propre bureau, celui qu'elle occupe habituellement dans la fameuse « West Wing » (l'aile ouest) de la Maison Blanche. Il n'était pas question de laisser naître la moindre once de doute sur son indéfectible loyauté à l'égard de Joe Biden en allant occuper le bureau du Président en son absence.

7

Le grand secret

L'examen « de routine » que constitue la coloscopie, destinée à repérer des anomalies du côlon, s'inscrit dans le cadre du premier bilan de santé du Président. À la fin de cette année 2021, officiellement, Joe Biden est « en bonne santé », « vigoureux » et « apte » à remplir sa fonction de président des États-Unis, selon son médecin. La question de sa capacité à gouverner n'est pas abordée dans les grands médias américains. C'est à l'époque un non-sujet. Et ceux qui s'y risquent, souvent issus de la mouvance dite « complotiste » sont immédiatement discrédités.

En ce mois de novembre 2021, Joe Biden ne souffre que d'une « légère » affection nerveuse (neuropathie) touchant les pieds à la suite d'une fracture ancienne, d'une toux fréquente due à de simples reflux gastro-œsophagiens, d'une condition cardiaque « stable » après traitement, d'un taux élevé de lipides dans le sang mais qui corrigé avec succès « par un traitement », d'arthrite légère et enfin d'allergies bénignes. Rien ne vient corroborer les premiers signes de dégénérescence cognitive. Silence radio d'autant plus facile à maintenir qu'à part une positivité au Covid le 21 juillet 2022 relatée abondamment dans la presse, la santé du Président est, officiellement, du fer dont on fait les centenaires. Son médecin publie, en outre, un communiqué laconique dans lequel il décrit que le président des États-Unis « ne fume pas, ne boit pas et qu'il fait du sport cinq fois par semaine ».

Le filet de protection qui protège Joe Biden des spéculations des médias et de l'opinion publique se déchire brutalement le 8 février 2024.

C'est ce jour-là que le procureur spécial Robert Hur, chargé d'enquêter sur des documents classifiés indûment détenus durant des années par le démocrate, décide de ne pas inculper Joe Biden. Mais cette bonne nouvelle est une catastrophe pour le camp démocrate. Pour justifier sa décision, Robert Hur explique n'avoir pas réuni suffisamment d'éléments et en décrit la véritable raison : « Nous avons estimé qu'au moment d'un procès, le président Biden se présenterait sans doute devant un jury, comme il l'a fait lors de notre entretien avec lui, comme un homme âgé, sympathique et bienveillant, avec une mauvaise mémoire[1]. »

La phrase est terrible. Elle révèle au grand jour le secret le moins bien gardé de la présidence Biden, mais que l'équipe du Président cherchait inlassablement à camoufler depuis des années.

« Si vous êtes trop sénile pour être jugé, alors vous êtes trop sénile pour être Président », réagit immédiatement Alex Pfeiffer, l'un des conseillers de Donald Trump.

---

1. https://www.justice.gov/storage/report-from-special-counsel-robert-k-hur-february-2024.pdf

Le roi est nu et désormais la santé de Joe Biden devient « le » sujet de toutes les conversations. Avec trois ans de retard, les médias entament un difficile et confus mea culpa.

Seul quotidien majeur à avoir sauvé l'honneur de la profession, le *Washington Post* avait publié le 12 septembre de l'année précédente, un éditorial courageux de l'une de ses plus grandes plumes, David Ignatius, qui appelait Joe Biden à ne pas se représenter en raison de son âge[1]. Mais le feu reste circonscrit au petit cercle des « sachants » dans la capitale américaine.

Du moins, c'est ce que les démocrates font mine de croire. Le communiqué du procureur Robert Hur ne fait qu'obliger les médias à – enfin – aborder le thème de la dégénérescence de Joe Biden mais il n'est pas à l'origine des interrogations que se posent ouvertement les Américains.

Depuis longtemps déjà, à la vue des images où Joe Biden se montre incapable de grimper les marches de sa passerelle d'avion sans tomber ou de celles où il semble se figer sur place – il hérite à cette occasion du sobriquet de « Frozen Joe » par les républicains – les sondages se suivent et se ressemblent : début septembre 2023, une enquête d'opinion pour CNN, confirme que 73 % des électeurs se disent sérieusement préoccupés par la vitalité physique et l'acuité mentale du Président américain, et que 76 % doutent de sa capacité à assurer un second mandat.

1. https://www.washingtonpost.com/opinions/2023/09/12/biden-trump-election-step-aside/

Au lendemain du communiqué de Robert Hur, l'heure est pourtant à l'offensive. Joe Biden intervient dès 20 heures le 9 février et rejette de façon véhémente toute allusion à sa santé défaillante. Mais cette conférence de presse tourne à la catastrophe, d'une façon qui deviendra malheureusement familière au cours des mois suivants : après avoir asséné que sa « mémoire va bien », il s'apprête à quitter la pièce lorsqu'il rebrousse subitement chemin pour évoquer les négociations en cours sur les otages à Gaza en mentionnant « le président du Mexique, Sissi » qui est celui de l'Égypte.

Les chargés de communications, Karine Jean-Pierre sa porte-parole en tête, qui jouent désormais les pompiers de service, plaideront « la bourde ». Mais les épisodes embarrassants se suivent et se ressemblent. Le 16 février, à la Maison Blanche, à nouveau interrogé sur les otages à Gaza, il se fige et marmonne : « Il y a du mouvement, et je ne veux pas... je ne veux pas... eh bien, laissez-moi... choisir mes mots. Il y a du mouvement. Il y a eu une réponse du... il y a eu une réponse de l'opposition, mais... ». Son équipe vole à son secours. « Du Hamas ? » Joe Biden enchaîne. « Oui, je suis désolé, du Hamas. Mais elle semble un peu dépasser les bornes. »

Les interactions avec la presse, déjà peu fréquentes, deviennent rarissimes, ultra-formatées et courtes.

Quant au déni du parti démocrate, il tourne à l'absurde. Élu à 78 ans, Joe Biden ne devait être qu'une figure de transition après l'ère trumpienne. C'est ce que lui-même affirmait : « Écoutez, je me vois comme un pont, et pas autre chose », avait dit le candidat le 7 mars 2020, à Detroit.

Mais le « pont » prétend désormais s'allonger de quatre ans de plus. Dans un sondage publié par NBC News le 14 février 2024, 76 % des personnes interrogées estiment que Joe Biden ne serait pas capable, mentalement et physiquement, d'assumer un second mandat. Un résultat constant depuis septembre 2023, et encore plus inquiétant dans le détail : 81 % des indépendants et 54 % des démocrates partagent cet avis.

Si les week-ends privés dans le Delaware se font plus fréquents et longs, les gaffes, pourtant, s'accumulent. Dans la soirée du 7 février 2024, devant des donateurs à New York, Joe Biden évoque le rôle principal de François Mitterrand et du chancelier Helmut Kohl... dans le règlement de l'actuelle crise de Gaza.

8

La marche trop haute

La perspective d'une candidature de remplacement n'est officiellement pas évoquée mais elle fait son chemin. Et Kamala Harris, « la plus ancienne dans le grade le plus élevé » comme on dirait dans l'armée française, ne se prête absolument pas à ce petit jeu. Trop habile, très prudente, elle laisse d'autant plus dire que sa propre cote de popularité, forcément testée régulièrement dès cette époque, ne prête pas à l'optimisme.

Les interrogations se multiplient dans la presse, mais aussi au sein du parti démocrate, sur la capacité de la vice-présidente à incarner l'avenir en cas de défaillance de Joe Biden.

Déjà, le 1er décembre 2021, Politico avait révélé le départ de sa porte-parole, Symone Sanders, quelques semaines après celui d'Ashley Etienne, sa directrice de la communication. Son management y était décrit comme cassant et son style est jugé autoritaire avec ses équipes[1].

---

1. https://www.politico.com/news/2021/12/01/symone-sanders-vice-president-office-523660

Dans les sondages, sa courbe suit à la baisse celle du Président. Si sa loyauté est unanimement louée, les médias ne semblent guère lui trouver d'autres qualités.

On lui reproche, en vrac, de ne pas imposer sa personnalité, de ne pas déroger d'un millimètre à la doxa instaurée par Joe Biden, de ne pas savoir s'approprier une thématique propre grâce à laquelle elle imposerait enfin sa marque.

Ses gestes et ses mots sont scrutés à la recherche du moindre écart.

Un exemple parmi d'autres, la visite officielle à Paris du mois de novembre 2021, à la suite de la crise des sous-marins australiens, l'a démontré. Tandis qu'Emmanuel Macron lui offre un long entretien officiel sur la relance de la coopération spatiale, au-delà des dossiers comme l'Ukraine ou la sécurité en ligne, c'est l'épisode anodin dans un magasin renommé d'ustensiles de cuisine, près des Halles à Paris qui retiendra l'attention outre-Atlantique. On la voit contempler le mur de casseroles en cuivre, avant de faire son choix. Les médias proches des républicains raillent le montant de ses acquisitions.

Depuis son intronisation comme vice-présidente, Kamala Harris fait l'apprentissage douloureux des affres du pouvoir et de sa dureté. N'imprimant pas sa marque, n'affirmant pas sa personnalité, raillée par la droite dans des montages vidéo cruels sur ses phrases interminables et sans aucun sens, elle semble être habillée d'un costume trop large pour elle. Sourire crispé, interventions banales, éléments de langage convenus et répétés, Kamala Harris donne souvent l'impression de traverser son mandat plutôt que de l'incarner. Certes le destin d'un vice-président américain est d'être condamné à l'arrière-plan et de dépendre des décisions du Président. Mais, même cette vérité qui a touché tous ses prédécesseurs n'entame pas le scepticisme ambiant.

La décision de la Cour suprême et la bataille qui s'ensuit sur les droits reproductifs et la défense des droits des femmes, qu'elle mène à la perfection, lui offre néanmoins un certain répit à compter de 2023. D'autant que les républicains ont un bien meilleur os à ronger. L'âge de Joe Biden redevient le sujet majeur, lancinant, entêtant, en ce début d'année 2024, alors que les rumeurs sur l'annonce prochaine de sa candidature à sa réélection se font plus insistantes.

9

La défaite en chantant

Le 25 avril 2024, au petit matin, le premier clip de campagne de Joe Biden, candidat pour un nouveau mandat est finalement diffusé. Dans la vidéo, Kamala Harris apparaît à de très nombreuses reprises à ses côtés, comme si le binôme avait autant d'importance que le candidat lui-même. Car Joe Biden a désormais dépassé les 80 ans. Il est donc essentiel qu'à son image, forcément vieillie, soit présentée en complément celle d'une femme plus jeune et plus dynamique que lui, une relève pour l'avenir. Ce premier clip donne le ton. Kamala Harris joue sa partition en actrice majeure et non en faire-valoir ou en simple symbole de la diversité.

L'âge de Joe Biden pose la question de son incapacité éventuelle à assumer, en cas de réélection, sa fonction jusqu'au bout, voire celle de sa mort. Cette fragilité est dans les esprits, elle pèse déjà dans les sondages. Une catégorie d'électeurs fait son apparition dans les études : les « double haters », ces Américains qui « détestent » autant Donald Trump que Joe Biden et se refusent à rejouer le même match que quatre ans auparavant.

Bref, ce qui caractérise ce début de campagne, c'est le peu d'enthousiasme qui s'affiche de part et d'autre du spectre politique.

Cette interrogation sur la santé de Joe Biden met une pression inédite sur Kamala Harris. Nikki Haley, candidate à l'investiture républicaine, fera cette prédiction étonnante à l'antenne de la chaîne conservatrice Fox News, le 26 avril : « Le parti qui se débarrassera le premier de son candidat de 80 ans gagnera l'élection. » Et elle ajoute : « Si vous votez pour Joe Biden, vous comptez en réalité sur une Présidente Harris, parce que l'idée qu'il parviendra jusqu'à 86 ans n'est pas quelque chose de probable. »

L'entrée en fonction de la nouvelle Chambre des représentants à majorité républicaine, début janvier et d'un Sénat plus largement contrôlé par les démocrates a changé la configuration politique. Kamala Harris n'a plus à faire tourner sa clé sur son pupitre du Sénat puisque sa voix de présidente de la chambre haute n'est désormais plus déterminante dans les votes. Et sur le volet économique, la domination des républicains à la Chambre des représentants empêche dorénavant l'adoption de nouveaux projets de loi emblématiques. L'administration Biden se cantonne à vanter, sur le terrain, les paquets législatifs adoptés durant les deux premières années du mandat de Joe Biden.

En politique étrangère, Joe Biden l'associe étroitement à ses décisions. Le 18 février 2024, à la conférence sur la sécurité, à Munich, c'est elle qui, au nom des

États-Unis, accuse formellement pour la première fois la Russie de crimes contre l'humanité en Ukraine. Fin mars, la vice-présidente mène avec succès une tournée de neuf jours en Afrique de l'Est. Kamala Harris s'y montre à son aise entre débats sur le développement économique de la région et les questions mémorielles.

Dans la campagne présidentielle à venir, Joe Biden lui confie la mission de se concentrer sur trois catégories de population déterminantes pour les démocrates : les femmes, les Noirs et les jeunes. Entre les droits reproductifs, les questions d'égalité et le changement climatique, elle parle le même langage que cette base électorale qu'il faut électriser pour la convaincre d'aller voter.

Joe Biden, de son côté, choisit de se poser en recours pour défendre les libertés individuelles face à Donald Trump qui survole les primaires républicaines. Il mise sur la crainte de la révolution réactionnaire qu'entend déclencher l'ex-Président s'il était élu le 5 novembre 2024. Et Joe Biden ne manque pas une occasion de fustiger le fameux « Project 2025 », un canevas de mesures radicales concocté par la frange la plus conservatrice des « MAGA », et largement adopté par le parti républicain lors de sa Convention de campagne de Milwaukee en juillet 2024, qui propose, en vrac, la limitation de l'accès à la pilule abortive, la fin de l'école publique ou la limitation drastique du nombre des fonctionnaires fédéraux.

Dans cette stratégie, Kamala Harris est invitée à fendre l'armure, à moins suivre les fiches de ses conseillers et à davantage narrer son parcours personnel. Le 18 avril

2024, elle se rend à l'université du Nevada, à Reno, pour parler de l'avortement et de la violence par armes à feu, sujets qu'elle maîtrise parfaitement puisqu'elle les traita lors de son mandat de procureur de Californie.

Et lorsque deux élus démocrates afro-américains sont expulsés par la majorité républicaine de la Chambre locale du Tennessee, Kamala Harris se déplace immédiatement sur place pour prononcer un plaidoyer enflammé à l'université Fisk, à Nashville, en soutien à Justin Jones et Justin Pearson. Ces derniers avaient simplement protesté contre la législation très permissive en matière d'armes à feu dans le Tennessee, après une tuerie dans une école, le 27 mars. Là encore, Kamala Harris pouvait faire parler son expérience californienne. Elle connaissait le sujet.

Sur ces thématiques qu'elle maîtrise, devant des publics acquis, notes à proximité, Kamala Harris se montre à l'aise. En revanche, elle peine devant les journalistes et cherche à les éviter, un réflexe qu'elle a gardé de sa campagne sénatoriale de 2014 quand il fallait camoufler ses lacunes en politique étrangère. Alors l'idée de fendre cette fameuse armure n'est pas si mauvaise après tout. Dans des talk-shows, elle s'essaie à la confidence, quitte à surjouer ses émotions. Elle s'épanche plus volontiers sur sa vie et sur ce qui lui manque, elle évoque son goût des promenades avec son mari, Doug Emhoff.

Au final, Kamala Harris est fin prête à rempiler pour quatre ans de plus auprès de Joe Biden. Mais les sondages restent médiocres, l'âge du Président sortant demeure, de loin, en tête des préoccupations principales des électeurs. Et même la condamnation, le 30 mai 2024, de Donald Trump par un tribunal fédéral de New York, une première pour un ancien président des États-Unis, dans le procès pour fraude comptable, plus connu sous le nom de procès « Stormy Daniels », ne semble pas en mesure de changer le rapport de force, de plus en plus favorable au candidat républicain.

Deux événements aussi incroyables que dramatiques, à des degrés divers, vont totalement bouleverser le scénario prévu.

10
Atropos

C'est d'abord Joe Biden qui décide de tenter un coup de poker. Lui qui, quatre ans plus tôt lors de la précédente présidentielle, avait rechigné à débattre avec Donald Trump et avait réussi à n'affronter qu'à deux reprises son adversaire au lieu des trois confrontations prévues, propose un débat anticipé. L'ex-Président accepte le défi et la date du 7 juin est arrêtée.

Ce qui devait être un exercice de rattrapage où Joe Biden souhaitait profiter des déboires judiciaires de son rival pour gagner par K.-O. et regagner du terrain dans les sondages, se transforme en catastrophe industrielle. Regard vague, bouche balbutiante, timbre de voix éteint, phrases sans aucune cohérence, etc., le candidat Biden expose au pays tout entier le poids de ses années. L'estocade arrive presque sans crier gare quand le Président se lance dans une longue diatribe sans aucun sens et que Donald Trump, l'œil rivé sur son adversaire, lui décoche : « Je n'ai pas compris ce qu'il a dit et je crois qu'il ne l'a pas compris lui-même. »

Karine Jean-Pierre, sa porte-parole, aura beau, le lendemain et le jour suivant, prétexter la fatigue, une mauvaise grippe et même le décalage horaire dû à un déplacement en Europe... survenu dix jours plus tôt, personne n'est dupe. Barack Obama volera bien au secours de son ami en arguant que « des jours sans, cela arrive à tout le monde » et qu'il ne faudrait pas oublier le bilan de Joe Biden, rappelé lors du débat, rien n'y fait. Une fois la stupeur passée, la courbe des sondages bat des records à la baisse. C'est le sauve-qui-peut général.

L'hallali est d'abord lancé par les donateurs. Les riches contributeurs de la campagne démocrates, à Hollywood, à l'instar du cofondateur de Netflix, Reed Hastings, George Clooney ou Julia Roberts puis ceux de la Silicon Valley, rechignent publiquement à financer une élection qu'ils estiment perdue d'avance. Certains mettent même leur menace à exécution et annoncent que leur levée de fonds est suspendue tant que Joe Biden n'aura pas « passé le flambeau ».

Or Joe Biden, dont la campagne de 2020 avait battu le record de 1,3 milliard de dollars de dépenses, est loin d'avoir levé autant de fonds en 2024. Le tarissement des donations vaut quasiment arrêt de mort pour sa candidature. Et c'est sans compter sur le manque à gagner abyssal pour le parti démocrate qui doit également gérer les sénatoriales, les législatives et les élections de gouverneurs.

Puis c'est le *New York Times* qui se fend d'un éditorial doux-amer lequel, s'il rend hommage au travail accompli, écrit : « pour servir son pays, le président Biden devrait se retirer de la course[1] ».

1. https://www.nytimes.com/2024/07/17/opinion/joe-biden-step-aside.html

Enfin, les politiques ferment le ban. Nancy Pelosi, l'ancienne présidente de la Chambre des représentants et Chuck Schumer, le patron des sénateurs démocrates, sont rapidement rejoints par trente-sept représentants et sept sénateurs qui supplient Joe Biden de renoncer.

Mais Joe Biden n'a pas du sang irlandais qui coule dans les veines pour rien. Il s'accroche, s'obstine et s'en remet à Dieu, « le seul qui pourrait me demander d'arrêter ». Le lendemain, à Raleigh, en Caroline du Nord, il déclare : « Je ne parle pas aussi facilement qu'autrefois, je ne parle pas aussi aisément qu'autrefois, je ne débats pas aussi bien qu'autrefois mais je vous donne ma parole de Biden. Je ne me représenterais pas si je ne croyais pas, de tout mon cœur et de toute mon âme, que je peux faire ce boulot. »

Les démocrates, en coulisse, se préparent donc à un long calvaire qui les mènera inexorablement à la défaite, le 5 novembre suivant, quand un second événement, encore plus dramatique, va sceller le destin de Joe Biden.

Le 13 juillet 2024, sous un soleil de plomb, Donald Trump s'exprime lors d'un meeting organisé dans la petite ville ouvrière de Butler en Pennsylvanie, au nord de Pittsburgh. C'est la dernière réunion publique avant la Convention républicaine de Milwaukee des 14 au 18 juillet, laquelle doit introniser officiellement le candidat par les conventionnels. Il est un peu plus de 18 heures quand soudain une salve de tirs se fait entendre. Le candidat porte la main à l'oreille droite avant de se jeter par terre aussitôt entouré par des membres des services de sécurité. Puis il se redresse, la partie droite du visage en sang et, le poing levé par-dessus ses gardes du corps, il hurle « battez-vous » (« fight ») à la foule encore sidérée, avant d'être évacué. L'ancien Président est indemne, tandis que le tireur a été abattu. Un spectateur, un pompier, est également mort en couvrant sa famille de son corps. Un fusil d'assaut de type AR-15 est retrouvé aux côtés du tireur. L'auteur de l'attaque est un jeune homme de 20 ans, Thomas Matthew Crooks, originaire de la région.

Les photos de la scène, prises par la photographe Anna Moneymaker entrent, aussitôt prises, dans l'histoire et font le tour du monde. « USA ! USA ! », hurlent les participants qui sont tous restés sur place.

Vers 20 h 40 ce même soir, Donald Trump publie un message sur son réseau Truth Social pour y présenter ses condoléances à la famille du pompier décédé et à celles des blessés. « On ne sait rien du tireur, qui est maintenant mort, ajoutait-il. J'ai été atteint par une balle qui a transpercé la partie supérieure de mon oreille droite. » Il dit avoir entendu un bruit « sifflant », des tirs. Puis avoir vu « beaucoup de sang ». Avant de conclure : « Que Dieu bénisse l'Amérique ! ».

Il ne faut pas attendre plus d'une heure pour que Joe Biden réagisse. La Maison Blanche publie un communiqué peu avant 20 heures, et le Président présent dans sa résidence de Rehoboth Beach dans le Delaware, annonce qu'il va rentrer immédiatement à Washington. Dans un communiqué, il ajoute : « Je suis heureux d'apprendre que Donald Trump est en sécurité et qu'il va bien. Je prie pour lui et sa famille et pour tous ceux qui se trouvaient au meeting, alors que nous attendons des informations supplémentaires. Jill et moi sommes reconnaissants aux services secrets pour l'avoir conduit en sécurité. Il n'y a pas de place pour ce type de violence en Amérique. Nous devons nous unir comme une seule nation pour la condamner. »

Joe Biden apparaît tel un fantôme devant les caméras pour une brève allocution, expliquant qu'il va joindre « Donald » par téléphone et que « tout le monde doit condamner ça ». Le contraste est saisissant entre cette silhouette fluette dans la nuit tombée qui monte péniblement les marches de la passerelle de son avion et ces images, qui tournent en boucle, de la vitalité d'un Donald Trump haranguant ses troupes, le poing dressé, le visage en sang et le regard vengeur.

Une fois l'émotion retombée et les appels à l'apaisement et à l'unité, les stratèges politiques démocrates ne peuvent que constater les dégâts de cette séquence. L'empathie qui s'attache systématiquement à une personnalité qui échappe à un attentat renforce encore les chances de Donald Trump d'accéder à la Maison Blanche. Coup sur coup, deux événements incroyables, un débat qui se transforme en naufrage et une tentative d'assassinat, font un sort définitif au duel annoncé.

Joe Biden s'accroche encore mais pour combien de temps ? Finalement, une semaine plus tard, le dimanche 21 juillet, au sortir de sa traditionnelle messe où le catholique pratiquant Joe Biden s'en est sans doute remis à Dieu, tombe le communiqué que tout le monde attendait : Joe Biden renonce.

Une pluie d'hommages s'abat aussitôt sur celui dont, quelques heures plus tôt, on ne savait plus comment se débarrasser. À un mois de la Convention démocrate de Chicago qui désignera officiellement, le 22 août, le candidat du parti à la présidentielle, l'heure est d'autant plus à l'unité que personne ne peut se payer le luxe d'un duel fratricide. Une autre campagne commence et c'est celle de Kamala Harris.

11

Marcher sur le fil du rasoir

Flashback. 15 février 2021. La photo la montre en robe de chambre, assise à son bureau, un téléphone à la main. Derrière elle, on aperçoit les cadres des photos de famille. Le long week-end férié du President's Day s'étire dans la froideur de Washington. Le cliché illustre un tweet que Kamala Harris a envoyé après un échange téléphonique avec Emmanuel Macron : « Aujourd'hui je me suis entretenue avec le Président français. Nous avons discuté du Covid 19, du changement climatique, de la défense de la démocratie dans nos pays et dans le monde, et des défis que nous devons relever. Le président Biden et moi sommes heureux de travailler avec le président Macron afin de bâtir un meilleur avenir pour nos deux pays[1]. »

Emmanuel Macron adressa un tweet en réponse, louant ce premier échange avec la nouvelle vice-présidente des États-Unis.

Ce tableau, davantage qu'une photo, qui ressemble à une huile sur toile de Rembrandt, s'adresse,

1. Tweet Kamala Harris, 15 février 2021, 17 h 39.

naturellement, moins aux Français qu'aux Américains. L'éclairage est tamisé. Le très léger maquillage rend la responsable politique plus accessible, empreinte de normalité. Son léger sourire rappelle l'un de ses atouts fétiches : sa joie de vivre. Cette mise en scène est destinée à montrer que Kamala Harris épouse son époque. Femme moderne, sans artifice, elle est au travail.

Le fond n'est pas choisi au hasard. Kamala aborde tous les sujets conflictuels de ces dernières années aux États-Unis : la pandémie qui avait déjà tué 500 000 personnes, le climat, la démocratie. Et, naturellement, pour transmettre le message, l'interlocuteur choisi est la France, le plus vieil allié de l'Amérique, histoire de démontrer que la nouvelle Administration veut ressouder ses liens avec les pays amis. Tout dans cette photo exprime un même message : l'ère Trump est finie. Retour à la normale.

La « normale » ne l'est pas forcément pour Kamala Harris, dont la longévité en politique nationale ne dépasse pas cinq ans, lorsqu'elle fut élue sénatrice en 2016. D'autant que Joe Biden lui assigne comme première tâche une mission périlleuse et parmi les plus clivantes qui soient : gérer la question de l'immigration clandestine.

La crise couve depuis des années quand la vice-présidente pose le pied au Guatemala le 6 juin 2021. Il s'agit de son premier déplacement international. Puis sa visite doit la conduire au Mexique.

La crispation date, certes, de 2003, avec le passage de l'Immigration and Customs Enforcement, le fameux ICE, du département de la Justice à celui de la Sécurité intérieure. Les États-Unis de George Bush optent alors pour une vision strictement sécuritaire de l'immigration. D'après un rapport du Centre d'étude de l'immigration intitulé « Last five years highest immigration in history[1] », de 2000 à 2005, 8 millions de sans-papiers avaient franchi la frontière américaine. Ce rythme était 2,5 fois supérieur à la grande vague d'immigration européenne de 1910. Sur la même période, 35,2 millions d'immigrants, ce qui représente 11,7 % de la population totale du pays, vivent aux États-Unis de manière illégale. Mais cette approche sécuritaire fut tout de suite critiquée, notamment par les démocrates en Californie. La Border Patrol usait de méthodes d'arrestation et de détention cruelles. Les condamnations pour homicide étaient trop rares, suscitant la colère des associations de défense des droits humains.

En dépit des espoirs suscités par son élection, la présidence de Barack Obama, entre 2009 et 2014, amplifia le phénomène. Plus de 2,5 millions de personnes furent expulsées des États-Unis, plus que durant l'ensemble du XXe siècle. Quant au budget de l'ICE, consacré aux contrôles des frontières et à l'immigration, il atteint le record de 41,2 milliards de dollars, dont plus de 19 milliards de dollars pour les services de police, soit plus de la moitié du budget des forces de police fédérales.

---

1. Abby Budiman, *Key findings about US immigrants*, Pew Research Center, 2000.

Entre 2001 et 2017, les États-Unis ont dépensé plus de 100 milliards de dollars dans la militarisation de leur frontière avec le Mexique. Cette militarisation a créé un nouveau marché pour les cartels, parfois décrit comme aussi lucratif que le trafic de drogue. Une forme de mutualisation de l'immigration clandestine. L'immense majorité des candidats à l'immigration doivent désormais payer les cartels pour passer la frontière. Durant cette période, le nombre de migrants morts en traversant la frontière fut estimé à plus de 6 000.

Mais c'est naturellement Trump qui politisa le débat à outrance et créa une tension inédite avec les pays du Sud, en promettant, durant sa campagne électorale de 2016, de « construire un mur qui serait payé par les Mexicains eux-mêmes[1] ».

Joe Biden et Kamala Harris sont donc très attendus sur ce sujet, eux qui ont fait campagne sur le thème de la réconciliation et ont promis de résoudre en urgence le problème posé par les 100 000 enfants mineurs détenus aux États-Unis en 2019 en lien avec l'immigration, selon l'ONU – les fameux « dreamers » dont les images qui passent en boucle, les montrant dans des sortes de cages, ont bouleversé l'opinion publique américaine.

Le dossier brûlant échoit à Kamala Harris. Il faut marquer sa différence avec Trump et répondre aux espoirs suscités, sans pour autant donner le sentiment d'un laxisme qui ne serait pas accepté par une large

1. CBS News, « Trump wants wall to be built on Mexico border », 16 juin 2015.

part de la population. Kamala va devoir trouver un équilibre. Elle le sait parfaitement quand elle arrive dans la capitale guatémaltèque à la rencontre du président Alejandro Giammattei.

Le passé militant de la vice-présidente suscite beaucoup d'espoirs parmi les acteurs des organisations de défense des droits humains. Et même si l'immigration ne figura jamais dans ses attributions en tant que procureure générale de Californie, elle est originaire d'un État dont la majorité de la population a désormais au moins une ascendance étrangère. En outre, elle a mené une campagne résolue et pugnace contre l'administration Trump sur le thème de mettre de « l'humanité » dans le dossier épineux de l'immigration clandestine. Elle ne peut pas décevoir quelques mois à peine après son accession aux responsabilités. À Ciudad de Guatemala, elle annonce vouloir « donner de l'espoir ».

Son projet est d'élaborer une stratégie globale pour s'attaquer aux causes de l'afflux de milliers de migrants. Elle en développe les grandes lignes lors de sa conférence de presse : cet « espoir » doit prendre la forme d'une aide économique massive afin que les migrants « restent dans leur pays d'origine ». Il s'agira principalement de trouver des accords pour accélérer la croissance des investissements. Elle annonce ensuite vouloir lutter contre la corruption, les crimes et la violence au Guatemala, en particulier lorsque ces maux visent « certaines des populations les plus vulnérables ». Enfin, n'oubliant pas les ravages du Covid-19 qui poussent les populations latino-américaines à chercher refuge aux États-Unis, la vice-présidente promet l'envoi de 6 millions de doses de vaccins.

Le déplacement au Mexique, deux jours plus tard, lui permet de tenir un discours plus ferme et de rassurer les modérés aux États-Unis qui craignaient le retour au laxisme, largement alimenté par l'opposition républicaine. Le 8 juin, elle profite d'une conférence de presse à Mexico pour déclarer : « Je veux être claire avec les gens de cette région qui envisagent de faire ce voyage dangereux jusqu'à la frontière américano-mexicaine : ne venez pas. Les États-Unis continueront d'appliquer ses lois et de sécuriser la frontière. Si vous venez à notre frontière, vous serez refoulés[1]. »

L'équilibre a été trouvé. L'objectif de la tournée de la vice-présidente est considéré comme un succès, et son baptême du feu diplomatique est une réussite. La promesse de Biden d'adopter une politique migratoire plus « humaine » mais sans faiblesse excessive, après la politique jusqu'au-boutiste de son prédécesseur, semble susciter l'adhésion de l'opinion publique américaine.

En quelques semaines, Kamala Harris aura évité les écueils et démontré l'étendue de son talent : une image dûment travaillée, destinée à susciter une certaine forme d'empathie, un corpus idéologique clair issu de ses années militantes à Oakland, et enfin un impitoyable pragmatisme

1. NPR, « Harris tells Guatemalans, 'Don't Come, Don't Migrate To The U.S.' », 8 juin 2021.

né de ses mandats successifs de procureure générale, puis de sénatrice de Californie. D'autant que Kamala a su éviter le piège ultime. Elle a appris à se faire discrète dans le sillage de Biden afin de ne pas alimenter d'éventuelles rumeurs sur ses futures ambitions.

La vice-présidente a vite appris. Mais cette pionnière était sans doute la mieux armée de sa génération, par son histoire et sa carrière éclair, pour relever les défis qui se posaient à elle dans cette époque de transition entre « ancien » et « nouveau » monde. Marcher sur le fil du rasoir ne lui a jamais fait peur.

II

L'AMBITIEUSE

12

Au commencement était la Mère

Il faut bien une boussole à toute conquérante. Et sans doute un piolet aussi, si l'on suit l'iconographie populaire. « Ma mère, Shyamala Gopalan Harris, était une force de la nature et la plus grande source d'inspiration de ma vie, écrit Kamala Harris sur Instagram en 2020. Elle nous a appris, à ma sœur Maya et moi, l'importance du travail acharné et de croire en notre pouvoir de corriger ce qui ne va pas[1]. » Le mérite plutôt que la naissance. Le travail plutôt que le hasard heureux des circonstances.

Qui était Shyamala Gopalan ? Une petite boule d'énergie d'un peu plus d'un mètre cinquante. La mère de Kamala Harris était l'aînée de quatre enfants nés d'un père haut fonctionnaire issu d'une longue lignée d'agents administratifs, dans ce qui s'appelait encore les Indes britanniques et où les seules chances de promotion sociale pour les natifs étaient d'être des serviteurs de la Couronne.

1. 5 février 2021.

Elle a dix-neuf ans en 1958 lorsqu'elle obtient un diplôme en sciences au Lady Irwin College de la capitale New Delhi. Le pays a accédé à l'indépendance dix ans plus tôt. Fort de son statut de membre de la nouvelle classe moyenne, aspirant à jouer un rôle dans ce pays où tout est à faire, son père envoie Shyamala à Berkeley en Californie pour qu'elle y reçoive un enseignement plus capé. Étudiante en nutrition et endocrinologie, elle obtient son doctorat et fut reconnue pour ses recherches sur le cancer du sein. Elle aura publié plus d'une centaine d'articles de recherche dans des revues spécialisées. Car Shyamala se fixe une triple exigence : réussir dans les États-Unis du début des années 1960 en tant que scientifique, en tant qu'étrangère de couleur et en tant que femme. Ce que l'on appelait à l'époque la fameuse « conscience de classe » est bien présent dans son esprit. « Ma mère avait été élevée dans une famille où l'engagement et le sens civique venaient naturellement, a écrit Kamala Harris dans son autobiographie de 2019, *The Truths We Hold*. [...] Elle a développé une profonde conscience politique. Elle était consciente de l'histoire, consciente de la lutte, consciente des inégalités. Elle est née avec un sens de la justice imprimé dans son âme[1]. »

À l'automne 1962, Shyamala Gopalan assiste à un rassemblement d'étudiants noirs où l'orateur était un jeune étudiant diplômé de la Jamaïque, Donald Jasper Harris, qui étudiait pour devenir économiste. Il avait émigré de la Jamaïque en 1961, arrivant à Berkeley à

1. Penguin Press, p. 7.

la recherche d'un meilleur avenir. C'était un radical ou, comme les économistes le disaient à l'époque, un « hétérodoxe ». Il n'avait pas adhéré aux théories économiques traditionnelles alors enseignées par les universités américaines, et ses amours penchaient bien davantage vers le marxisme et la lutte des classes.

Entre les deux jeunes adultes épris de justice, de liberté et de reconnaissance sociale, la rencontre aurait donc dû se situer au beau milieu d'une réunion enfumée d'étudiants au fond d'une salle de cours à l'université. Au contraire, elle ressembla à un conte de fées oriental à l'eau de rose. Donald Harris déclara au *New York Times* que Shyamala, vêtue d'un sari traditionnel, s'est approchée de lui après une conférence et était « d'une apparence remarquable par rapport à tous les autres membres du groupe des hommes et des femmes[1] ». À la manière d'une Shéhérazade, elle l'a charmé par son verbe. Ils se sont revus, ont parlé encore et encore. Enfin, comme l'a dit le jeune économiste rebelle, « le reste appartient maintenant à l'histoire ». L'Indienne et le Jamaïcain se marient un an plus tard en 1963, l'année où la Jamaïque obtint sa propre indépendance du Royaume-Uni. Cette liberté qui fait des clins d'œil n'empêche nullement les deux jeunes époux de rester résolument concentrés sur leur objectif de réussite sociale. L'annonce de leur mariage dans le *Kingston*

1. « How Kamala Harris' Immigrants Parents Found a Home, and Each Other, in a Black Study Group », *The New York Times*, 13 septembre 2020.

Gleaner, le 1er novembre 1963, mentionne qu'ils sont tous deux thésards.

Kamala Devi naît l'année suivante en 1964, et sa sœur, Maya Lakshmi, deux ans plus tard. Devi est la déesse mère dans la mythologie hindoue. Lakshmi est la déesse de la richesse, de la beauté et de la bonne fortune. Shyamala a déclaré à un journaliste du *Los Angeles Times* en 2004 qu'elle avait donné à ses deux filles des noms indiens pour préserver leur identité culturelle et a déclaré : « Une culture qui adore les déesses produit des femmes fortes[1]. »

Et Shyamala s'y connaissait en matière de caractère. Du milieu à la fin des années 1960, alors que les deux parents étaient actifs dans le mouvement des droits civiques, elle participait à des manifestations en promenant Kamala dans une poussette. La légende veut que, au cours d'un rassemblement, s'affairant dans les couches-culottes, sa mère lui ait demandé ce qu'elle voulait. « Fee-dom ! » (« li-be'-té »), aurait zozoté la petite Kamala[2].

Comme beaucoup d'étudiants, Donald Harris était un « itinérant » dans ses premières années, passant de Berkeley à l'université de l'Illinois à Urbana-Champaign, puis à l'université du Wisconsin et enfin à Stanford en 1972. Mais l'universitaire ne varie pas dans ses convictions. Le journal étudiant, le *Stanford Daily*, qualifie

1. « How Kamala Harris' Immigrants Parents Found a Home, and Each Other, in a Black Study Group », *op. cit.*

2. *Ibid.*

toujours sa philosophie économique de « marxiste[1] ». Cette constance dans le combat politique rendait cependant son emploi précaire. En 1974, alors que son poste de professeur-stagiaire prenait fin, certains professeurs d'économie de Stanford hésitaient à le recommander pour un poste à plein temps. Heureusement, la période était à l'activisme, mais aussi à la solidarité étudiante. L'avenir professionnel de Donald Harris est devenu un sujet de mobilisation pour le journal de l'université, le *Stanford Daily*, et sur le campus.

Des étudiants ont lancé une pétition signée par plus de deux cent cinquante personnes exigeant que le département d'économie prenne un « engagement formel » envers l'économie marxiste, maintienne un personnel de trois membres du corps professoral travaillant dans ce domaine, et que la faculté recommande Harris pour un poste à plein temps[2]. Donald Harris a finalement été embauché et est devenu le premier économiste noir à figurer comme titulaire au département d'économie de Stanford. Il est resté à l'université jusqu'en 1998, date à laquelle il a pris une retraite méritée et couverte d'honneur. Donald Harris possède toujours le statut de professeur émérite.

Côté couple, les choses ont évolué différemment. Shyamala et Donald se sont séparés en 1969, lorsque Donald enseignait à l'université du Wisconsin et que

1. Dan Morain, *Kamala's Way. An American Life*, Simon & Schuster, p. 3.
2. Dan Morain, *Kamala's Way. An American Life*, *op. cit.*, p. 4.

Kamala avait cinq ans et Maya trois ans. Ils ont demandé le divorce en janvier 1972. Kamala Harris a écrit dans son autobiographie que, « si mes parents avaient été un peu plus âgés, un peu plus mûrs émotionnellement, peut-être que le mariage aurait pu survivre. Mais ils étaient si jeunes. Mon père était le premier petit ami de ma mère[1] ». Dans un essai de 2018, Donald explique avoir incontestablement plus mal vécu que Shyamala cette séparation. Il a perdu peu à peu le contact avec ses filles après une bataille contentieuse éprouvante pour la garde des enfants.

Ironiquement, il aura même tenté de contester les positions progressistes en droit de la famille de l'État de Californie qui estimait que les pères ne peuvent pas assumer la garde des enfants. Le jugement de divorce définitif, daté du 23 juillet 1973, montre en effet que Shyamala a la garde des enfants. Donald a obtenu le week-end en alternance et soixante jours en été. Il en profitera pour emmener ses filles en Jamaïque pour y rencontrer ses parents et leur montrer le monde qu'il connaissait dans son enfance : « J'ai essayé de transmettre cet héritage en termes très concrets, en visitant fréquemment la Jamaïque avec mes filles, écrivit Donald Harris dans ses mémoires. Quand mes filles furent plus mûres pour comprendre, j'ai essayé de leur inculquer les contradictions de la vie économique et sociale dans un pays pauvre et la juxtaposition choquante de l'extrême pauvreté et de l'extrême richesse[2]. » Le hareng marxiste

1. Kamala Harris, *The Truth We Hold*, *op. cit.*, p. 7.
2. *Ibid.*, p. 8.

sent toujours un peu dans la caque de l'amour paternel. Néanmoins, l'éloignement fait son œuvre. Kamala Harris tisse des liens plus étroits avec sa mère et porte un jugement sans affect sur son père : « C'est une bonne personne, mais nous ne sommes pas proches », a-t-elle déclaré dans une interview en 2003. Dans sa biographie officielle sur le site Web du procureur général de Californie, Kamala Harris se décrit comme « la fille du docteur Shyamala Gopalan, une spécialiste du cancer du sein, d'origine tamoule, qui s'est rendue aux États-Unis depuis Chennai, en Inde, pour poursuivre ses études supérieures à l'UC Berkeley[1] ». Cette biographie ne fait aucune mention de son père.

1. Dan Morain, *Kamala's Way. An American Life*, *op. cit.*, p. 5.

13

Les années de poudre

Shyamala et Donald Harris vont faire baigner la petite Kamala dans un mélange improbable d'identité indienne et de lutte sociale et politique occidentale pour obtenir un changement de société. Un cocktail explosif. La famille vivait à Berkeley et Oakland, lorsque les villes d'East Bay étaient au centre du mouvement pour la liberté d'expression aux États-Unis.

Le mouvement anti-guerre du Vietnam, la montée du sentiment écologiste, les revendications de justice raciale, celles en faveur des droits des prisonniers et d'autres formes de lutte faisaient partie du quotidien. « J'ai été le témoin de l'existence de gens qui se retrouvent embarqués dans ce que l'on pourrait appeler un formidable foutoir », a déclaré Kamala Harris lors de la Convention nationale démocrate de 2020 qui la désignera comme colistière de Joe Biden[1]. C'étaient des jours grisants et en même temps extrêmement dangereux. La garde nationale intervenait régulièrement sur

1. *Los Angeles Times*, « Kamala Harris 2020 DNC Full Transcription Speech », 20 août 2020.

le campus de Berkeley. Des gaz lacrymogènes étaient lancés depuis des hélicoptères. La police a abattu un manifestant non armé lors d'une manifestation en 1969 sur un terrain vague qui est devenu célèbre sous le nom de People's Park. C'était l'époque du Black Panther Party for Self-Defense, né en 1966, cofondé par Huey Newton et Bobby Seale. Les Panthers portaient ouvertement des armes, ce qui était absolument impensable quelques années plus tôt aux États-Unis où un Afro-Américain armé était littéralement un homme mort. L'idée que de jeunes hommes noirs pouvaient légalement porter des armes a mis les autorités en panique. En mai 1967, peu de temps après que Ronald Reagan fut devenu gouverneur de Californie, Newton et Seale conduisirent deux douzaines de Panthers, portant bérets, lunettes noires, vestes en cuir et armes (déchargées) à la ceinture, dans la capitale californienne de Sacramento. Le *Sacramento Bee* du jour suivant titra : « Des Black Panthers armés envahissent le Capitole[1] ».

Signe d'une période de tous les paradoxes, ces Panthers armés voulaient en réalité protester contre la législation visant à autoriser le port d'armes à feu dans les rues, qui contribuait à multiplier les meurtres de Noirs. Ils s'opposaient en cela à la puissante National Rifle Association (NRA). Et, à la surprise générale, ils finirent par obtenir gain de cause. Le jeune gouverneur Ronald Reagan signa le projet de loi interdisant le port d'armes dans les rues. Il s'agissait de l'une des premières mesures de contrôle des armes à feu en Californie. Il y en aurait beaucoup d'autres, et Kamala Harris, devenue adulte, serait partie prenante de ce combat.

1. Dan Morain, *Kamala's Way. An American Life*, *op. cit.*, p. 7.

Cependant, en 1967, cette nouvelle loi n'empêche pas les rues d'Oakland d'être parmi les plus dangereuses des États-Unis. En octobre, la police arrête Newton, l'un des leaders des Panthers. Une fusillade éclate, et l'officier de police John Frey est abattu. Newton, qui a reçu une balle dans l'estomac, est accusé de meurtre. « Libérez Huey » devint un cri de ralliement dans les campus[1]. Néanmoins, Newton est reconnu coupable d'homicide volontaire et envoyé en prison, bien qu'une cour d'appel de l'État ait annulé la condamnation. Après un triple report de son procès, le bureau du procureur du district du comté d'Alameda décida d'abandonner les poursuites. Newton revint triomphalement parmi les Panthers. Mais cette libération marqua la fin de sa période d'activiste aux États-Unis. Newton s'envola pour Cuba où il restera jusqu'en 1977. Après de multiples démêlés pour violence, le leader charismatique finira assassiné dans une rue de West Oakland en 1989 lors d'un achat de drogue. Mais l'époque avait déjà changé, et la révolution progressiste des années 1960 avait depuis longtemps laissé la place à la révolution conservatrice dirigée par l'ancien gouverneur de Californie devenu Président en 1980 : Ronald Reagan.

Si les mouvements des droits civiques et la culture progressiste de la côte ouest avaient durablement marqué Shyamala, elle n'avait pas oublié ses racines et prenait soin d'inculquer à ses filles ce qu'on appellerait aujourd'hui une éducation basée sur l'identité des

1. Dan Morain, *Kamala's Way. An American Life*, *op. cit.*, p. 7.

origines. Elle s'assurait qu'elles s'approprient leur héritage indien et les amenait souvent dans le sous-continent passer du temps avec leurs grands-parents.

Mais l'Amérique et ses obsessions raciales restaient le point de fixation de la famille. En épousant un Jamaïcain, Shyamala avait vite compris que, en dépit de leurs origines indiennes, elle élevait « deux filles noires », et considérées comme telles aux États-Unis. Le terme « indo-afro-américain » n'existait pas. Ses filles étaient afro-américaines. Et Shyamala décida d'assumer cet héritage. Elle se rendit avec ses filles aux rassemblements du jeudi soir à Rainbow Sign, un centre culturel noir à Berkeley. Là, les participants écoutaient les discours enflammés de Shirley Chisholm, la députée de New York et première candidate noire à la présidentielle, ils chantaient avec la chanteuse de jazz, musicienne et leader des droits civiques Nina Simone ou bien s'évadaient avec la poétesse Maya Angelou. Shyamala subit le racisme ordinaire, notamment lorsqu'elle travailla à Berkeley et se vit promettre une promotion pour la qualité de son travail, emploi qui échut finalement à un homme blanc.

Mère courage désormais célibataire, flanquée de Kamala, douze ans, et de Maya, dix ans, elle ravala sa déception et ce sentiment d'injustice qui la tenaillait pour décrocher un emploi d'enseignante à l'université McGill à Montréal en 1976 et en poursuivant ses recherches sur le cancer du sein à l'Hôpital général juif de la ville.

14

L'exil québécois

Shyamala avait beaucoup voyagé dans son enfance. Son père avait occupé des postes à Chennai, New Delhi, Mumbai et Kolkata. Il semblait naturel à cette femme énergique de déménager de la Californie au Québec, à la recherche de nouvelles opportunités. Pour sa fille aînée, cependant, le déménagement fut traumatisant. Kamala se souvient dans ses mémoires que l'idée de quitter la Californie ensoleillée en février, au milieu de l'année scolaire, pour une ville étrangère, francophone, couverte de neige, était angoissante. Shyamala l'inscrivit à Notre-Dame-des-Neiges, un établissement francophone, puis à l'école secondaire Westmount, l'une des plus anciennes écoles anglophones du Québec[1].

À Westmount, Kamala s'épanouit en retrouvant sa langue maternelle. Elle adhéra à des « sociétés » de jeunes élèves et lança une troupe de danse appelée « Midnight Magic ». Avec ses amis, elle se déhanchait

1. Kamala Harris, *The Truth We Hold*, *op. cit.*, p. 19.

sur les rythmes disco de la fin des années 1970, dans des costumes à paillettes faits maison.

C'est le début des grandes amitiés entre filles et son cortège de séparations douloureuses. Wanda Kagan et Kamala Harris étaient les meilleures amies du secondaire à Montréal, mais, comme c'est le cas avec les amitiés adolescentes, elles ont perdu contact après l'obtention de leurs diplômes respectifs[1]. Elles se sont retrouvées en 2005. Wanda regardait son amie à la télévision dans « The Oprah Winfrey Show » alors qu'elle évoquait son expérience en tant que première femme noire de Californie à être élue procureure de district[2]. Wanda a appelé Kamala en pleine émission. Entre pleurs de joie et souvenirs communs qui resurgissent du fond de leur mémoire, les deux ex-étudiantes ont rattrapé le temps perdu. Elles se sont remémoré l'époque où Wanda avait vécu chez Kamala, Maya et Shyamala, alors qu'elle s'échappait souvent de chez elle pour fuir les mauvais traitements que son père lui infligeait. C'est au cours de leur conversation, déclara plus tard Wanda, que Kamala lui avoua que c'était le sort d'enfant abusée de son amie qui lui avait donné l'idée de devenir procureure. Wanda trouvait refuge chez les Harris ; elle déclara que vivre chez son amie et sa famille avait été l'un des rares bons souvenirs de ces années.

Wanda franchit un pas supplémentaire. Sous l'amicale pression de Kamala, elle raconta ses années de

1. Kamala Harris, *The Truth We Hold*, *op. cit.*, p. 19.
2. Dan Morain, *Kamala's Way. An American Life*, *op. cit.*, p. 9.

maltraitance au *New York Times*, et contribua à donner de la consistance aux froides statistiques sur les violences faites aux enfants au sein des familles afro-américaines, le drame des familles monoparentales et surtout des pères absents ou partis[1].

Chez les Harris, au contraire, l'harmonie régnait. Tout le monde cuisinait et dînait ensemble. En général, pour déguster des spécialités indiennes. Wanda n'avait jamais mangé d'aussi bons plats. C'était un havre de paix et de calme entre deux tempêtes. La fréquence des visites de Wanda transforma la nature de ses relations avec la famille Harris. Kamala se rappelle que Wanda devint plus qu'une amie. Elle fut littéralement adoptée et devint la seconde sœur de Kamala. Shyamala veilla même à la suite de la scolarité de l'amie de sa fille. En retour, marquée à jamais par la gentillesse de la famille Harris, celle-ci prénomma sa fille Maya.

Mais Shyamala aspirait à retourner aux États-Unis. L'appel de la Californie était le plus fort, et les années québécoises touchèrent à leur fin. La famille Harris retourna s'installer à Oakland. Le temps était venu pour la jeune fille de prendre son envol.

1. « Kamala Harris's Canadian Dream », 3 novembre 2020.

15

Premier métier, premier amour

Shyamala et ses deux filles sont de retour à Oakland. Elle vient d'obtenir un poste de chercheuse à Berkeley. Kamala fréquente le Collège de droit UC Hastings, dans le centre-ville de San Francisco. Elle entre à la faculté de droit en 1987. Kamala finira par être élue présidente de l'association des étudiants noirs en droit de Hastings. C'est le seul fait digne d'être remarqué au cours d'une scolarité sans problèmes, mais sans faits saillants. Kamala sort diplômée à un rang relativement modeste. Elle n'obtient aucune mention honorifique, celles que les étudiants américains les plus brillants recherchent avidement pour décrocher les meilleurs postes. Pas de *Summa Cum Laude* (très haute louange), de *Magna Cum Laude* (haute louange) ou même d'un basique *Cum Laude* (distinction simple[1]).

Mais l'essentiel est là. Kamala est reçue. Et, à vingt-quatre ans, elle réussit à décrocher le très difficile concours du barreau de Californie, le plus ardu avec celui de New

1. Dan Morain, *Kamala's Way. An American Life*, *op. cit.*, p. 24.

York, à son deuxième essai. Il est temps pour elle de se lancer enfin dans la vraie vie. Un monde l'attend.

En 1990, la voilà devenue procureure stagiaire comme il y en a des dizaines d'autres. Mais on ne laisse guère le temps aux novices de se former. Le baptême du feu est immédiat. Quand elle est appelée à collaborer dans l'équipe du procureur du district d'Alameda, le nombre de meurtres commis dans le comté d'Oakland atteint le triste record de 146 personnes assassinées, dépassant le nombre d'homicides établi l'année précédente. Et il franchit un nouveau sommet en 1992[1]. La multiplication des meurtres dans cette partie de la Californie ne s'explique pas uniquement par la pauvreté, le trafic de drogue ou la libre circulation des armes. Le mal est bien plus endémique. Il existe à cette époque une sorte de « culture de la violence et de la mort ». À titre d'exemple, quelques années plus tôt, un cortège funèbre tiré par des chevaux en l'honneur d'un chef de gang de la drogue assassiné en prison avait attiré des milliers de personnes portant le deuil.

Trente ans plus tard, dans son discours de lancement de la campagne présidentielle, Kamala a expliqué ainsi sa décision de devenir procureure : « Je savais que les personnes qui sont le plus souvent visées par les prédateurs sont aussi le plus souvent les sans-voix et les plus vulnérables. Il était naturel chez moi de vouloir les défendre[2]. »

1. Dan Morain, *Kamala's Way. An American Life*, *op. cit.*, p. 127.
2. National Public Radio, « Kamala Harris Kicks Off Presidential Campaign », 28 janvier 2019.

Cette profession est en fait une révélation. Tous les jours, la jeune Harris franchissait les portes du palais de justice en courant et montait quatre à quatre les escaliers menant au deuxième étage où se trouvait le dédale de bureaux du procureur du district. Elle découvrait l'immensité du travail à accomplir, la multiplication des dossiers à traiter, jusqu'aux policiers qui dormaient quelques minutes avant de témoigner. Kamala suivait quelquefois cinq procès simultanément.

Mais ce travail, ô combien exigeant, la passionne, et elle ne compte ni ses heures ni ses nuits blanches passées sur les centaines de pages des dossiers dont elle a la charge. Insatiable, elle en veut toujours davantage. En parallèle, elle se trouve des amitiés qui deviennent ses premiers réseaux. Elle finit par intégrer la fameuse Alpha Kappa Alpha (AKA[1]). Voilà un monde à part.

AKA est toujours la plus prestigieuse société de femmes afro-américaines. Kamala s'y fait ses premiers contacts, tisse ses premiers liens professionnels qui, plus tard, seront précieux pour la suite de sa carrière. Mais elle bénéficie surtout de ce vivier incroyable de jeunes talents que représente le bureau du procureur du comté d'Alameda. C'est l'occasion, pour elle, de faire la connaissance d'Earl Warren, ancien gouverneur de Californie et juge en chef de la Cour suprême des États-Unis, qui avait commencé sa carrière en tant que procureur du comté d'Alameda. Autre rencontre encore

---

1. *Los Angeles Times*, « Kamala Harris : Her AKA Sorority Helped Her Be Vice-President », 21 janvier 2021.

plus marquante, celle du procureur général du président Reagan lui-même, Edwin Meese III, qui avait également débuté sa vie professionnelle au bureau du procureur du district d'Alameda. Les juges de la Cour suprême de Californie, Ming Chin et Carol A. Corrigan, étaient également des « anciens », et, eux aussi, prodiguaient leurs conseils aux jeunes recrues[1]. À l'heure du déjeuner, Kamala et d'autres jeunes avocats ambitieux, sandwichs et soda à la main, fonçaient à la bibliothèque de droit où les procureurs décryptaient les dossiers en cours et s'étendaient sur les stratégies de tel procès.

Kamala se fit vite remarquer. Elle était très attentive lorsque les anciens parlaient. Cette écoute assidue de l'expérience des plus capés lui fit franchir les étapes plus rapidement que les autres. Comme tous les nouveaux, Kamala avait commencé par traiter les délits mineurs, mais elle se retrouva rapidement chargée des affaires de crime. Infatigable, elle effectua des rotations de six mois dans tous les palais de justice du comté. Un an plus tard, en octobre 1992, elle accepta une affectation pour travailler dans un tribunal pour mineurs. C'était une tâche difficile. Les écoles d'Oakland étaient si gangrenées par la violence que l'absentéisme était généralisé et que la moitié des 53 000 élèves du district avaient obtenu des résultats inférieurs aux moyennes de tests de l'État de Californie.

Ce qui se produit et s'entend dans un tribunal pour mineurs reste confidentiel. Les dossiers qu'elle a traités

1. Dan Morain, *Kamala's Way. An American Life*, *op. cit.*, p. 28.

sont scellés. Jamais Kamala n'évoquera publiquement tel cas particulier, mais on l'entendra souvent se remémorer, par la suite, son expérience traumatisante d'histoires d'enfants maltraités, exploités sexuellement, voire assassinés. Lorsqu'elle accédera à des postes à responsabilités, elle sera obsédée par la volonté d'infléchir les politiques, de façonner le droit. De rendre ce monde qu'elle découvrait un peu meilleur.

L'année 1994 marqua un tournant. Kamala s'engagea à trente ans auprès de l'un des politiciens les plus talentueux du pays, Willie Brown, président de l'Assemblée de l'État de Californie. L'homme est l'un des Afro-Américains les plus connus. Il est de trente ans l'aîné de Kamala. Il exerça rapidement sur elle une emprise aussi professionnelle qu'affective. Ils partageaient une motivation sans bornes pour leur travail et une intelligence du traitement des dossiers. Brown était ce qu'on pouvait qualifier de caractériel, extrêmement exigeant avec lui-même et avec les autres. Son aspect volontiers frondeur l'aidait à défendre les cas les plus compliqués, toujours du côté des défavorisés, et, quand il parlait, son éloquence virile le rendait irrésistible. Doté d'une intelligence hors du commun, une bonne boutade toujours en bouche, élégant dans ses costumes, Brown était un « bon client » pour les médias locaux.

Le 22 mars 1994, Brown célèbre son soixantième anniversaire dans le domaine du milliardaire Ron Burkle, à Greenacres. La fête est organisée dans une villa somptueuse, construite à l'origine pour la star du cinéma muet

Harold Lloyd. Tout au long des années 1990, le milliardaire avait aidé à lever des fonds pour le président Clinton et tout le gratin démocrate de Californie à Greenacres. Le *Los Angeles Times* avait surnommé sa villa « le Versailles » des collectes de fonds. Ce soir-là, la fête d'anniversaire de Brown comptait comme invités prestigieux Barbra Streisand et Clint Eastwood. Mais tout le monde remarqua surtout la jeune femme que Brown ne quittait pas d'une semelle. Le lendemain, le microcosme californien était au courant de la nouvelle idylle de Willie Brown, et que sa nouvelle compagne avait pour nom Kamala Harris. C'était une officialisation volontaire de leur relation[1].

Le couple vit alors des amours d'allures princières. Brown offre à Kamala une BMW, ils voyagent ensemble à Paris, assistent aux Oscars et ne se quittent plus. Un soir, Brown reçoit un appel du milliardaire Donald Trump. Le New-Yorkais voudrait discuter d'un projet d'hôtel qu'il a en tête à Los Angeles et avait envoyé son jet pour ramener Brown et ses amis, Kamala incluse, à New York. Le jet grimé aux couleurs or, déjà caractéristique des goûts particuliers de Donald Trump, transporta le couple de l'autre côté du pays. Ils descendirent au Plaza Hotel et profitèrent de la ville mais, comme le raconta plus tard Kamala, elle ne croisa pas Donald Trump à cette occasion. L'accord de Los Angeles ne se concrétisa jamais. Trump et Harris se rencontreront plus tard. L'heure n'est pas encore venue.

1. Kamala Harris, *The Truth We Hold*, *op. cit.*, p. 46.

Sur le plan politique, les vents deviennent mauvais pour les démocrates, et en particulier pour Bill Clinton. Les républicains dirigés par Newt Gingrich ont pris le contrôle de la Chambre des représentants des États-Unis. En Californie, le Grand Old Party a renversé l'assemblée pour la première fois en vingt-cinq ans. Willie Brown allait donc perdre son poste de président lorsque la mandature s'achèverait en décembre 1994[1].

En prévision de l'alternance, Kamala prend congé de son travail de procureure adjointe du comté d'Alameda, et Willie Brown place sa compagne au Conseil d'État de Californie, poste moins passionnant mais également moins exposé politiquement, où Kamala serait uniquement chargée de juger des refus de versement des allocations chômage. À la fin du mois de novembre, Brown la fait nommer dans un département qui supervise les contrats d'assurance santé de Californie. C'est un emploi très bien payé pour l'époque, à 72 000 dollars par an. Kamala occupera ce poste jusqu'en 1998, trois ans après la fin de leur relation[2].

Les années de bonheur ensemble touchent en effet inexorablement à leur fin. Willie Brown est toujours marié. Il a une femme, Blanche Brown, qui est la mère de ses enfants. S'il n'a jamais caché qu'il vivait avec d'autres femmes, Willie et Blanche n'ont jamais envisagé de divorcer. Quand cette situation est devenue une évidence pour Kamala et qu'elle sut qu'elle ne pourrait

1. Kamala Harris, *The Truth We Hold*, *op. cit.*, p. 46.
2. *Ibid.*, p. 47.

jamais faire sa vie avec Brown, le couple s'est séparé. Le journal local a sèchement titré : « Willie Brown a laissé entendre, au cours du week-end, que sa liaison avec Kamala Harris, une assistante du comté d'Alameda, procureure de district, avait pris fin[1]. » Pour Kamala, qui a vécu intensément cette relation, voir sa vie personnelle étalée publiquement dans la presse la fera terriblement souffrir. L'éducation sentimentale dopée à la politique est d'autant plus cruelle. Mais Kamala apprendra et saura prendre sa revanche en temps voulu.

Ainsi s'achève la première grande histoire d'amour de Kamala. Dès l'origine, la relation était déséquilibrée et sans avenir. Brown avait le pouvoir et était marié. Au crédit, outre la passion qui a habité le couple, Brown a utilisé ses prérogatives et son entregent pour ouvrir de nombreuses portes à Kamala, poursuivant cette longue tradition de mentorat, mais aussi de favoritisme assumé qui font souvent le lit d'une carrière politique. Une fois ces premières portes ouvertes, Kamala a su faire son chemin seule. En 1995, elle décide de retourner au bureau du procureur du district du comté d'Alameda. Elle retrouve son poste et s'occupe principalement de pénal. La politique est finie pour elle. Elle ne se laissera plus distraire. Elle connaît désormais sa vraie nature. Juge elle est, juge elle demeurera.

---

1. Kamala Harris, *The Truth We Hold*, *op. cit.*, p. 47.

16

Les parfums de la baie de San Francisco

Kamala a mûri. La procureure Harris se montre décidée à lutter sans faiblesse contre le crime et entend faire preuve d'une sévérité qui lui sera, bien plus tard, reprochée durant la campagne présidentielle de 2020. Elle n'hésite pas, notamment, à utiliser la nouvelle loi californienne dite « des trois prises » (Three Strikes Law) pour obtenir de longues peines contre les récidivistes. Cette loi particulièrement décriée est une disposition législative permettant ou contraignant les juges à prononcer des peines de prison perpétuelles à l'encontre d'un prévenu condamné pour la troisième fois pour un délit ou un crime.

Ces affaires ont rarement attiré l'attention de la presse, à une exception près. Un homme sous l'influence de méthamphétamine et d'alcool avait utilisé un couteau pour frapper sa petite amie à la tête. Celle-ci avait survécu. Il s'agissait donc d'une tentative d'homicide et non d'un homicide, ce qui aurait dû rendre le verdict plus clément. Mais Kamala fit appel à la fameuse loi, et l'homme fut condamné à la prison à vie. « C'est approprié pour ce qu'il a fait », a déclaré Kamala dans le *San*

Francisco Chronicle, le journal à plus grand tirage de l'État. Elle assume la sévérité de cette peine et enfonce le clou : « Le geste était incroyablement sadique Il méritait une peine exemplaire[1]. » Pour celle qui avait connu, au début de sa carrière, les horreurs vécues des femmes et des mineurs agressés, il était hors de question de faire preuve de la moindre faiblesse. Kamala entendait défendre les plus vulnérables coûte que coûte. Cette affaire lui apporte, en outre, une certaine popularité, et elle est louée pour sa fermeté. Richard Iglehart, un ancien procureur du comté d'Alameda, lui propose alors un nouvel emploi dans la justice pénale. Cette offre lui permet de tirer un trait définitif sur la politique. De son côté, Willie Brown est élu maire de San Francisco.

Kamala quitte définitivement le bureau du procureur de district du comté d'Alameda et fait un saut de puce de vingt kilomètres à l'ouest à travers le Bay Bridge pour travailler dans le département de justice pénale de San Francisco. Le bureau du procureur de district, les services de police, les tribunaux, le shérif et les autres institutions partageaient tous le même bâtiment qu'on appelle familièrement le « Hall ». Juste à l'arrière de l'immeuble, de l'autre côté du parking, se trouvait la prison.

Richard Iglehart recrute Kamala pour redresser une institution judiciaire en déshérence. C'était un défi de taille. L'homme aux commandes, le procureur du district, Terence Hallinan, traversait une période difficile car la criminalité ne baissait pas.

1. Dan Morain, *Kamala's Way. An American Life*, *op. cit.*, p. 36.

Les parfums de la baie de San Francisco

En janvier 2000, un nouveau gouverneur de Californie, Gray Davis, offre une promotion au supérieur hiérarchique de Kamala, Richard Iglehart. Le poste de celui-ci se libère donc. Or, plutôt que de promouvoir son adjointe, Kamala, comme nouvelle procureure, Terence Hallinan se tourne vers un avocat pourtant sans expérience en matière de poursuites pénales. Mais il s'agit d'un homme.

Pour Kamala, la première blessure professionnelle est douloureuse. Elle estime la non-reconnaissance de son travail comme un affront, et ce sexisme comme intolérable. La fille de Shyamala, forte de son caractère, encaisse sans broncher, mais décide qu'il est temps pour elle de passer à autre chose. Oui, mais à quoi ? Sa progression professionnelle est soudainement entravée. Que connaît-elle à part le droit ? Il y a la politique, bien sûr, qu'elle a effleurée un temps lors de sa liaison avec Willie Brown. Mais sera-t-elle capable de se présenter à des élections pour se faire élire procureure et, surtout, aimera-t-elle cela ?

17

Se frotter au suffrage universel

Kamala avait des atouts à faire valoir en cas d'élection. Son réseau s'était étendu et avait grandi en influence. Elle commence à fréquenter le gratin californien, se lie d'amitié avec l'acteur Danny Glover et surtout Robert Redford. Elle se fait photographier vêtue d'une robe élégante, coupe à la main, lors du mariage de l'héritier du pétrole, Billy Getty, en 1999 à Napa Valley. Un article du *Harper's Bazaar* sur le style vestimentaire de San Francisco met en vedette Kamala dans un numéro hors-série, avec d'autres Californiennes « qui comptent[1] ». Une journaliste note sa présence à une mise en scène en février 2002 des *Monologues du vagin*, avec Rita Moreno. Elle se fait inviter à un dîner du Comité juif américain en septembre de la même année, en l'honneur de Walter et Douglas Shorenstein, des grands propriétaires et mécènes politiques du centre-ville de San Francisco. Elle assiste à un gala de charité en octobre 2002 au cours duquel Elton John collecte des fonds pour lutter contre le sida. Parmi les invités figurent le

1. Dan Morain, *Kamala's Way. An American Life*, *op. cit.*, p. 44.

producteur George Lucas, l'actrice Sharon Stone et d'autres célébrités de la Baie, avec lesquelles Kamala noue des contacts fructueux. Elle ne délaisse pas pour autant les corps constitués, surtout la police. Elle participe à des fêtes organisées pour le départ à la retraite d'officiers de police, en présence de tout le ban et l'arrière-ban des représentants des forces de l'ordre. Son art consommé du réseau, son aptitude à se faire facilement accepter dans tous les cercles d'influence arrivent à point nommé. Car l'heure de la revanche a sonné contre l'homme qui avait freiné sa carrière professionnelle. Le procureur de district Terence Hallinan.

L'une des originalités du système judiciaire américain est que les juges y sont élus. Vu de France, où le pouvoir politique s'est toujours défié de l'autorité judiciaire avant même la Révolution française et ne pouvait concevoir l'onction du suffrage universel que pour eux seuls, le système peut choquer, car il sous-tend une part d'électoralisme et de démagogie chez ceux qui font profession de rendre justice. Mais les États-Unis ne voient pas les choses sous le même angle, et le lien entre le juge et l'électeur est autant plébiscité qu'une élection au poste de sénateur ou de gouverneur.

S'il fallait en passer par l'élection pour percer le plafond de verre qu'on lui imposait, Kamala n'y voyait aucun inconvénient. La politique chez elle n'était pas une fin, mais, au contraire, un moyen pour mieux pouvoir exercer son métier.

Les relations entre Hallinan et la police de San Francisco étaient notoirement exécrables. Ces tensions se révèlent au grand jour lors d'un épisode que la presse de San Francisco a surnommé le « Fajitagate[1] ». Quelques officiers de police s'étaient battus à propos d'une simple fajita. Hallinan a décidé de poursuivre les policiers impliqués. L'affaire a fait grand bruit, et la population a pris fait et cause pour les policiers, estimant que ces poursuites étaient la conséquence d'une vengeance mesquine de la part de Hallinan. Le procureur y perd de nombreux soutiens politiques.

Forte de sa popularité chez les policiers, Kamala entrevoit la possibilité de ravir son poste de procureur à Hallinan. Les spéculations vont bon train. À la suite du Fajitagate, Hallinan est vulnérable. Et voilà que Willie Brown, devenu maire de San Francisco, décide de se mêler de la partie pour prendre fait et cause pour son ancienne maîtresse. Brown accuse publiquement Hallinan d'être laxiste en matière de justice pénale et de ne pas avoir assez lutté contre les trafiquants de drogue. De son côté, Kamala avait rejoint le conseil d'administration de WomenCount, une jeune organisation de femmes influentes basée à San Francisco et qui militait pour une plus grande place des femmes en politique. Kamala s'implique également dans une autre organisation, Emerge California, qui se veut une sorte de camp d'entraînement pour les femmes qui se présentent à des élections. Les deux associations avaient été fondées par la même femme : Andrea Dew Steele[2].

---

1. MSNBC, « Fajitagate », 5 octobre 2020.
2. Dan Morain, *Kamala's Way. An American Life*, *op. cit.*, p. 45.

Un soir, elle reçoit un appel de Kamala. « Je suis prête à me lancer. Que fais-je ? » Steele l'invite aussitôt à venir chez elle pour dîner. Entre la poire et le fromage, elle lui donne tous ses contacts, les personnes qui formeraient sa base de bénévoles et de donateurs. Steele est une professionnelle de la levée de fonds. Elle va se mettre au service de Kamala[1].

WomenCount et Emerge California commencèrent à lever de l'argent pour la jeune candidate, ce qui est, en politique américaine, le début de toute campagne qui se respecte. La première décision de Steele fut de mettre en relation Kamala avec Mark Buell, un dirigeant immobilier depuis longtemps impliqué dans la politique de San Francisco. Buell est immensément riche. Lui et sa femme occupent une place singulière dans la politique démocrate. Les sénateurs, les gouverneurs et d'autres personnalités, y compris les Clinton et Barack Obama avant son élection au Sénat américain, ont tous fait le pèlerinage au penthouse du douzième étage d'où la vue sur le Golden Gate de la baie de San Francisco est époustouflante. Mais Buell fait mieux que promettre simplement de lever des fonds pour Kamala. Il lui annonce non seulement qu'il ferait partie de son « comité des finances », mais aussi qu'il le présiderait.

La course de Kamala au poste de procureur du district de San Francisco est officiellement lancée. Cette élection fut largement éclipsée par celle, unique en son

1. Dan Morain, *Kamala's Way. An American Life*, *op. cit.*, p. 45.

genre, de la campagne pour l'élection du gouverneur de Californie. Contre le sortant démocrate Gray Davis se présentait un challenger improbable, mais qui finira par l'emporter aux forceps : Arnold Schwarzenegger.

Loin de ce combat de titans qui s'annonce, Kamala se concentre sur sa propre campagne. Elle a trente-huit ans et doit tout découvrir. Sur le site Web qu'elle se crée pour l'occasion, elle énumère les raisons pour lesquelles elle serait la personne idéale à la place d'Hallinan. Elle insiste sur deux points en particulier : d'abord, elle est une gestionnaire compétente et plus ferme que son adversaire, alors même que les ratios des condamnations étaient bien inférieurs, dans le district, à la moyenne de l'État. Dans ses tracts de campagne, elle accuse Hallinan de « refuser de poursuivre les trafiquants de crack et d'héroïne », alors qu'elle fait la promesse de « nettoyer les quartiers[1] ». Ensuite, profitant de sa popularité auprès des forces de l'ordre, elle annonce que « la guerre sera finie » entre les services de police et le bureau du procureur du district, qu'ils doivent désormais travailler ensemble pour lutter contre le crime au lieu de se concurrencer. Et elle présente un nouveau plan de fonctionnement censé harmoniser les différents services de police et ceux du procureur. Comme Kamala l'apprendra plus tard, mettre fin à l'animosité entre police et justice restera toujours un vœu pieux. L'opposition est systémique. Mais peu importait, elle devait gagner.

1. Kamala Harris, *The Truth We Hold*, *op. cit.*, p. 37.

Kamala se révéla une candidate à la fois fraîche et énergique. Elle incarnait à merveille une nouvelle génération de responsables publics dans une ville qui avait besoin d'une bonne dose de « dégagisme ». Quand elle s'adressait à quelqu'un, elle établissait facilement le contact. Elle donnait à tous ceux avec qui elle parlait le sentiment d'être la personne la plus importante de la pièce. Remarquant ses progrès, Buell déclara à son équipe que Kamala était « une bonne politicienne », ce qui valait son pesant d'or, et surtout qu'il la soutiendrait jusqu'au bout. Les collectes de fonds et les appels téléphoniques augmentèrent de façon exponentielle au cours des six dernières semaines de 2002, et Kamala recueillit plus de cent mille dollars. Un authentique exploit, d'autant que, conformément aux restrictions de financement des campagnes à San Francisco, les dons individuels étaient limités à cinq cents dollars.

En outre, la campagne devint rapidement une affaire de famille. Sa sœur Maya, son beau-frère Tony West, futur cadre dirigeant chez Uber, et, bien sûr, sa mère, Shyamala, lui versèrent chacun cinq cents dollars. Mais les principaux donateurs vinrent des plus riches familles de la Baie, tels les Pritzker, propriétaires de la chaîne Hyatt, Charles Schwab et la maison d'investissement qui porte son nom, ou encore la famille Fisher qui possède Gap.

Alors que, durant cette période, le pourcentage de femmes qui se présentent à des élections reste extrêmement faible, et pour éviter de faire croire qu'elle concourt pour, *in fine*, démissionner et laisser sa place à un avocat homme du centre-ville, Kamala a installé son quartier général au milieu du quartier populaire de Bayview, bien loin des vues de gratte-ciel à 10 millions de dollars et du quartier financier. Son slogan est peint sur le mur : « Une nouvelle voix pour la justice. Il est temps de changer[1]. »

Kamala se sent comme investie d'une mission. Elle se remémore ses débuts professionnels où elle protégeait les mineurs des violences familiales ou sexuelles. Bourreau de travail comme à son habitude, elle arrivait souvent au siège avant le lever du soleil. Sa mère Shyamala était une présence constante à ses côtés, intervenant partout où c'était nécessaire. Maya était là aussi. Tous les jours, Kamala et ses bénévoles prenaient des planches à repasser et les transportaient aux arrêts de bus et sur les trottoirs où ils les dépliaient pour créer des bureaux instantanés sur lesquels ils empilaient des brochures de la candidate.

Kamala était heureuse. Elle avait l'enthousiasme, le charme et le charisme qui attiraient les passants, et cette énergie la motivait en retour. Ce bonheur dans l'action lui fit se replonger dans ses racines. Lors de sa première interview télévisée en tant que candidate, Kamala évoqua sa fascination pour la déesse hindoue Kali, la guerrière mythologique qui protège les innocents et détruit le mal. Et pour bien illustrer son propos, elle explique que, dans les représentations classiques de la déesse,

1. Kamala Harris, *The Truth We Hold*, *op. cit.*, p. 39.

Kali tient la tête décapitée d'un démon, a un collier de crânes autour du cou et porte une jupe de bras sanglants. Le message de fermeté est clair.

Puis, sous la direction de Shyamala, les bénévoles s'organisaient pour remplir les enveloppes de messages et autres professions de foi, lesquels étaient envoyés aux électeurs par la poste. Shyamala rayonnait autant que sa fille. Elle se souvenait des combats menés durant les années 1960, les manifestations, les réunions sans fin, les nuits à refaire le monde. Et voilà Kamala qui reprend le flambeau. L'appui de la famille et des proches est là, l'enthousiasme communicatif des bénévoles également, les soutiens financiers abondent, et Kamala mène une excellente campagne, de l'avis de tous les experts. Cependant, la presse rappelle sans cesse que San Francisco n'avait jamais élu une femme procureure. Il fallait briser ce plafond de verre-là.

La motivation de Kamala redouble face à ces rappels défaitistes qui fleurent bon le sexisme. Elle galvanise ses troupes : « Selon que vous êtes un homme ou une femme, il y a un double standard dont vous devez être conscient, déclare-t-elle notamment à ses militantes. Être une femme que certains jugeraient attirante est un sacré handicap en politique. C'est pourquoi il est si important de parler au plus grand nombre de personnes possible et de continuer à exprimer ce que vous représentez. » Et elle ajoute : « Si vous agissez, vous aurez toujours des ennemis. Ce n'est pas la fin du monde et, parfois, c'est même bien. Les femmes appartiennent au monde des décideurs autant que les hommes[1]. »

À mesure que l'élection approchait et que Kamala passait du statut de challenger à celui de possible victorieuse, les attaques se firent plus dures. Hallinan, mais aussi Fazio, le candidat le plus conservateur, évoquent les liens intimes de Kamala avec Willie Brown, le maire de San Francisco. Kamala a vite identifié son seul point faible. On lui reprochait sa liaison, et donc un possible favoritisme, et finalement de n'être qu'une créature aux mains d'un Pygmalion. À cela s'ajoutait que, en termes purs d'arithmétique politique, Brown était devenu un maire impopulaire qui risquait de l'attirer dans une spirale négative. Pire, Brown était suspecté de népotisme et de corruption. Sous son mandat, la ville avait attribué des contrats à des entreprises ayant embauché des amis de Brown comme lobbyistes. Le *Chronicle* a rapporté que le FBI enquêtait sur la mairie pendant la campagne. Bien que peu d'inculpations aient été notifiées, le danger encouru était immense pour l'image de Kamala qui se présentait comme la candidate anticorruption.

Qu'allait-elle faire ? Agir comme si leur relation passée était confidentielle était désormais impossible. Tout le monde savait. Était-elle toujours amoureuse de lui ? Allait-elle mettre en danger une élection pour ce qui n'était plus qu'un souvenir et qui datait de plus de huit ans ? Kamala tua l'amant en même temps que le

1. Kamala Harris, *The Truth We Hold*, *op. cit.*, p. 49.

Pygmalion. Et elle tua Brown à la manière de Kali, la déesse guerrière. Dans le sang.

Elle convoqua le magazine *San Francisco Weekly* pour une longue interview. Elle y dit que sa relation avec Brown était « une passade ». Et elle tapa de plus en plus fort : « Je suis celle qui est partie », « Sa carrière est derrière lui. Moi, je serai en vie pendant les quarante prochaines années. » Enfin, elle porta le coup de grâce : « Je ne lui dois rien[1]. »

Au bout du compte, Kamala va retourner la carte Willie Brown à son profit. Elle mobilise l'électorat féminin, jouant sur la solidarité à la femme abusée et infantilisée par un homme puissant. Succès garanti. Elle envoie des courriers par milliers, et les femmes répondent à l'appel. À la veille du scrutin, elle est persuadée d'avoir frappé juste.

Le jour J du premier tour arrive enfin. Elle réalise l'exploit. Kamala termine deuxième avec 33,6 %, soit plus de 66 000 votes, juste derrière Hallinan qui ne la devance que de 4 000 voix avec 35,8 % des suffrages. Le conservateur Bill Fazio est éliminé en terminant troisième avec 30,4 %, soit un peu moins de 60 000 voix[2]. Un second tour est donc prévu pour départager les deux finalistes. Mais Kamala n'imaginait pas que cet entre-deux-tours donnerait lieu à une guerre à outrance.

Vu de l'extérieur, San Francisco jouit d'une excellente réputation. C'est une ville paisible, réputée pour ses rues

1. Dan Morain, *Kamala's Way. An American Life*, *op. cit.*, p. 52.
2. San Francisco District Attorney Primary Election, 19 décembre 2003.

en montagnes russes, son quartier chinois, le Golden Gate, ses téléphériques et ses soirées gays. Mais les initiés de la carte électorale savent aussi que San Francisco est une jungle pour qui se présente en politique. Les politiciens qui réussissent à San Francisco savent comment gagner partout ailleurs. Ce n'est pas un hasard si certains des plus durs politiciens du pays, notamment Nancy Pelosi, Willie Brown, la sénatrice Dianne Feinstein, ont tous leurs racines à San Francisco. Aucune élection dans la Baie n'est un long fleuve tranquille. Le second tour entre Kamala et Hallinan ne fera pas exception à la règle.

Désagréablement surpris par ses résultats en demi-teinte du premier tour, Hallinan, qui ne s'attendait pas à retrouver Kamala sur sa route, cherche à écraser son adversaire. Il accuse Kamala de ne jamais demander la peine de mort, quel que soit le crime. L'attaque est grave. Dans un pays alors dirigé par le républicain George Bush qui s'apprête à entrer en guerre contre Saddam Hussein, et deux ans après les attentats du 11 Septembre qui ont traumatisé les Américains, l'accusation d'angélisme vaut quasiment défaite pour une élection au poste de procureur. Kamala le sait. Mais elle ne peut pas se dédire. Ses convictions abolitionnistes sont trop ancrées par une jeunesse militante pour se trahir maintenant. Aussi choisit-elle la seule stratégie possible et qui lui convient tant : la meilleure défense étant toujours l'attaque, elle place le débat sur les raisons de son éviction de l'équipe de son rival, deux ans plus tôt. Et elle attaque Hallinan sur ses compétences, fait valoir que c'est elle qui l'avait quitté parce qu'il était « médiocre », soulignant son faible taux de condamnation à 52 % pour des crimes graves, malgré un taux de condamnation moyen de 83 % dans tout l'État[1].

L'abolitionniste Kamala Harris entend démontrer que le vrai laxisme n'est pas de refuser d'appliquer la peine de mort, mais de ne pas assez en faire pour endiguer la violence armée dans la ville, en particulier dans les quartiers pauvres comme Bayview et le Tenderloin. Coup de grâce, elle aborde la question des violences domestiques, celles qui touchent les gens au quotidien, et accuse son adversaire d'avoir systématisé le principe des négociations plutôt que l'application sévère de la loi. L'attaque porte. Négocier dans des cas aussi sensibles est très impopulaire pour une population livrée aux affres de la délinquance et de la violence endémiques.

Le 7 décembre 2003, quelques jours avant le scrutin, le *Chronicle* titre : « Harris, pour la loi et l'ordre[2] ». Le jour du scrutin arrive. Signe éloquent aux États-Unis de la qualité et du dynamisme d'une campagne, Kamala avait recueilli près de trois fois plus de fonds que Hallinan. Un million de dollars pour une première élection, la quasi-totalité par versements de cinq cents dollars, preuve du soutien populaire.

Le second tour se déroule tel qu'escompté. Le 29 décembre 2003, Kamala entre pour la première fois dans l'histoire. Elle devient la première femme élue au poste de procureur de San Francisco avec 56,5 % et près

1. Dan Morain, *Kamala's Way. An American Life*, *op. cit.*, p. 53.
2. Dan Morain, *Kamala's Way. An American Life*, *op. cit.*, p. 54.

de 140 000 voix contre 43,5 % à son adversaire[1]. Mieux, Kamala a reçu plus de suffrages que tout autre candidat à San Francisco, toute élection confondue, lors des élections de 2003, y compris celle de l'élection du nouveau maire de la ville, Gavin Newsom. Elle aura littéralement écrasé Terence Hallinan, candidat sortant et infiniment plus connu qu'elle, démontrant sa capacité à mener une campagne électorale victorieuse sans renier ses valeurs. Les électeurs ne s'y sont pas trompés. Le milieu politique non plus. Un nouveau fauve vient de faire son entrée dans la jungle californienne.

1. San Francisco District Attorney General Election, 29 décembre 2003.

18

L'affaire Espinoza

Durant sa campagne victorieuse de 2003, Kamala avait promis aux électeurs qu'elle ne requérerait jamais la peine de mort, aussi odieux que soit le crime. Elle n'imaginait pas à quel point cette promesse lui coûterait cher pour les années à venir, au point même de menacer l'ensemble de sa carrière. Elle subit la terrible épreuve de vérité trois mois seulement après avoir prêté serment.

Vers 21 h 30, le 10 avril 2004, sous la chaleur moite du printemps californien, l'agent de police Barry Parker voit passer un véhicule gris non immatriculé devant un magasin d'alcools à prix réduits au coin de la 3e Rue et de Newcomb Avenue dans le quartier de Bayview, l'un des pires de la ville, bien loin des téléphériques touristiques et des images d'Épinal de la ville. Parker est alors en patrouille avec son collègue, Isaac Espinoza, assis sur le siège passager. Ils sont en civil. Les deux policiers roulent avec précaution vers la voiture garée. À Bayview, les gangs possédaient de véritables territoires. Les règlements de comptes étaient fréquents, à tel point que les habitants avaient pris l'habitude de parler de ces rues comme d'une « zone de guerre ». Deux jeunes hommes se trouvaient là. L'un d'eux portait un caban, même si la soirée était plus chaude que d'habitude. Espinoza pointe une lampe de poche sur le visage de l'homme au caban. Les policiers s'arrêtent et sortent de leur voiture. « Police », dit Espinoza. Deux fois. Soudain, l'homme au caban se retourne, sort un fusil d'assaut qu'il avait caché sous son manteau et, en cinq secondes, tire pas moins de onze fois. Espinoza, touché à l'intestin et à la cuisse, n'a même pas eu le temps de dégainer son arme. « Officier à terre », hurle Parker, blessé à la cheville. Espinoza, vingt-neuf ans, père d'une fillette de trois ans, membre de la police depuis huit ans et bénévole dans la lutte antigang, meurt sur le coup. La police retrouve l'AK-47 à deux pâtés de maisons de là. Un bloc d'immeubles plus loin, les agents ramassent un caban abandonné avec de la marijuana dans la poche et une carte d'identité au nom de David Lee Hill, âgé de vingt et un ans. La police l'interpelle rapidement et le conduit à la prison de San Francisco. L'enquête démontre que Hill était membre d'un gang et que, ce soir-là, il venait trafiquer. Quand on l'interroge sur la violence de ses actes, il dira qu'il ne savait pas qu'Espinoza et Parker étaient des policiers, car ils étaient en civil et qu'il craignait que ce ne soit des membres d'un gang rival venus pour le tuer. « Hésiter, c'est mourir. Hésiter en tant que membre de gang, c'est mourir. Hésiter en tant que membre d'un gang sur le territoire rival de Bayview la nuit, c'est mourir », a-t-il déclaré aux jurés lors de son procès en 2007[1].

1. *National Review*, « When Kamala Harris Put Ideology Before Justice », 2 septembre 2020.

L'émotion est immense, aussi bien chez les policiers qu'au sein de la population, choquée par la barbarie du crime où un jeune agent s'est fait massacrer par onze coups de feu. Le *San Francisco Chronicle* titrera : « Condoléances à notre policier », et en bas de l'article figureront les signatures de tous les collègues d'Espinoza : « Richard, Matthew, Lucy, Sam », etc. La procureure Kamala Harris diligente l'enquête. Le maire de San Francisco, Gavin Newsom, qui a pris ses fonctions le même jour que Kamala, en janvier 2004, se sait également attendu sur le dossier de la sécurité. Quatre-vingt-huit homicides étaient à déplorer à San Francisco en 2003, 19 de plus que l'année précédente, et le comté de San Francisco détenait le triste record du taux d'homicides le plus élevé en Californie.

En vertu de la loi californienne, les tueurs de policiers risquent la mort. La position de Kamala est attendue avec impatience. Elle connaît le poids de la police, qui se conjugue ici avec celui d'une population qui crie également vengeance. Mais la nouvelle procureure du district de San Francisco réaffirme son opposition à la peine de mort. Chargée de mener l'enquête comme le veut le droit américain, la procureure Harris décide de ne pas demander la peine capitale pour Hill, quoi qu'il en coûte et quoi que les éléments de l'enquête puissent révéler. Et elle fait cette annonce alors que les funérailles d'Espinoza n'ont même pas encore eu lieu. Elle en paiera le prix. Le jour même, les policiers de San Francisco et de la région de la Baie font état de leur profonde indignation. La cheffe de la police, Heather

Fong, attaque Kamala : « Nous exhortons, dans les termes les plus forts, que l'enquête sur ce crime passible de la peine de mort soit menée avec toute la sévérité possible et que la peine de mort soit prononcée en cas de condamnation, comme le permet la loi[1]. »

L'affaire devient politique. Le procureur général de Californie, Bill Lockyer, candidat potentiel au poste de gouverneur en 2006, menace Kamala d'exercer son autorité pour prendre le contrôle de l'affaire. Le jour des funérailles, des policiers de tout l'État rendent hommage à Espinoza sur leurs motos du SFPD (San Francisco Police Department). Des milliers de personnes s'entassent dans la cathédrale Sainte-Marie. Kamala se rend aux obsèques dans une ambiance électrique. L'atmosphère est irrespirable quand elle prend place sur le premier banc de la cathédrale. Les officiels assis à proximité, tout comme la veuve de l'officier Espinoza, Renata, l'ignorent ostensiblement. Kamala sent l'hostilité sourde de la foule massée derrière. Gary Delagnes, le président de la principale organisation syndicale de policiers, prend alors la parole et ne laisse aucun doute sur le sentiment unanime de vengeance qui rassemble la foule : « Isaac a payé le prix ultime. Je parle au nom de tous mes collègues en exigeant que son assassin paie également le prix ultime[2]. »

Kamala allait d'autre part être attaquée là où elle ne s'y attendait pas. La sénatrice de Californie, Dianne

1. *National Review*, « When Kamala Harris Put Ideology Before Justice », *op. cit.*
2. *Ibid.*

Feinstein, démocrate classée très à gauche, soutien indéfectible de Kamala pendant la campagne, la personnalité du rang protocolaire le plus élevé, se lève alors pour prendre la parole. Kamala s'attend à des paroles apaisantes. Mais Feinstein est d'abord une politique. Adolescente et jeune femme, elle avait envisagé de mener une carrière d'actrice. Bien qu'elle ait abandonné le cinéma pour la politique, elle avait conservé toutes ses qualités de comédienne. À la cathédrale Sainte-Marie, la sénatrice martèle de sa voix la plus forte : « Ce qui s'est passé n'est pas seulement la définition même de la tragédie, c'est avant tout un crime qui mérite la peine de mort[1]. » Scène surréaliste dans une cathédrale à l'occasion d'obsèques, la foule, en particulier les policiers, s'est levée et a applaudi Feinstein. Kamala, pétrifiée, abandonnée, abasourdie, resta assise.

Mais le calvaire n'est pas fini pour Kamala. À la sortie de l'office, Feinstein s'avance au-devant des journalistes présents et explique qu'elle n'aurait pas soutenu Kamala durant sa campagne si elle avait connu l'hostilité de celle-ci à la peine capitale. Attaque gratuite, car personne, surtout pas une sénatrice fédérale, ne pouvait ignorer l'un des points saillants des positions publiques de Kamala.

À sa décharge, Feinstein est aussi fidèle à ses convictions que Kamala, même si les deux femmes portent des valeurs exactement opposées. En tant que candidate

---

1. Dan Morain, *Kamala's Way. An American Life*, *op. cit.*, p. 53.

au poste de gouverneur en 1990, Feinstein avait alors affronté la ligne majoritaire du parti à la Convention démocrate de Californie et avait proclamé son soutien à la peine de mort. Les militants l'avaient huée. Mais, sachant que la grande majorité des Californiens soutenait la peine de mort à l'époque, Feinstein et ses responsables de campagne avaient utilisé l'épisode de 1990 dans ses publicités de campagne afin de la dépeindre comme plus inflexible et dure que son rival démocrate, le procureur général John Van de Kamp. Elle avait atteint son objectif et remporté la primaire démocrate au poste de gouverneur de Californie. Bien que le républicain Pete Wilson l'eût vaincue, Feinstein avait remporté le siège au Sénat en 1992 deux ans plus tard et avait été réélue cinq fois, y compris en 2018.

Les attaques contre Kamala prirent un tour plus dramatique à la suite des obsèques d'Espinoza. Elle était devenue la cible à abattre. Durant des mois, les policiers l'évitèrent, lui tournèrent ostensiblement le dos au palais de justice.

Kamala jugea que, fidèle à son habitude, la meilleure défense serait l'attaque. Dans un éditorial du *Chronicle*, deux semaines après le meurtre d'Espinoza, elle s'expliqua longuement : « On ne peut faire exception à un principe. J'ai donné ma parole à la population de San Francisco que je m'opposerais à la peine de mort et j'honorerai cet engagement malgré l'émotion forte suscitée par ce crime. J'ai entendu et examiné ces appels très attentivement, et je comprends et partage la douleur des proches de la victime, mais ma décision est prise et elle est irrévocable[1]. »

Plus de quinze ans plus tard, lors de la campagne présidentielle de 2020, les partisans de Donald Trump utiliseront de nouveau cette affaire pour tenter d'affaiblir Kamala et la faire passer pour « laxiste » avec les criminels. Ce qui, par le verbe trumpien, donna « méchante ». On le verra, le meurtre de l'officier de police Isaac Espinoza, un soir d'avril 2004, poursuivra encore longtemps Kamala.

Quoi qu'il en soit, en 2007, un jury de San Francisco a déclaré Hill coupable de meurtre au deuxième degré, un crime qui n'entraîne pas la peine de mort. Les jurés ont conclu que Hill avait sciemment tiré sur un policier. Pour cela, il fut condamné à la prison à vie sans libération conditionnelle. Une cour d'appel de l'État a confirmé sa peine en 2011. Hill purge sa peine à la prison d'État de New Folsom, à l'est de Sacramento.

1. Dan Morain, *Kamala's Way. An American Life*, *op. cit.*, p. 53.

19

Mettre un pied devant l'autre

Diriger un bureau de procureur de district urbain aux États-Unis n'est pas aisé, et c'était particulièrement difficile à San Francisco dans les années 1990-2010. Les jurés se défiaient généralement des autorités locales, jugées trop laxistes, et le système judiciaire lui-même ne respectait pas les règles de base. Ainsi, les avocats de la défense s'en donnaient à cœur joie pour faire invalider à la chaîne des procédures pour vice de forme. Kamala remarqua en particulier que son bureau ne respectait que trop rarement la loi exigeant que les procureurs examinent les éléments de preuve présentés par la défense, susceptibles de disculper les accusés. Et, dans les rues, les balles continuaient de siffler, tirées par des prévenus quasi systématiquement remis en liberté par négligence.

Kamala annonça à ses équipes que la criminalité se combattrait d'abord grâce à leur propre rigueur. Une affaire survint qui lui permit de le démontrer. Les logements de Sunnydale, loin des panoramas à couper le souffle et des charmants quartiers de San Francisco, se trouvaient dans la zone la plus dangereuse de la ville. Sunnydale, également baptisé « le bourbier », était un univers de béton et de saleté. Pas d'aménagement paysager, juste de la mauvaise herbe autour d'arbres dégarnis d'écorce et salis par la pollution. Les cafards et les souris étaient sans doute plus nombreux que tous les habitants de la Californie réunis. Dans les appartements délabrés, les cuvettes, baignoires et éviers étaient tellement moisis qu'ils étaient noirs de crasse. Des graffitis couvraient les murs de dizaines d'immeubles qui abritaient, pour certains d'entre eux, davantage de squatteurs que d'habitants. Enfin, Sunnydale était naturellement gangrené par des gangs, et la violence y était aussi endémique que les trafics. Depuis des décennies, la police, les juges et les associations locales avaient dû admettre l'échec de toutes les tentatives pour assainir le quartier. En tant que procureure, Kamala allait donc essayer sa propre approche. Elle se rendit à grand renfort de publicité à Sunnydale, la nuit, accompagnée de ses principaux adjoints, de médecins des services d'urgence de l'hôpital général de San Francisco et d'une importante escorte policière. Elle tint une réunion avec les habitants du quartier. Dans une ambiance tendue où tout le monde craignait l'irruption de gangs, Kamala prononça un bref discours d'introduction, suivi d'une présentation des médecins. Puis, à la surprise générale, elle fit entrer des victimes de fusillades qui racontèrent chacune son histoire.

À cette proximité inattendue avec la douleur d'autrui, à l'émotion suscitée par les témoignages poignants, les habitants du quartier sortirent de chez eux et se dirigèrent vers la salle pour écouter. Eux qui n'avaient jamais vu de procureurs dans cette zone vinrent discuter et raconter, à leur tour, ce qu'ils vivaient et à quel point ils se sentaient abandonnés. Le message porta. Les équipes se déplacèrent régulièrement dans ces blocs, et Kamala renforça en parallèle les législations contre les violences domestiques, désormais sa marque de fabrique.

Elle inspira également une loi visant à aggraver les peines de prison pour exploitation sexuelle des enfants. Enfin, elle redéfinit la pénalisation de la prostitution. Les enfants achetés et vendus ne seraient plus appelés des « prostitués », mais des « exploités » et des « victimes ». Les proxénètes seraient condamnés à des peines de prison plus lourdes en cas de trafic d'enfants.

La loi fut adoptée sans vote au congrès de Californie, et le gouverneur Schwarzenegger la signa avec enthousiasme, validant de fait l'accord unanime de tout le spectre politique.

Privilégiant ce qu'on appellerait aujourd'hui la justice de proximité, Kamala décida enfin de lutter contre l'absentéisme scolaire. Ses équipes avaient en effet analysé des statistiques montrant que la majorité des auteurs d'homicide âgées de vingt-cinq ans et moins étaient des décrocheurs dans le secondaire. Le problème, selon elle, avait ses racines dans l'école primaire. Certains enfants manquaient de soixante-dix à quatre-vingt-dix jours par an. Elle créa un tribunal spécial contre l'absentéisme scolaire à San Francisco et y nomma un juge à temps plein. Lorsque les parents se présentaient au tribunal en défense de leurs enfants, le juge était sur place pour leur préciser que la menace de sanctions était réelle.

Entre 2005 et 2009, l'absentéisme récurrent des élèves du primaire a été réduit de moitié. En 2010, alors qu'elle se présentait au poste de procureure générale de Californie, Kamala fit adopter une loi établissant que les parents pourraient être poursuivis pour crime s'ils étaient convaincus d'avoir négligé la surveillance de leurs enfants en primaire et en secondaire. La sanction pouvait se monter à une amende de 2 000 dollars et jusqu'à un an de prison. « Il existe un lien très direct entre la sécurité publique et l'éducation du public, déclara Kamala à un journaliste. Il est beaucoup moins coûteux de se concentrer sur la scolarisation d'un élève du primaire que de poursuivre un homicide[1]. » Pourtant, le concept ne convenait pas à la gauche. L'argument avait une certaine logique : un parent emprisonné aurait du mal à forcer son enfant à se présenter en classe. Et la loi a-t-elle vraiment abordé la cause fondamentale de l'absentéisme ?

Encore une fois à contre-courant, Kamala fit adopter le projet de loi. « Je veux juste que ces enfants aillent à l'école et je suis prête à être dure », déclara-t-elle à l'époque[2]. Quelques parents furent envoyés en prison, ce qui eut des répercussions bien plus tard avec son propre camp : alors que le crime du policier Espinoza lui aliéna la droite, la loi sur l'absentéisme lui fit perdre des soutiens à gauche. Lors de la campagne des

1. Kamala Harris, *The Truth We Hold*, *op. cit.*, p. 56.
2. *Ibid.*

primaires démocrates de 2019, Kamala fut accusée par ses rivaux de sévérité et de manque de discernement. Pour une fois, elle dut faire publiquement amende honorable et déclara regretter que des parents aient été emprisonnés. Cependant, la loi californienne sur l'absentéisme scolaire a survécu et permet toujours d'inculper les parents négligents.

Pour faire un pas devant l'autre, Kamala s'attaqua, comme elle s'y était engagée, à la corruption qui gangrenait toutes les strates du pouvoir, notamment politique. Ainsi Leland Yee, un parlementaire du congrès de Californie, fut confondu et condamné pour corruption fédérale, y compris trafic d'armes à feu et commerce de fonds de campagne, dans une affaire impliquant le gangster de Chinatown Raymond « Shrimp Boy » Chow, qui était la « tête de dragon » d'une triade chinoise très en vue à San Francisco. Même si c'était de l'ordre du symbolique, Kamala, tout comme son totem, la déesse indienne Kali, savait aussi couper des têtes politiques.

20

Obama

En septembre 2004, Kamala organise, comme c'est la coutume pour une personnalité élue, une collecte de fonds au Four Seasons Hotel pour un jeune sénateur de l'État de l'Illinois, élu du sud de Chicago qui a travaillé pour un petit cabinet d'avocats et a enseigné le droit constitutionnel à l'université de la ville. Le nom de cet inconnu est Barack Obama. Venir à San Francisco était une étape incontournable pour tout politicien démocrate ayant de l'ambition. Obama faisait campagne pour remporter un siège au Sénat américain représentant l'Illinois et était sorti de l'anonymat après un discours mémorable lors de la Convention nationale démocrate de 2004 dans lequel il avait déclaré : « Il n'y a pas une Amérique libérale et une Amérique conservatrice. Il y a les États-Unis d'Amérique. Il n'y a pas d'Amérique noire et d'Amérique blanche et d'Amérique latina et d'Amérique asiatique. Il y a les États-Unis d'Amérique[1]. » Au mois de mars suivant, Obama, sénateur nouvellement élu,

1. *The New York Times*, « Barack Obama's Remarks to the Democratic National Convention », 27 juillet 2004.

rendit la pareille à Kamala. Dans une boîte de nuit de North Beach, l'un des quartiers huppés de San Francisco, la foule se tenait silencieuse et comparait les points communs entre Kamala et Obama. « Bi-raciaux », comme disent les Américains pour définir un métis, intelligents et séduisants, les deux leaders personnalisaient le nouveau visage du parti démocrate, sinon de la nation elle-même. L'édition de mai 2006 du magazine *Ebony* les nomma tous deux parmi les « 100 Afro-Américains les plus influents ». Obama était classé cinquième. Kamala se situait à la soixante-septième place[1].

En février 2007, Kamala se rendit à Springfield, dans l'Illinois, pour le lancement de la campagne présidentielle d'Obama. Elle devint même l'élue la plus éminente de Californie à le soutenir. Ce n'était probablement pas le bon calcul politique à l'époque, car, en 2007 et 2008, le grand État de l'Ouest était d'abord la chasse gardée d'Hillary Clinton. L'ancienne première dame et sénatrice y faisait la pluie et le beau temps, et avait bloqué la carrière de bon nombre de leaders locaux, notamment du maire de San Francisco Gavin Newsom, du maire de Los Angeles Antonio Villaraigosa et même de la sénatrice Dianne Feinstein qui envisageait de se présenter contre elle à la primaire démocrate.

Obama fit son premier meeting de campagne en Californie au mois de mars 2007, attirant une foule de 12 000 personnes devant l'hôtel de ville d'Oakland,

1. Dan Morain, *Kamala's Way. An American Life*, *op. cit.*, p. 68.

le même lieu où, en tant que sénatrice, bien des années plus tard, Kamala annoncerait à son tour sa candidature à la présidence en 2019. Kamala était assise au premier rang. Dans la foulée, elle organisa une collecte de fonds à l'hôtel Mark Hopkins dans le centre-ville de San Francisco, qui permit de recueillir un million de dollars en une soirée. Obama n'était pas susceptible de vaincre Clinton en Californie. Mais la tâche de Kamala était de servir de substitut d'Obama. Elle parlait en son nom, se déplaçait dans l'État pour lui, s'adressait aux démocrates locaux hésitants.

Portée par l'incroyable popularité d'Obama, Kamala se présenta à sa propre réélection en novembre 2007, sans opposition cette fois. Cette simple formalité remplie, elle se rendit à Des Moines pour soutenir Obama lors du caucus de l'Iowa qui ouvre traditionnellement la campagne présidentielle américaine, y passant le réveillon du nouvel an. Un mois plus tard, lors de la primaire de Californie, Obama emporta San Francisco. Certes, comme prévu, Clinton remporta l'État facilement avec 51,5 % contre 43,2 % pour son rival, mais Kamala avait montré qu'elle ne se limitait plus à pouvoir gagner pour elle-même[1]. Elle pouvait également faire gagner les autres. Cette leçon-là, aussi, serait retenue.

1. *The New York Times*, « Election Guide 2008 », 8 novembre 2008.

21

Le « général chance »

La nuit du 4 novembre 2008 restera gravée dans l'histoire du pays. Kamala s'est jointe à des centaines de milliers de personnes euphoriques et extatiques qui se sont entassées dans le Grant Park de Chicago pour la célébration de l'élection historique de son ami. « Le changement est venu en Amérique », a déclaré le président élu Barack Obama à la foule présente pour lui dans sa ville de Chicago et aux millions de personnes qui ont regardé la télévision ou Internet[1].

Huit jours plus tard et à peine onze mois après le début de son deuxième mandat de procureure du district de San Francisco, Kamala a pris sa décision. Tirant parti de la force retrouvée des démocrates avec Obama qui succédait aux huit années de règne du républicain George Bush, elle annonce son intention de se présenter à l'élection au poste de procureure générale de Californie en 2010, soit le plus haut poste électif dans l'ordre judiciaire de l'État le plus peuplé des États-Unis. Élue, elle

1. NPR, « Barack Obama's Victory Speech », 5 novembre 2008.

deviendrait la « ministre de la Justice » de l'État, mais aussi et surtout « la première flic », ce qu'une femme n'avait jamais été. Mais, au fond, cette candidature, si prestigieuse soit-elle, était surtout un tremplin pour le poste qu'elle convoitait *in fine* : celui de gouverneure de Californie. Pour assurer sa candidature et dissuader toute autre tentative venant de son propre camp, Kamala passa les jours précédant les fêtes de Noël à donner des interviews à tous les médias de Californie, et en particulier de Los Angeles, la grande métropole qui lui était peu familière et où elle allait devoir s'imposer pour pouvoir gagner. Comme elle savait si bien le faire, en grande professionnelle habituée à préparer soigneusement le terrain, elle alla rendre visite au puissant et populaire maire de la ville Antonio Villaraigosa. Se faire adouber par le premier élu d'origine latine de la deuxième plus grande métropole des États-Unis était indispensable. Et, en filigrane, le vote latino était, en raison du basculement démographique qui s'opérait, déjà essentiel en 2010 pour pouvoir gagner la Californie, notamment le sud de l'État.

Kamala a du Napoléon Bonaparte en elle. Ses campagnes sont minutieusement préparées, lancées brutalement et menées en un temps éclair pour déstabiliser et vaincre l'adversaire. Mais, face à elle, se trouve un rival autrement plus coriace que tous ceux qu'elle avait pu rencontrer jusqu'à présent. Le démocrate Jerry Brown. L'homme non seulement est le procureur général sortant, mais encore il a une longue carrière politique de premier plan à l'échelle nationale.

Avocat de profession, fils de gouverneur, élu secrétaire d'État de Californie de 1971 à 1975 avant d'accéder au gouvernorat, c'est un héritier. Mais Brown se fit surtout un nom en se présentant successivement aux primaires démocrates pour l'élection présidentielle de 1976, 1980 et 1992. Bref, l'héritier est, en plus, une figure nationale et un sacré poids lourd d'une tout autre trempe qu'un Terence Hallinan.

Et, comme si la montagne n'était pas assez haute, Kamala devrait également se préparer à une guerre sans merci de la part des républicains californiens qui comptaient bien récupérer le poste à leur profit. Les deux ans avant l'élection s'annonçaient aussi électriques qu'intenses.

Tout bon général doit pouvoir compter sur un allié de poids : la chance. Et celle-ci ne manquerait jamais à Kamala au cours de sa carrière. Le coup de pouce du destin se matérialisa avant même la fin de l'année 2008 par un cadeau de Noël aussi magnifique qu'inattendu. À la surprise générale, Jerry Brown annonça qu'il ne briguerait pas de nouveau mandat et qu'il allait se consacrer à l'élection de gouverneur de Californie. La route de Kamala se dégagea donc comme par magie. Elle devint la favorite du camp démocrate pour battre les républicains et permettre au parti de conserver le poste.

L'annonce de la non-candidature de Brown et la quasi-certitude que Kamala défendrait les couleurs démocrates poussèrent les dirigeants républicains à élaborer rapidement un plan d'attaque spécifique contre elle, preuve que sa candidature était prise très au sérieux. Ils créèrent une « équipe d'intervention rapide » d'un type particulier. L'objectif de ces limiers était de retrouver des victimes de crimes dont Kamala avait épargné aux assassins la peine de mort. Les syndicats de police soutenaient généralement les démocrates, mais Kamala devrait décidément supporter le poids de sa décision dans l'assassinat de l'officier de police Isaac Espinoza. Début 2009, les dirigeants de l'Association des policiers de San Francisco informèrent Kamala que le syndicat mènerait compagne contre elle. Ce ne fut pas tout. En solidarité avec les policiers de San Francisco et en souvenir d'Espinoza, d'autres syndicats policiers rejoignirent également le front du refus à Kamala Harris. Jamais, dans l'histoire récente de la Californie, un candidat démocrate au poste de procureur n'avait connu une telle fronde de la part des « bleus ». Alors qu'approchaient les élections de 2010, les républicains pensaient pouvoir gagner haut la main. D'autant que le Grand Old Party local avait loué les services de l'ancien président du parti républicain de Californie, George « Duf » Sundheim, mais surtout de Sean Walsh, le plus proche collaborateur du gouverneur républicain Pete Wilson. Wilson entrait donc dans la bataille. Le gouverneur avait la réputation de toujours gagner contre les démocrates. Il avait fait ses débuts en politique à l'âge de trente-trois ans en remportant un siège à l'assemblée de San Diego en 1966, l'année où Reagan avait été élu gouverneur de Californie. Il devint maire de San Diego pour trois mandats de 1971 à 1983, puis sénateur des États-Unis représentant la Californie en 1983 lorsque Reagan fut élu

Président. En 1990, il remporta le poste de gouverneur contre Dianne Feinstein, vieille connaissance de Kamala, celle-là même qui l'avait abandonnée au moment de l'affaire Espinoza. Wilson avait alors réussi à faire de la Californie un « swing State » improbable. Mais un événement surprenant empêcha les républicains de s'arrimer durablement la Californie. En effet, une grave scission déchira le parti lorsque le gouverneur sortant Arnold Schwarzenegger, pourtant élu sous les couleurs du parti républicain, opéra un tournant écologique aussi soudain qu'inattendu. Lors de sa campagne de réélection en 2006, il fit de la défense de l'environnement et des énergies alternatives le mantra de son futur mandat. Il aggrava son cas en soutenant la révolution sexuelle et sociétale qui prenait alors naissance sur la côte ouest.

La Convention du parti républicain de Californie en 2007 qui se déroula dans la station balnéaire du chaud désert d'Indian Wells connut une température polaire. Le gouverneur acteur d'origine autrichienne prit son électorat totalement à rebrousse-poil. Le parti qui avait produit Richard Nixon et Ronald Reagan, et qui suivait désormais Schwarzenegger, était en décalage complet avec les électeurs californiens sur le contrôle des armes à feu, l'environnement, l'avortement, le mariage homosexuel et même l'immigration. Les latinos, le segment de la population californienne à la croissance la plus rapide, se retournèrent contre les républicains. En quelques mois, le divorce fut consommé entre les « nouveaux Américains » et les « anciens ». Cette fracture ne se refermerait jamais. Depuis lors, le parti républicain de Californie a entamé son long déclin. En 2010, alors que se profilait une année électorale essentielle, le Grand Old Party était déjà devenu une coque vide. À peine 31 % des électeurs enregistrés se définissaient comme républicains[1].

Wilson, en fin stratège, comprit le danger et tenta bien de réduire la fracture entre les communautés californiennes. Il recruta un Afro-Américain comme secrétaire d'État et un latino comme lieutenant-gouverneur, du jamais-vu pour les républicains. Enfin, pour contrer Kamala, il choisit Steve Cooley, le procureur du district de Los Angeles, qui avait été réélu à trois reprises. Le combat qui se présentait était donc celui de la procureure du district de San Francisco contre le procureur du district de Los Angeles. Wilson avait imaginé sortir du dilemme communautaire Blancs contre non-Blancs en choisissant habilement le terrain du patriotisme de clocher. Le Nord contre le Sud. San Francisco contre Los Angeles, la métropole chic contre la mégalopole exubérante.

Sur le fond, Kamala Harris et Steve Cooley n'auraient pas pu être plus différents. Kamala promis d'innover et de réformer le système de justice pénale. Elle défendrait les législations pro-environnementales et le mariage homosexuel. Steve Cooley, de son côté, avait promis de défendre la peine de mort et se présentait en garant du mariage traditionnel. Il serait difficile à battre. Kamala aurait besoin de toute son énergie pour gagner, et c'est

1. Elections CDN California, « Historical Voter Registration Statistics », 19 octobre 2020.

alors que la famille reçut un choc qui l'ébranla profondément. Shyamala tomba gravement malade. On diagnostiqua à la mère courage un cancer du côlon. Kamala et Maya passaient désormais plus de temps à s'assurer qu'elle se rende à ses séances de chimiothérapie qu'à mener campagne.

Mais peu à peu Shyamala se laissa partir. Elle n'avait plus goût à la vie. Son cerveau puissant avait décidé qu'il en avait assez. Elle puisa cependant dans ses dernières forces une ultime fois pour aider sa fille. Quelques années plus tard, Kamala raconta la scène à un journaliste. Sa mère lui avait demandé comment se passait la campagne. Kamala répondit : « Maman, les gars disent qu'ils vont me botter le cul[1]. » Shyamala se redressa sur son lit d'hôpital, regarda sa fille sous la lumière blafarde des éclairages de la chambre et lui adressa alors le plus merveilleux des sourires. Elle savait qui elle avait élevé. Son esprit combatif était bien vivant en sa fille. Kamala retira de ce simple sourire l'énergie nécessaire pour reprendre le combat.

Shyamala décéda à Oakland le 11 février 2009. Kamala et Maya transportèrent ses cendres à Madras, sur la côte sud-est de l'Inde, et les dispersèrent dans les eaux de l'océan Indien. Elle serait désormais aux côtés de Kali la déesse pour veiller sur sa fille. Deux guerrières pour en soutenir une troisième.

Le temps du deuil passé, la campagne électorale reprit ses droits. Kamala avait accepté de livrer bataille sur le

1. Kamala Harris, *The Truth We Hold*, *op. cit.*, p. 210.

terrain choisi par ses adversaires républicains, celui du Nord contre le Sud, mais son bilan à San Francisco était compliqué. Kamala avait fondé une partie de son image en affirmant qu'elle avait porté au plus haut, au cours des quinze années passées, les taux de condamnation dans son district de San Francisco. Mais la presse avait épluché les statistiques à la loupe et avait constaté que l'affirmation de Kamala portait sur des accords de plaidoyer conclus avec les accusés. Les accords de plaidoyer sont, bien entendu, un élément important du système de justice pénale aux États-Unis. Lorsque Kamala a effectivement traduit en justice des auteurs de crimes graves, les taux de condamnation étaient nettement inférieurs à la moyenne de l'État.

Cette faille dans la stratégie de Kamala l'affaiblit et aiguisa l'appétit d'autres prétendants démocrates. Elle dut se résoudre à finalement affronter cinq adversaires dans la primaire, tous des hommes. Mais, plus il y a de concurrents, plus les chances qu'ils se neutralisent sont grandes. Les cinq rivaux durent se partager les soutiens et les levées de fonds, alors que Kamala bénéficiait déjà d'une belle avance dans ces deux domaines cruciaux : les parrainages et l'argent. Kamala annonça qu'elle avait levé 2,2 millions de dollars, une somme impressionnante pour un poste de procureur général, même pour le riche État de Californie.

Contestée sur ses résultats pénaux obtenus en tant que procureure du district de San Francisco, Kamala paria habilement sur un changement de mentalité des électeurs californiens et décida d'axer ses promesses sur la priorité à la prévention plutôt qu'au tout-répressif. Elle proposa l'augmentation du budget pour l'éducation, pour le traitement de la toxicomanie et la réinsertion, et s'afficha désormais comme la candidate de la justice pénale contre le conservatisme. Comprit-elle le changement d'époque et la fin de l'adhésion à la « justice du bâton » avant tout le monde ? En tout cas, il s'agissait peut-être de la première grande élection en Californie depuis longtemps où un candidat présentait une proposition crédible de réforme profonde de la justice pénale.

Et, contre toute attente, Kamala reçut un coup de pouce qu'elle n'attendait plus. En octobre, le chef de la police de Los Angeles, William Bratton, la personne la plus populaire des forces de l'ordre dans le comté d'origine de Cooley, appela à la soutenir. Ce renfort récompensa un virage politico-juridique courageux et crédibilisa définitivement Kamala en tant qu'actrice majeure de l'application de la loi.

La nuit des primaires, le 8 juin 2010, fut une formalité pour Kamala. Les résultats lui donnèrent une avance considérable dans les comtés de San Francisco et d'Alameda, mais, surtout, elle gagna dans le comté de Los Angeles. *In fine*, elle obtint 33,6 % des voix à elle seule, soit plus de 762 000 votes. De bon augure avant la bataille finale contre le républicain et enfant du pays Steve Cooley[1].

Autre bonne nouvelle, son adversaire républicain Steve Cooley avait connu une élection primaire beaucoup

1. California Attorney General Democratic Primary Election 2010, 20 août 2010.

plus difficile. Son principal challenger était issu d'un tout nouveau courant dont l'Amérique allait beaucoup entendre parler : le Tea Party. Son candidat, John Eastman, doyen de la Dale E. Fowler School of Law de l'université Chapman, dans le comté d'Orange, et ancien greffier du juge Clarence Thomas, avait acculé Steve Cooley dans les cordes en faisant une campagne agressive sur l'opposition au mariage homosexuel, ralliant à lui la frange la plus conservatrice de l'électorat.

La campagne pour l'élection du procureur général de Californie est donc bien plus ouverte que prévu. L'outsider Kamala put compter sur un camp réformiste uni et quelques soutiens de poids, alors que Steve Cooley devait désormais affronter une droite conservatrice revancharde qui doutait de l'intransigeance du candidat républicain à défendre ses « valeurs » et qui pourrait massivement s'abstenir. Or, sans ce soutien, Cooley savait qu'il perdait toute chance réelle de l'emporter.

22

La première « première flic » de Californie

La campagne qui s'engage entre Kamala et son adversaire ne peut donc qu'être dure. Steve Cooley sait qu'il doit rassurer son aile droite et martèle le mantra de la fermeté contre le crime. Entre le moment où il a pris ses fonctions de procureur du district de Los Angeles en 2000 et l'année 2010, il se vante d'avoir obtenu la condamnation à la peine capitale de 59 hommes et 3 femmes, soit plus de la moitié de tous les meurtriers condamnés à mort pendant cette période en Californie.

Pour mesurer le fossé existant entre le nord et le sud de l'État, à San Francisco, cela faisait plus de vingt ans qu'aucun meurtrier n'avait pas été condamné à mort. Les Californiens savent donc que leur choix dans les urnes ne se limitera pas à élire un nouveau procureur, mais déterminera une ligne politique de long terme. Reste à savoir si celle-ci sera progressiste, inspirée par Kamala Harris, ou conservatrice, menée par Steve Cooley.

Cooley se révèle être un procureur dans l'âme. Sévère avec le crime, il se veut également intraitable contre la corruption politique qui continue de toucher la Californie.

Il se présente comme l'homme de la loi et l'ordre. Sa ligne intransigeante est assumée, et il sait qu'il peut satisfaire les exigences du Tea Party. Naturellement, c'est sur la question de la peine de mort que Cooley attaque le plus violemment son adversaire. L'affaire Isaac Espinoza refait irrémédiablement surface. Les parents et la veuve du policier apparaissent fréquemment dans les spots TV de Cooley, et les syndicats de policiers cassent leur tirelire en dépensant 1,5 million de dollars pour sa campagne[1].

Kamala est sous pression. Forte du soutien de la baie de San Francisco et du nord de l'État, elle doit rassurer le Centre et le Sud, plus conservateurs, si elle compte l'emporter. Aussi promet-elle qu'elle appliquerait la loi, y compris la peine de mort, en dépit de son opposition personnelle. Cette posture correspond à une longue tradition des procureurs de Californie qui se sont personnellement opposés à la peine de mort, mais l'ont néanmoins appliquée. À la loi et l'ordre de Cooley, Kamala assumera d'être la candidate de la justice.

À quelques jours du scrutin, Cooley est donné gagnant. L'indice qui trompe rarement est celui des budgets de campagne amassés. Le républicain surpasse la démocrate en termes de levée de fonds de plus de cinq cent mille dollars et reçoit davantage d'argent que Kamala de l'extérieur de la Californie. Enfin et surtout, les

1. Dan Morain, *Kamala's Way. An American Life*, *op. cit.*, p. 73.

experts parient en privé sur le « facteur racial et genré » pour pronostiquer la victoire de Cooley.

Élire une femme, issue d'une minorité, opposée à la peine de mort, qui plus est procureure du district le plus farfelu de la côte ouest, ressemble à un pari d'ivrognes. La marche est trop haute. Le plafond de verre est trop épais. Ne reste plus qu'un miracle pour faire mentir les sondages qui donnent tous Kamala perdante et renverser la montagne. Et ce miracle va prendre la forme d'une gigantesque erreur stratégique des républicains.

Cooley avait compris que jouer la bonne vieille tactique de Clochemerle du Sud contre le Nord et régionaliser la campagne lui donnait un avantage décisif. Intelligent, intuitif et excellent laboureur de terrain, il se savait meilleur que Kamala. Mais les stratèges républicains nationaux en ont soudainement décidé autrement. En octobre 2009, deux mois avant le scrutin, le comité de direction républicain basé en Virginie intervient dans la campagne californienne et décide de « nationaliser » l'élection du procureur général de Californie.

Première raison de ce revirement stratégique : le chef du parti, Ed Gillespie, qui avait été l'un des principaux stratèges du président George Bush et était un ancien président du Comité national républicain, veut profiter des élections de mi-mandat pour frapper un grand coup contre Barack Obama et écraser les démocrates partout où cela sera possible. Le comité décide donc de dépenser plus d'un million de dollars en publicité télévisée dans tout l'État. Officiellement, la cible est Kamala, mais, en réalité, c'est le bilan d'Obama que le Grand Old Party attaque de front et veut détruire.

Deuxième raison : la direction nationale républicaine pense qu'un procureur général républicain en Californie s'avérerait crucial contre l'administration Obama. En effet, il aurait à prendre position contre la future loi dite « Obamacare », la principale promesse de campagne du président. Il fallait donc bâtir un rempart judiciaire solide dans un État clé comme la Californie, soit pour entraver la loi dans son application, soit pour l'attaquer devant les tribunaux.

Troisième raison de ce revirement : les stratèges républicains considèrent Kamala comme une candidate nationale potentielle et entendent mettre fin à sa carrière avant qu'elle puisse pointer son nez hors de sa Californie. Colley doit donc s'incliner et accepter le choix du parti. Il perd le leadership sur sa propre campagne et fera office de figurant, de simple pion dans la stratégie nationale anti-Obama. Cependant, le problème est que, si l'on décide de nationaliser une campagne, on pousse l'autre camp à faire de même.

Répondant aux attaques du Comité de direction républicain, Barack Obama décide de venir en personne faire campagne pour soutenir Kamala. De candidate epsilon à l'échelon national, elle devient une pièce centrale dans la stratégie de contre-offensive d'Obama. L'élection du procureur général de Californie devient donc la « mère de toutes les batailles » de 2010. À Los Angeles, le président des États-Unis fait vibrer la foule, avec Kamala placée au premier rang, juste derrière lui. Elle sera la seule candidate de Californie pour laquelle Obama aura levé des fonds cette année-là. Car, pour le Président, la bataille de Californie est aussi essentielle, et pour des raisons exactement inverses à celles des républicains. Il sait que le fameux « Obamacare », une fois voté par le Congrès, fera l'objet d'une campagne de résistance farouche, notamment à l'échelon local. Bénéficier de l'appui du procureur général de Californie est donc aussi crucial pour la poursuite de sa politique sociale qu'il l'est pour ceux qui veulent la terrasser. Il n'y a pas le choix. Les républicains ont opté pour la guerre totale ? Que la guerre soit totale.

L'erreur d'appréciation des républicains sera à enseigner dans toutes les écoles de stratégie politique. La nationalisation de la campagne a, de fait, substitué un président des États-Unis en exercice et fort d'une popularité quasi intacte à une candidate fragilisée. Cooley pouvait battre Kamala sur le terrain purement local, mais les républicains se sont trouvés totalement dépassés quand il s'est agi de contrer la formidable offensive d'Obama. À trop vouloir remporter une bataille symbolique, les républicains ont sous-estimé leur adversaire, lequel a accepté le défi et est allé personnellement faire campagne en Californie. Dès lors, tout est possible, y compris une improbable victoire.

Le soir des élections, le 13 décembre 2010, les résultats restent indécis. Steve Cooley revendique la victoire. Mais le secrétaire d'État de Californie en charge des élections annonce que la différence entre les deux candidats étant trop étroite, il prend la décision de recompter les bulletins, et notamment les fameux bulletins de vote par correspondance, promis, comme on le sait, à un bel avenir. Un retard de plusieurs semaines est escompté. La tension est à son comble. Kamala sait que sa carrière politique peut s'arrêter là et qu'une défaite, même honorable, même en ayant fait jeu égal avec le favori, ne lui suffirait pas pour survivre. Enfin, le verdict des urnes tombe. Dans les six comtés du Nord, ceux de la région de la Baie qui sont également les plus peuplés, Kamala bat largement Cooley par près de 2 contre 1, comme c'était prévisible. Mais la surprise vient du comté de Los Angeles, le bastion de Cooley, où le républicain perd de 315 000 voix face à elle. Lorsque les 9,6 millions de bulletins sont finalement recomptés à la fin de novembre, Kamala l'emporte de 74 157 voix, soit 46,1 % contre 45,3 % à son adversaire. Pour la deuxième fois, elle entre dans l'histoire en étant la première femme, la première Afro-Américaine et la première personne d'origine indienne à devenir le premier « flic » de Californie[1].

1. California Attorney General Election 2010, 2 novembre 2010.

23

Le privilège de choisir ses combats

Kamala prend la tête d'un véritable État dans l'État. Le ministère de la Justice de Californie compte à l'époque un personnel de 4 996 personnes et un budget de 732 millions de dollars. Il est beaucoup plus important que n'importe quel cabinet d'avocats, plus important que tout autre département de la justice de l'État et deuxième en taille seulement après le département fédéral américain de la Justice. Le ministère de la Justice de l'État possède l'une des plus grandes forces de police du pays, et ses spécialistes en médecine légale exploitent l'un des laboratoires criminels les plus sophistiqués du pays. Mais ce formidable outil de puissance était surtout parfaitement conçu pour son chef, à condition d'en sortir. Et les procureurs généraux, qui connaissent bien ce curieux mélange des genres entre politique et justice, si typique du fonctionnement des institutions des États-Unis, attendaient de savoir ce que leur réserverait la nouvelle venue. Ils avaient vu défiler des procureurs généraux pleins de promesses, mais qui, finalement, ne rêvait que d'utiliser ce magnifique tremplin pour briguer le poste de gouverneur et semblaient moins se soucier de la fonction qu'ils occupaient que de la fonction qu'ils convoitaient. Or le personnel avait vite compris que Kamala était de cette catégorie-là. Elle avait de l'ambition et n'avait jamais caché aspirer à devenir un jour gouverneure. Pourtant, elle restera en poste durant deux mandats, imprimera sa marque sans renoncer à ses objectifs. Elle voulait aussi montrer qu'elle savait prendre le temps. Son style fut, comme toujours avec elle, très personnel. Plutôt que se rendre au siège du département dans l'austère petite capitale Sacramento, elle préféra travailler dans les succursales du ministère qui se trouvaient près de son domicile à San Francisco et plus tard à Los Angeles. Elle savait qu'il valait mieux se tenir au plus près des citoyens, qui sont aussi les électeurs les plus nombreux, valoriser son réseau et trouver des donateurs pour ses futures campagnes. Bref, il fallait résider à San Francisco ou Los Angeles.

Sur le fond des dossiers, elle décida de choisir sobrement ses combats et fit preuve d'une prudence de Sioux sur les dossiers politiquement sensibles. Ainsi décida-t-elle de ne pas poursuivre Steve Mnuchin qui allait devenir secrétaire au Trésor de Donald Trump, malgré des soupçons de saisies illégales de plus de 36 000 biens immobiliers en Californie *via* la banque OneWest. En 2013, les adjoints de Kamala avaient recommandé des poursuites, mais elle conclut qu'il n'y avait pas suffisamment de preuves pour justifier les dépenses nécessaires pour mener l'enquête. Pour elle, l'essentiel était ailleurs.

Kamala entendait s'éviter les batailles politiciennes et faire porter son action sur l'amélioration de la vie des gens. Les maîtres-mots furent « pragmatisme » et « proximité ». Ses collaborateurs notaient sa méthode de travail assez atypique dans un univers où la certitude était la règle. Ainsi Kamala respecta sa parole concernant la peine de mort. Elle refusa d'imposer ses valeurs dans une affaire pouvant mener le condamné à la peine capitale.

De façon générale, la méthode Harris, c'était d'abord et surtout écouter. Si elle ne comprenait pas, elle posait des questions à ses adjoints. La décision était collégiale et non pas solitaire. Kamala pouvait être dure avec son personnel, abrasive et brusque. Elle pouvait faire preuve d'une excessive lenteur avant de prendre une décision. Mais elle détestait toujours autant qu'on lui force la main. Sa recherche du consensus ne devait pas être prise pour de la faiblesse.

En décembre 2013, ses collaborateurs cherchaient à obtenir son accord pour déposer une requête en réexamen à la Cour suprême des États-Unis sur un dossier incriminant la police qui avait indûment interrogé un suspect de meurtre, après qu'il eut initialement invoqué son droit à garder le silence. La cour d'appel avait rendu un arrêt en faveur du prévenu et condamné les policiers. La date limite pour faire appel approchait, et Kamala n'avait toujours pas pris sa décision. On était à quelques jours de Noël. Décidant d'outrepasser son autorité, car pensant qu'elle serait d'accord et voyant le temps courir, ses équipes avaient interjeté appel. Finalement informée, Kamala les appela, interrompant ses préparatifs de Noël, non pas pour les sanctionner mais pour calmement leur signifier que c'était elle la patronne, qu'elle n'était pas d'accord avec cet appel et qu'elle n'aurait pas pris cette décision. Les collaborateurs présents proposèrent leur démission. Elle refusa calmement leur offre et simplement demanda que ce dysfonctionnement ne se reproduise plus. Puis, avec toute la bonne humeur qui pouvait la caractériser, elle leur souhaita de bonnes vacances[1].

L'image de réformatrice qui collait avantageusement à la peau de Kamala l'obligea à répondre à certaines attentes de son électorat en matière de justice pénale. Le procureur général était, dans le droit américain, à la fois « flic et juge ». Les pouvoirs du « juge » Harris étaient encadrés par la Constitution des États-Unis, puis par celle de l'État de Californie. En revanche, les prérogatives du « flic » Harris dépendaient beaucoup plus de sa volonté politique. Telle est la méthode accusatoire et contradictoire. Le rôle du procureur est prépondérant dans le système judiciaire américain. Il définit les chefs d'accusation et contrôle le déroulement du processus grâce à son pouvoir discrétionnaire. Confronté à des faits similaires, il peut choisir des chefs d'accusation différents, donnant lieu à des peines différentes. Il peut également ne pas poursuivre un accusé s'il y va de l'intérêt général.

Certains des prédécesseurs de Kamala avaient cherché un point d'équilibre entre le rôle de procureur au sens « français » du terme et celui de juge. Entre l'engagement

---

1. Dan Morain, *Kamala's Way. An American Life*, *op. cit.*, p. 90.

politique et la neutralité qui sied à l'institution judiciaire, alors même que les deux sont entremêlés dans une seule fonction. Par exemple, Dan Lungren, procureur général de Californie en 1994, avait fortement soutenu l'initiative visant à faire adopter la loi « des trois prises » (Three Strikes Law) qui contraignait les juges à prononcer des peines de prison perpétuelle à l'encontre d'un prévenu condamné pour la troisième fois pour un délit ou un crime.

Lungren organisa sa campagne de réélection autour de cet acte fort. Contrairement à Kamala, Lungren ne voyait aucun conflit entre ses fonctions officielles de juge et son rôle de leader politique influant sur une mesure d'importance publique cruciale. Question de sensibilité.

24

L'ADN de Kevin Cooper

La peine de mort était devenue une pierre d'achoppement entre progressistes et conservateurs en Californie, comme dans beaucoup d'États américains également touchés par une forte vague abolitionniste. Lorsque Kamala occupa ses fonctions de procureure générale, elle qui avait promis durant sa campagne de strictement respecter la loi et de ne pas s'immiscer dans cette thématique sensible savait qu'elle marchait sur des œufs. Elle s'était engagée à permettre au département de la Justice de faire son travail, quoi qu'il en coûta au respect de ses propres valeurs. Pourtant, en dépit des apparences, son « sacrifice » était relativement futile. Le fameux couloir de la mort de la prison d'État de San Quentin était déjà désert depuis près de cinq ans lorsque la procureure générale Harris entra en fonction en janvier 2011.

Le centre pénitentiaire se situe au sommet d'une petite colline sur la rive nord de la baie de San Francisco. Il était devenu, à la longue, une sorte de petite ville fortifiée de 4 000 habitants depuis sa construction en 1852. Dans ses murs, près de 700 détenus vivent dans trois sections de haute sécurité, construites en 1913, 1930 et en 1934. La plupart des prisonniers résident dans l'édifice de l'est, un immense bâtiment ressemblant à un entrepôt. À l'intérieur se trouve une structure de cinq étages de haut, soixante cellules par étage. Les cellules ne font pas tout à fait cinq mètres carrés. Il y a une horloge représentant Mickey sur le mur du poste des gardes, au-dessus d'un panneau indiquant ironiquement « Le meilleur endroit sur Terre » (« The Happiest Place on Earth[1] »).

La peine capitale était largement frappée d'obsolescence en Californie, avant même que Kamala devienne procureure générale. Plus de 900 hommes et femmes avaient été condamnés à mort depuis le rétablissement de la peine capitale en 1977. Mais seuls 13 hommes avaient été exécutés à San Quentin entre 1992 et 2006[2].

Kamala escomptait donc que le fameux sparadrap de la peine capitale qui lui collait aux doigts depuis l'affaire Espinoza serait enfin oublié. Paradoxalement, cette question lui reviendra encore en boomerang, mais sous l'accusation de dureté et non plus de faiblesse. Et l'offensive fut portée par les démocrates, cette fois, lors de la primaire présidentielle de 2019. L'une des attaques porta sur le fait qu'elle n'avait pas insisté pour que des tests ADN soient pratiqués, tests qui auraient pu disculper un détenu.

Kevin Cooper était condamné à mort depuis 1985 pour le meurtre de quatre personnes en 1983 dans leur

1. Dan Morain, *Kamala's Way. An American Life*, *op. cit.*, p. 94.
2. *Ibid.*

maison de Chino Hills, à l'est de Los Angeles. Doug et Peggy Ryen (tous deux âgés de quarante et un ans), leur fille Jessica (dix ans) et un camarade de classe invité, Christopher Hughes (onze ans), avaient été poignardés à mort. Le fils des Ryen, âgé de huit ans, Joshua, a survécu, même s'il avait eu la gorge tranchée. L'horreur de la scène du crime avait littéralement rendu malades les enquêteurs les plus endurcis et avait choqué toute la Californie et même au-delà. Cooper purgeait une peine de quatre ans de prison pour cambriolage lorsqu'il s'était échappé de la California Institution for Men peu de temps avant les meurtres. Il avait toujours clamé son innocence, arguant qu'il était au mauvais endroit au mauvais moment. Au cours des décennies qui se sont écoulées, six procureurs généraux ont défendu la condamnation de Cooper. Une grande partie de la bataille juridique avait porté sur l'ADN. Ses avocats avaient demandé que des tests soient effectués afin qu'il puisse prouver son innocence. Comme le rapportait le journal local *The Riverside*, les avocats avançaient qu'il y avait eu trois tueurs et qu'ils étaient blancs, car l'une des victimes, la malheureuse Jessica Ryen, tenait des cheveux blonds serrés dans sa main. Or Cooper était noir. Une tache de sang sur le mur d'un couloir pouvait prouver ou réfuter son implication dans ces meurtres. Encore fallait-il convaincre le procureur de procéder aux examens. Et les six procureurs en poste avant Kamala avaient tous refusé. En janvier 2004, le mois où Kamala avait pris ses fonctions de procureure du district de San Francisco, le gouverneur Schwarzenegger avait refusé d'accorder la clémence à Cooper. À cette occasion, le conseil municipal de la petite ville autrichienne de Graz, dont l'acteur était originaire et qui le vénérait comme l'enfant prodigue, prit la décision symbolique de lui retirer la citoyenneté de la commune. L'exécution de Cooper devait avoir lieu à 00 h 01 le 10 février 2004. La veille, après que Cooper eut été transféré de sa cellule ordinaire à une cellule de détention près de la chambre d'exécution, un panel de onze juges de la cour d'appel de la Cour suprême est intervenu et a bloqué l'exécution. Cette décision a littéralement suspendu le cas de Cooper. Ses avocats sont repassés à l'offensive pour exiger l'examen des tests ADN. Confrontée à son tour au cas Cooper, Kamala s'en tint à sa promesse et refusa de prendre parti. Par conséquent, elle refusa également de demander un examen ADN. L'affaire Espinoza avait durablement pollué la carrière de Kamala du côté des conservateurs. Il était hors de question que le cas Cooper fasse de même du côté des progressistes. Kamala se désintéressa du dossier qui suivit son cours sans elle. À la veille de Noël 2018, alors que Kamala n'était plus procureure, le gouverneur Jerry Brown autorisa les tests. Mais les échantillons de sang s'étaient tellement dégradés qu'ils n'étaient plus concluants, à l'exception d'une serviette ensanglantée découverte non loin du domicile des Ryen. L'ADN a montré que ce n'était pas le sang de Cooper. Celui-ci est toujours en prison et attend une hypothétique grâce, seule issue désormais pour sa libération[1].

1. *The New York Times*, « Is Kevin Cooper an Innocent Man ? », 23 janvier 2021.

25

Le fléau des armes à feu

Lorsque Kamala devint procureure générale en janvier 2011, il y avait environ 18 000 personnes armées illégalement en Californie pour des raisons diverses, et qui possédaient jusqu'à 34 000 armes à feu. Le ministère de la Justice de Californie avait désigné dix-huit agents pour mener à bien la mission de leur retirer ces armes. Kamala décida de doubler le nombre d'agents chargés de cette tâche[1]. Elle renforça ses effectifs jusqu'à trente-trois agents, mais le compte n'y était toujours pas. Pas assez nombreux. Les trente-trois agents pouvaient éliminer 2 500 cas par an, mais 3 000 nouvelles personnes détentrices illégales d'armes à feu étaient enregistrées en moyenne chaque année. Le « solde » était passé à plus de 19 000 à la fin de 2012[2].

Kamala n'avait pas le choix. Si elle voulait lutter efficacement contre la prolifération des armes à feu qui faisaient des ravages en Californie, il fallait encore, au

1. Kamala Harris, *The Truth We Hold*, p. 138.
2. *Ibid.*

minimum, doubler le nombre d'agents, et ainsi espérer régler le problème avant la fin de son mandat. Elle décida de faire payer les nouveaux effectifs par les coupables eux-mêmes, en vertu d'une nouvelle loi. Cette fois, l'État put disposer de 24 millions de dollars supplémentaires prélevés sur les personnes condamnées pour port illégal d'armes à feu.

La National Rifle Association, la NRA, le fameux lobby des armes à feu, contesta puissamment cette décision, mais, quelques jours plus tard, le 14 décembre 2012, une tuerie effroyable fut perpétrée dans une l'école primaire d'une petite ville du Connecticut, à l'autre bout du pays. Le massacre de Sandy Hook causa la mort de 28 personnes dont 20 enfants. La mère d'Adam Lanza, le meurtrier, âgé de vingt ans, abattue par son fils avant la tuerie, collectionnait les armes à feu[1].

Cette tuerie en milieu scolaire, la troisième par le nombre de victimes survenue aux États-Unis, déclencha une onde de choc terrible dans le pays. Dès lors, Kamala n'eut aucun mal à obtenir gain de cause, tant l'émotion et la colère étaient fortes. Un membre de la Chambre des représentants des États-Unis, Mike Thompson, un démocrate de Napa Valley, mais surtout un vétéran de la guerre du Vietnam et un chasseur, déposa symboliquement lui-même un projet de loi visant à pérenniser un financement fédéral aux États qui s'engageaient à faire payer les condamnés pour port d'arme illégal.

1. *The New York Times*, « Gunman Kills 20 Schoolchildren in Connecticut », 14 décembre 2012.

Kamala apporta son soutien au projet de loi en adressant une lettre au vice-président américain de l'époque, Joe Biden. Mais, à Capitol Hill, le siège du Congrès, le lobby pro-armes ne fléchit pas. La NRA fit traîner les débats en longueur, le temps que l'émotion de Sandy Hook retombe. Et comme toutes les autres mesures du même type qui avaient été proposées au vote dans les semaines et les mois qui suivirent le massacre, le projet de loi porté par Mike Thompson resta lettre morte.

Kamala dut se limiter à la législation du seul État californien pour financer sa campagne de contrôle des armes à feu. Mais, sans l'appui d'une loi fédérale, les fonds ne furent pas suffisants. Lorsque Kamala prit ses fonctions en 2011, 18 268 personnes étaient illégalement armées. Ce nombre passa à 21 249 en 2014, l'année de sa réélection, puis baissa légèrement à 20 483 en 2016 lors de sa dernière année en tant que procureure générale[1]. Tout au long de ses deux mandats, Kamala pesta contre « ces maudites photos », ces horribles photos de bébés tués par balles. « Les législateurs, les membres du Congrès qui hésitent à voter pour les projets de loi sur le contrôle des armes à feu devraient être tenus de regarder ces maudites photos, scanda-t-elle dans ses discours. Les bébés, répétait-elle comme un mantra. Qu'ils regardent les photos des bébés[2]. »

1. Kamala Harris, *The Truth We Hold*, *op. cit.*, p. 139.
2. Dan Morain, *Kamala's Way. An American Life*, *op. cit.*, p. 113.

26

Le mur de l'argent

Dans une bonne partie du pays, le pire de la crise des subprimes de 2008 s'achevait en janvier 2011 lorsque Kamala fut élue procureure générale. Mais ce n'était pas le cas dans la majeure partie de la Californie. Le chômage dans la « Vallée », le centre de l'État, dépassait 16 %, et plus de 10 % des propriétaires californiens étaient en retard de paiement sur leurs prêts hypothécaires[1].

La manière dont Kamala affronta cette crise et tenta de réduire le coût financier au cours de ses treize premiers mois en fonction aura marqué les esprits plus que tout autre dossier. Car, pour lutter contre les prédations, Kamala n'hésita pas à s'opposer frontalement à cinq des plus grandes banques de Wall Street. Sa victoire fut de leur avoir arraché 20 milliards de dollars qu'elle reversa sous forme de subventions en faveur des plus démunis. En outre, elle fit adopter la loi « anti-saisie » la plus stricte des États-Unis. De ces années de procureure générale, cette loi restera son plus beau trophée.

1. Employment Development Department, State of California, 21 mai 2012.

Comme souvent, l'accouchement de cette loi de justice sociale fut compliqué. Quelques mois avant la prise de fonction de Kamala, le ministère américain de la Justice et cinq grands groupes bancaires qui s'avéraient être les cinq plus gros créanciers – Bank of America, Wells Fargo, JPMorgan Chase, Citigroup et Ally Financial (anciennement GMAC Mortgage) – avaient négocié un règlement, en leur faveur, de la crise du logement[1].

À l'origine, ce qu'on allait appeler la crise des subprimes naît d'un défaut de paiement, croissant, de la part d'emprunteurs qui ne peuvent plus faire face à leurs échéances. Les portefeuilles d'emprunts, titrisés par les prêteurs, se dévalorisent dans des proportions qui fragilisent les bilans des banques et provoquent la crise.

Parallèlement à ce phénomène, comme dans un château de cartes, les saisies et les expulsions des emprunteurs défaillants débutent. Certaines de ces saisies provoquent des litiges, des affaires sont portées en justice et, à cette occasion, des anomalies et des fraudes sont relevées. Les institutions bancaires tentent de limiter les pertes littéralement sur le dos des petits propriétaires qu'elles exproprient afin de récupérer leur bien immobilier. Les expulsions illégales se comptent par dizaines de milliers. Les banques accusées de fraude prennent peur. Le coût se chiffrerait en centaines de milliards de pertes et dédommagements.

1. Kamala Harris, *The Truth We Hold*, *op. cit.*, p. 80.

L'astuce, si l'on peut dire, consistait à utiliser le « robot-signing », une technique pernicieuse par laquelle les banques saisissaient automatiquement des habitations sans tenir compte des détails des retards de paiement. Ce processus d'approbation était relié aux prêts hypothécaires à risque qui étaient regroupés en titres, revendus aux investisseurs, et avait permis d'accélérer l'acquisition de produits douteux. Lorsque la bulle éclata, les banques en profitèrent pour saisir les habitations dont les conditions d'acquisition avaient été effectuées par ce système automatique, même si les propriétaires expropriés n'étaient pas forcément en cessation de paiements et n'auraient jamais dû perdre leur bien.

Lorsque Kamala prit ses fonctions, son alter ego de l'Iowa, Tom Miller, menait les négociations pour régler l'affaire des « robot-signing » au nom des cinquante procureurs généraux. Kamala soupçonna rapidement que les dés étaient pipés et que Miller essayait surtout de sauvegarder les banques mises en cause. Immédiatement après s'être informée du dossier, elle rencontra les meilleurs experts sur la question. En mars 2011, deux mois après son investiture, lors de la réunion de la National Association of Attorneys General à Washington, DC, elle déclencha une tempête quand elle conclut que l'enquête était incomplète et qu'elle refuserait, par principe, tout montant de règlement qui ne serait pas fondé sur des calculs clairs. La Californie, qui abritait sept des dix villes les plus touchées par le phénomène des saisies, était censée obtenir entre 2 et 4 milliards de dollars de dédommagement. Des miettes. Plutôt que d'assister à la séance suivante, Kamala pratiqua ostensiblement la politique de la chaise vide, organisa une conférence de presse sur place et fit publiquement valoir qu'elle n'était pas satisfaite de la façon dont les Californiens et, à travers eux, toutes les personnes qui avaient été expropriées dans le pays, étaient traités. Elle annonça qu'elle allait mener sa propre étude.

Ce cavalier seul suscita de grands remous parmi les démocrates. Et, pour la première fois, elle s'opposa frontalement à Barack Obama, partisan d'un accord pour éviter un nouveau naufrage bancaire après la faillite spectaculaire de Lehman Brothers en 2008. « Je ne bougerai pas », annonce alors Kamala aux conseillers de la Maison Blanche venus tenter de la rallier à l'accord en vue[1]. Le procureur général de New York, Eric Schneiderman, dépêché en urgence pour tenter d'éteindre le feu qui promettait d'embraser toutes les institutions financières du pays, s'envola pour San Francisco pour convaincre Kamala de renoncer à son enquête indépendante et de se rallier à l'accord. La tentative dura deux longs jours au cours desquels le New-Yorkais s'employa à convaincre la Californienne.

Kamala était loin d'être isolée dans ce combat. Le mouvement Occupy Wall Street était né quelques années plus tôt et, paradoxe de la vie politique américaine, ses revendications en faveur des « 99 % » faisaient jonction avec celles du mouvement du Tea Party de droite

1. Kamala Harris, *The Truth We Hold*, *op. cit.*, p. 81.

radicale qui récupérait la colère « des petits contre les gros ». Les fameux 1 % les plus riches de la population américaine étaient doublement une cible. Emportée par la vague des contestations, Kamala devint le héraut de la gauche, et notamment de l'organisation MoveOn.org, en refusant de se soumettre et en poursuivant les banques fraudeuses. Le puissant syndicat américain AFL-CIO lui adressa même une lettre rendue publique l'exhortant à refuser tout compromis lors des pourparlers. Une nouvelle organisation, Californians for a Fair Settlement, faisait de l'agit-prop pour soutenir Kamala.

L'accord précédemment acté fut finalement déchiré, et un nouveau compromis nettement plus équilibré fut proposé. La plupart des saisies les plus douteuses furent annulées par la justice, et le juge fédéral imposa un moratoire sur les saisies à venir.

Insuffisant pour Kamala. En Californie, le lieutenant-gouverneur de l'époque, Gavin Newsom, à la fois son rival, ami et concurrent potentiel, signa un accord en vue d'un règlement plus équitable, qualifiant au passage le premier accord de « profondément imparfait ». Le 30 septembre 2011, le *Los Angeles Times* publia l'accord *in extenso* ainsi qu'une liste des signataires. Le nom de Kamala Harris n'y figura pas. Elle annonça qu'elle se retirait des négociations. « Après mûre réflexion, j'ai conclu que ce n'était pas l'accord que les Californiens attendaient », déclara-t-elle dans une lettre adressée au procureur général adjoint des États-Unis, Thomas Perrelli[1].

---

1. Kamala Harris, *The Truth We Hold*, *op. cit.*, p. 81.

La stratégie de la fuite en avant était dangereuse. Les banques, encore fragilisées par la terrible crise qui avait frappé moins de trois ans plus tôt, craignaient que l'inflexibilité de Kamala ne réveille la colère populaire. Et, en effet, le règlement était toujours autant contesté par la rue. C'était là son objectif. Kamala savait que, dorénavant, aucune négociation, aucun accord ne pourrait être validé sans son aval. Dans ce bras de fer, elle avait gagné des alliés, notamment le procureur général du Delaware, un certain Beau Biden, le fils du vice-président de l'époque. Beau et elle se mirent à communiquer quotidiennement, parfois plusieurs fois par jour. Celui que son père voyait un jour élu à la Maison Blanche, avant qu'un terrible cancer du cerveau le frappe, soutenait Kamala. C'était bien le seul au sein de l'équipe présidentielle qui souhaitait un accord au plus vite. Cette relation affecterait le futur de la vie et de la carrière de la Californienne. Joe Biden a souvent évoqué cette amitié avec son fils lorsqu'il choisit Kamala comme candidat à la vice-présidence. En s'éloignant d'Obama, Kamala avait, grâce à Beau, rejoint un clan : le clan Biden.

Mais, pour l'heure, le combat contre les banques continuait. Le 23 janvier 2012, Tom Miller, procureur général de l'Iowa et grand artisan de l'accord autrefois dénoncé par Kamala, accompagné de ses alter ego, sont convoqués à une rencontre secrète à Chicago, le fief de Barack Obama, par Shaun Donovan, le ministre du département américain du Logement et du

Développement urbain[1]. Barack Obama, candidat à sa réélection, exige un accord, et Donovan est chargé d'y parvenir. Des informations fuitent rapidement dans la presse sur un éventuel règlement à l'échelle nationale pour un montant de 25 milliards de dollars. Kamala publie une déclaration réaffirmant sa position. Elle refuse le nouvel accord et entend toujours poursuivre les prêteurs hypothécaires qui ont enfreint la loi. Et si les oreilles d'Obama n'avaient pas assez sifflé, Kamala se rendit à Stockton, une ville de trois cent mille habitants au sud de Sacramento qui était l'épicentre de la crise du logement en Californie. Kamala y rencontra notamment Jose Rodriguez, président de l'organisation à but non lucratif El Concilio, qui vient en aide aux familles frappées d'expropriation. Devant la presse convoquée pour l'occasion, Rodriguez la présente aux victimes. Elle dialogue avec un couple incapable de payer son hypothèque, un autre qui avait acheté sa maison avec un prêt hypothécaire à taux ajustable et ruiné par l'envolée subite des taux, et un autre encore qui ne pouvait plus travailler et dont la maison a été saisie car les banques avaient refusé de réajuster son hypothèque. Les victimes présentes racontent, témoignent. D'autres restent silencieuses. Elles ont tout perdu depuis des années. D'autres encore pleurent. Kamala est chavirée. Elle réitère son discours. Elle refusera tout accord qui ne rendra pas justice aux personnes spoliées et qui ne permettra pas de poursuivre les banques qui ont violé la loi.

1. Dan Morain, *Kamala's Way. An American Life*, *op. cit.*, p. 117.

Le lendemain se tient le discours sur l'état de l'Union. Pour la première fois depuis la victoire d'Obama en 2008, Kamala a décliné l'invitation. Elle ne voulait pas laisser penser qu'elle avait cédé. Elle avait mieux à faire.

En effet, deux semaines plus tard, le 9 février 2012, Kamala annonce qu'elle a conclu un accord au nom de la Californie. Le premier volet indique le gel de toutes les expropriations liées à la crise de 2008. Le second volet annonce que les enquêtes sur les fraudes commises par les banques feront bien l'objet de poursuites. En outre, les victimes bénéficient d'une aide de 20 milliards de dollars[1].

L'accord patiemment conclu par l'équipe Obama est mort-né. Impossible que le Président propose moins que Kamala en Californie, au risque de se couper de sa base populaire à quelques mois de sa réélection. La Maison Blanche cède. Un mois plus tard, l'administration Obama étend l'accord californien à l'échelle nationale. Les banques ont versé à la Californie 18,4 milliards de dollars de dédommagement de la dette et 2 milliards de dollars d'aides financières diverses. Au total, 84 102 familles californiennes ont reçu des aides ou des baisses de règlement sur leur hypothèque[2]. En échange de ces versements, les banques évitent les poursuites. Mais cet accord ressemble aussi à un sauvetage bancaire, protégeant les fraudeurs hypothécaires.

---

1. Kamala Harris, *The Truth We Hold*, *op. cit.*, p. 98.
2. *Ibid.*

L'impact réel a à peine entamé les bénéfices des banques incriminées.

Cet accord était pourtant le seul viable, car il permettait de sauver les familles expropriées de l'extrême précarité. Pour cela, il fallait trouver un terrain d'entente avec les banques, prêtes à tout pour l'abandon des poursuites. La carte immobilière de la Californie était de toute façon durablement sinistrée. La plupart des biens ne retrouvèrent pas le niveau qui était le leur avant la crise des subprimes. Mais il fallait sauver ce qui devait être sauvé. En 2018, la Californie comptait 450 000 maisons individuelles de plus qu'au moment du déclenchement de la crise, dix ans plus tôt. À qui appartiennent-elles ? Principalement à des entreprises de Wall Street qui avaient acquis ces biens à des prix dérisoires lors les ventes de saisies. Kamala aura fait de son mieux contre le « mur de l'argent », mais elle ne pouvait pas l'emporter. Elle aura obtenu le match nul[1].

1. Kamala Harris, *The Truth We Hold*, *op. cit.*, p. 98.

27

La « proposition 8 »

Il restait quelques aspects importants à régler : interdire la pratique de la signature automatisée, s'assurer que les propriétaires recevraient des avis clairs indiquant à quelles conditions ils risquaient l'expropriation et qu'ils aient accès à un interlocuteur unique en cas de difficulté de paiement avant toute action menée à leur encontre. De fait, les propriétaires menacés de saisie bénéficieraient de plusieurs mois pour trouver un compromis.

Pour parvenir à faire adopter ces obligations, Kamala s'appuya sur un allié de poids : le sénateur de l'État, Mark Leno. L'une des premières personnalités politiques à avoir déclaré son homosexualité, Leno est l'élu du 11e district, qui englobe San Francisco. Kamala savait pouvoir compter sur lui.

Elle en aurait besoin. Car le premier obstacle à franchir était un sacré poids lourd. Un autre sénateur de l'État, Ron Calderon, un démocrate du sud de la Californie, était président du comité bancaire et se rangeait du côté des banques. Chaque lobbyiste de chaque banque devrait traiter avec Calderon. Tenter de le convaincre était comme de taper contre un mur de brique. Kamala et Leno décidèrent donc de « contourner » Calderon afin de rechercher une majorité au Sénat de Californie. Pendant des semaines, ils arpentèrent les couloirs de l'assemblée, s'arrêtant dans les bureaux des sénateurs à convaincre, discutant sans fin pour obtenir leur accord. Les uns après les autres, à force de patience et de détermination, ils retournèrent certains des plus récalcitrants. En tout cas, un nombre suffisant pour que le projet de loi finisse par être adopté au Sénat malgré l'opposition de Calderon. Faire adopter le texte à la Chambre des représentants fut une formalité. Leno recueillit les lauriers pour cette belle réussite législative, mais, fidèle à Kamala, il lui dédia la victoire : « Tout a changé lorsqu'elle s'est impliquée », dit-il, beau joueur, à la presse[1].

Le renvoi d'ascenseur surviendra quelques jours plus tard. Le 7 février, la cour d'appel fédérale de San Francisco juge que l'interdiction pour les homosexuels de se marier en Californie est anticonstitutionnelle. Les électeurs californiens s'étaient prononcés par référendum, sous le terme de « proposition 8 », en faveur d'une interdiction du mariage entre personnes du même sexe, à la suite d'une brève période de liberté lors de la fameuse Saint-Valentin de 2004. Cet épisode lança la saga à rebondissements qui allait finir par conduire à une reconnaissance totale des droits des homosexuels à se marier. Et fit entrer Kamala dans la bataille pour les droits des LGBTQ+.

1. Dan Morain, *Kamala's Way. An American Life*, *op. cit.*, p. 120.

La cour d'appel a estimé que les promoteurs du référendum ayant interdit le mariage homosexuel « ont ciblé une minorité et lui ont retiré un droit qu'elle possédait, sans raison légitime de le faire. [...] Nous abrogeons la proposition 8 sur ces bases, ajoute la cour dans sa décision. Nous ne doutons pas de l'importance des questions plus générales présentées devant nous sur le droit des couples homosexuels à pouvoir se marier, de même que nous ne doutons pas que ces questions seront probablement étudiées dans d'autres États, et au niveau de la nation tout entière, par d'autres cours, poursuivent les juges. Mais, pour l'instant, il nous suffit de conclure que les Californiens ne peuvent pas, en vertu de la Constitution fédérale, ajouter à leur propre Constitution une clause qui a pour effet pratique de retirer aux gays et aux lesbiennes leur droit à profiter de la définition que l'État et la société donnent d'un engagement [entre deux personnes], portant de fait préjudice au statut et à la dignité des membres d'une classe défavorisée[1] ».

À l'origine, Kamala avait été une actrice mineure de la marche historique qui a conduit à la légalisation du mariage homosexuel en Amérique. C'est Gavin Newsom qui avait mené ce combat et était devenu le héros du mouvement pour l'égalité de tous devant le mariage pendant son mandat de maire de San Francisco. Dans les jours qui avaient précédé le week-end de la Saint-Valentin de 2004, Newsom avait attiré l'attention internationale en décrétant que la ville et le comté de San Francisco

1. Dan Morain, *Kamala's Way. An American Life*, *op. cit.*, p. 121.

reconnaissaient le mariage homosexuel. Kamala, toute nouvelle procureure du district, n'avait même pas été informée de la décision symbolique de Newson. Dans son autobiographie, elle raconte qu'elle était en route pour l'aéroport lorsqu'elle aperçut la foule alignée devant la mairie pour célébrer leur union. Prise de court, elle sortit de sa voiture, demanda à être suppléée par l'équivalent d'un officier d'état civil, et elle commença à célébrer des mariages homosexuels... dans les couloirs de l'hôtel de ville, tant celui-ci avait été pris d'assaut par des centaines de couples, de témoins et d'amis des futurs mariés. « Il y avait cette merveilleuse excitation alors que nous accueillions la foule de couples aimants, un par un, pour les marier sur-le-champ. C'était différent de tout ce que j'avais connu auparavant. Et c'était magnifique[1]. » C'était surtout un moyen habile de récupérer un peu de la lumière que le maire de San Francisco avait généré.

Car Kamala et Newsom ne s'aimaient pas, eux. Ils étaient tous deux de jeunes espoirs du parti démocrate, occupant le même espace politique progressiste de la côte ouest et attirant les mêmes électeurs. La concurrence entre eux fut toujours prégnante et souvent brutale. Les reportages de l'époque décrivaient leur relation comme orageuse. Et, en dépit de la séquence des mariages célébrés sur le tas par Kamala, ce fut Newsom qui fit la une des journaux.

L'aventure du mariage homosexuel en Californie était pourtant extrêmement récente. Tout avait commencé

1. Kamala Harris, *The Truth We Hold*, *op. cit.*, p. 111.

quelques mois plus tôt, le 20 janvier 2004. Douze jours après sa prestation de serment en tant que maire de San Francisco, Newson assista au discours sur l'état de l'Union du président George W. Bush, dûment invité par l'élue de sa ville natale, Nancy Pelosi, alors cheffe de la minorité parlementaire démocrate à la Chambre des représentants à Washington. Et c'est à cette occasion qu'il entendit Bush déclarer : « Notre nation doit défendre le caractère sacré du mariage », évoquant la perspective d'un amendement constitutionnel, une sorte de verrou institutionnel ultime, qui définirait le mariage comme se célébrant uniquement entre un homme et une femme[1]. Il fallait agir vite. Le nouveau maire décida alors qu'il allait devancer la réforme voulue par le président des États-Unis et prendre les mesures nécessaires pour délivrer des certificats de mariage aux couples de même sexe. L'idée était audacieuse, certes, mais pas unique en Californie. L'année précédente, en 2003, Mark Leno, le représentant au Congrès de l'État de Californie, et, comme on l'a vu, grand ami et allié de Kamala, travaillait avec des avocats d'Equality California, l'organisation de défense des droits des LGBTQ+, sur une législation qui, espéraient-ils, conduirait à légalisation. Le 15 janvier 2004, soit une semaine avant le discours sur l'état de l'Union de George Bush qui allait pousser Newson à agir, le *Bay Area Reporter*, un journal destiné à la communauté homosexuelle, annonça que Leno présenterait prochainement son projet de loi à Sacramento.

1. George W. Bush White House Archives : « State of the Union 2004 ».

Ce projet de loi déposé sur la reconnaissance du mariage des personnes de même sexe aux États-Unis attirerait l'attention nationale, même si les chances de succès étaient minces.

Les dirigeants du parti démocrate ont exhorté Leno à attendre. Mais il a continué d'avancer, déposant officiellement le projet de loi sur le bureau de l'assemblée de l'État le 12 février 2004. La date était significative. C'était la Journée nationale de la liberté de se marier, un jour où les couples de même sexe se rendaient chez les greffiers de leur comté pour demander des licences de mariage, se faisaient refouler, puis organisaient un sit-in de protestation. Le même jour, invoquant le droit constitutionnel californien qui accorde à tous une protection égale, Newsom emboîta le pas à Leno et ordonna aux officiers d'état civil du comté de délivrer des certificats de mariage aux partenaires de même sexe. Alors que la rumeur se répandait, des centaines de couples, vêtus de robes de mariée, de smokings, de shorts, de tee-shirts et de jeans ont convergé vers l'hôtel de ville. Certains étaient même venus d'autres États du pays. Ce jour-là, Gavin Newsom avait consolidé son statut de pionnier en matière de justice sociale et de défense des droits homosexuels.

Pourtant, les démocrates, dont le membre du Congrès démocrate du Massachusetts, Barney Frank, militant gay de longue date, et la sénatrice Dianne Feinstein, dont on se souvient qu'elle fut l'adversaire de Kamala lors de l'affaire Espinoza, mais qui fut surtout l'un des prédécesseurs de Newsom à la mairie de San Francisco, étaient consternés. « Trop. Trop vite. Trop tôt », déclara même Feinstein[1]. À l'époque, la loi californienne qui définissait le mariage comme se célébrant uniquement entre un homme et une femme était le résultat d'un référendum, la proposition 22, approuvée par les électeurs le 7 mars 2000, avec une large marge de 61 % en faveur de la proposition contre 39 % en faveur du mariage pour tous[2]. Il était donc extrêmement hasardeux de contester un vote populaire, de surcroît, sans ambiguïté de la part des Californiens, seulement quatre ans après le scrutin.

Mais, dans un pays fondé sur la prééminence du droit comme le sont les États-Unis, cette initiative législative ne pouvait être simplement ignorée. Les appels seraient interjetés pendant une décennie. Et la procureure du district de San Francisco, Kamala Harris, ne joua aucun rôle à l'époque. Or cela allait changer. Avant que le tribunal mette un terme aux mariages homosexuels en 2004, environ 18 000 couples s'étaient déjà mariés en Californie[3]. À travers le pays, les avocats avaient déposé des mémoires sur l'égalité de tous devant le mariage. Le procureur de district Harris ne faisait pas partie de ces avocats. Ce dossier ne relevait pas de ses compétences. Son travail consistait à poursuivre les criminels, et non à défendre les actions du maire ou du greffier

1. Dan Morain, *Kamala's Way. An American Life*, *op. cit.*, p. 101.
2. Proposition 22. Official Voter Information Guide. California Secretary of State, 30 octobre 2020.
3. *Ibid.*

du comté qui délivrait des certificats de mariage. La question constitutionnelle de l'État avait achevé son processus d'appel par la saisine de la Cour suprême de Californie en mai 2008. Le juge principal, Ronald George, attendait son heure.

George était une sorte de gardien du temple des valeurs républicaines. En tant que procureur général adjoint au début des années 1970, il avait défendu la peine de mort en Californie devant la Cour suprême de l'État. Et c'était le gouverneur Ronald Reagan qui l'avait nommé juge à la Cour suprême de Californie. Le gouverneur républicain Pete Wilson avait nommé George juge principal en 1996. Autrement dit, son pouvoir d'opposition, pour ne pas dire d'obstruction, était immense. Durant quatre ans, le mariage homosexuel fut le centre de toutes les attentions et de tous les travaux des juges de la Cour.

Le 15 mai 2008, la Cour publia enfin un mémoire de 221 pages sur le mariage homosexuel qui fut adopté par 4 juges contre 3[1]. Contre toute attente, les juges considérèrent que, compte tenu de l'importance du droit constitutionnel fondamental à former une relation familiale, la Constitution californienne devait être interprétée de façon libérale afin de garantir ce droit civil fondamental à tous les Californiens, qu'ils soient homosexuels ou hétérosexuels, aux couples homosexuels ainsi qu'aux couples de sexe opposé. C'était une victoire totalement

1. Dan Morain, *Kamala's Way. An American Life*, *op. cit.*, p. 101.

inattendue pour l'égalité de tous devant l'institution du mariage, et c'était une défaite personnelle pour le juge Ronald George. Les conservateurs n'allaient pas s'avouer vaincus si facilement.

L'Organisation nationale pour le mariage, l'Église de Jésus-Christ des Saints des Derniers Jours, les Chevaliers de Colomb et les évêques catholiques, entre autres partisans du « mariage traditionnel », lancèrent une immense campagne par voie de pétition et recueillirent plus de un million de signatures d'électeurs inscrits, seulement deux semaines après la décision de la Cour suprême de l'État. Les Californiens étaient désormais divisés en deux camps irréductibles, chacun pouvant s'appuyer sur une décision qui lui était favorable : le référendum du 7 mars 2000 pour les anti-mariage gay et le vote de la Cour suprême de l'État le 15 mai 2008 pour les partisans du mariage pour tous.

La proposition 8, qui interdisait le mariage homosexuel, devenait de fait le nouvel enjeu entre les « pro » et les « anti[1] ». Afin de trancher la question et de lui donner le poids constitutionnel nécessaire, elle serait donc soumise à référendum lors du scrutin du 4 novembre 2008. En cas de victoire, elle permettrait de forger dans le marbre de la Constitution de Californie que : « Seul le mariage entre un homme et une femme est valide et reconnu en Californie. » La campagne « Oui à la prop. 8 » coûtera plus de 43 millions de

1. Courtscalifornia.gov – Proposition 8.

dollars[1]. Jouant sur les peurs que le mariage gay ne conduise à promouvoir l'homosexualité, notamment auprès des jeunes enfants, les publicités ne firent pas dans la dentelle. On y voyait ainsi une petite fille rentrer de l'école et annoncer à sa mère, forcément horrifiée : « Maman, devine ce que j'ai appris à l'école aujourd'hui ! J'ai appris qu'un prince pouvait épouser un prince[2]. » Le message était clair : l'homosexualité sera enseignée à l'école à moins que la proposition 8 ne soit adoptée. Naturellement Kamala s'était prononcée contre la proposition 8. Sa sœur, Maya, alors directrice de l'ACLU de Californie du Nord, avait été directement impliquée dans la campagne pour le « non ». Maya et les dirigeants d'Equality California avaient participé à la contre-offensive qui avait permis de lever 42 millions de dollars. La bataille de l'argent était donc aussi indécise et équilibrée que la guerre médiatique. Chaque camp avait réuni, puis dépensé près de 45 millions de dollars chacun[3]. Un effort de guerre inédit, même aux États-Unis.

Newsom et les maires de San Diego et de Los Angeles firent activement campagne contre la proposition 8. Ils furent rejoints par les plus réticents chez les démocrates, telle Dianne Feinstein qui finit par ajouter sa voix à l'opposition, tout comme la pugnace sénatrice des États-Unis Barbara Boxer, la seule personnalité californienne

1. *Ibid.*
2. Kamala Harris, *The Truth We Hold*, *op. cit.*, p. 110.
3. Dan Morain, *Kamala's Way. An American Life*, *op. cit.*, p. 104.

à s'être opposée à la guerre en Irak. Si le camp démocrate était uni sur ce sujet de société, le camp républicain l'était nettement moins, notamment parce que le gouverneur Schwarzenegger continuait à perturber son électorat traditionnel en affirmant son opposition à la proposition 8. Résultat, la California Teachers Association, classée à droite, leva 1,3 million de dollars uniquement pour le faire battre[1]. Les personnalités hollywoodiennes se rangèrent naturellement du côté de l'opposition, et beaucoup, comme Brad Pitt et Ellen DeGeneres, donnèrent 100 000 dollars chacune[2]. Il en fut de même pour les dirigeants de la Silicon Valley, dont le cofondateur de Google, Sergey Brin. L'union sacrée des deux pôles du rayonnement de la Californie, l'entertainment et la Tech, participait activement et financièrement à la campagne pour le « non ».

L'annonce des résultats des élections de 2008 fut l'une des plus mémorables jamais célébrées pour les démocrates. Nancy Pelosi devenait présidente de la Chambre des représentants grâce à un gain national de 21 sièges qui donnait au parti la majorité absolue au Sénat, les démocrates obtenaient 60 sièges, soit autant que les républicains. Mais le plus important fut, bien entendu, l'éclatante victoire de Barack Obama, qui fut élu 44e président des États-Unis[3].

1. Dan Morain, *Kamala's Way. An American Life*, *op. cit.*, p. 104.
2. *Ibid.*
3. *The New York Times*, « Election Map 2012 », 29 novembre 2012.

En Californie, la bataille autour de la proposition 8 n'éclipsa évidemment pas l'élection d'Obama, mais le battage médiatique intense fut à la hauteur de l'enjeu. Comme le voulait la tradition américaine, le référendum se déroulait le même jour que l'élection présidentielle et nombre d'autres scrutins à tous les niveaux démocratiques possibles. Comme attendu, la proposition 8 divisa profondément l'État, y compris géographiquement. Alors que, sans surprise, plus de 75 % des électeurs de San Francisco avaient voté contre la proposition, une majorité d'électeurs dans 42 des 58 comtés de Californie, y compris les électeurs de Los Angeles, d'Orange County et de San Diego, avaient, au contraire, soutenu la mesure. Le verdict des urnes fut sans appel : la proposition 8 fut approuvée par 52,3 % contre 47,7 %. Pour la seconde fois, le mariage homosexuel était rejeté par référendum. Seule relative nouvelle encourageante : alors que, au cours du référendum de 2000, les opposants avaient été 61 %, ils n'étaient plus qu'un peu plus de 52 %[1].

1. Courtscalifornia.gov – Proposition 8.

28

La longue marche pour le mariage homosexuel

À présent, la question était de savoir comment allait réagir un personnel politico-judiciaire qui avait ouvertement fait campagne pour le « non », mais qui était tenu d'appliquer la loi. Et c'est alors que l'opposition à la proposition 8, pourtant adoptée par référendum, devint un enjeu de pouvoir au sein du parti démocrate de Californie.

La pression n'était pas retombée. L'hostilité d'une partie de la population à l'adoption d'une loi interdisant le mariage homosexuel était toujours aussi virulente. Et il s'agissait de la base électorale des démocrates. La façon dont les élus du parti allaient agir déterminerait à coup sûr leur avenir politique. Impossible de laisser en déshérence un corps électoral autant déçu que chauffé à blanc.

Les procureurs généraux sont tenus de défendre les lois de l'État, indépendamment de leurs opinions personnelles. Mais il y a des exceptions. Le procureur général Jerry Brown, opposant notoire à la proposition 8, publia en urgence un mémoire de 111 pages qu'il déposa à la fin de 2008 et qui demandait solennellement à la Cour suprême de Californie d'annuler la proposition 8[1]. Son argument : le mariage est protégé dans le cadre des droits inaliénables à la liberté et à la vie privée, tous deux inscrits dans la Constitution californienne. Le pouvoir de modifier la Constitution, comme cela s'est produit avec la proposition 8, ne peut pas être exercé d'une manière qui viole un droit inaliénable.

Pour Brown, il y avait, en outre, un avantage politique personnel à ne pas défendre la proposition 8. Il prévoyait d'abandonner le bureau du procureur général et de se présenter comme gouverneur en 2010, reprenant le poste qu'il avait occupé en tant que jeune politicien de 1975 à 1983. En attaquant violemment l'interdiction du mariage pour tous, il s'assurait sur sa gauche, notamment contre le maire sortant de San Francisco Gavin Newsom, qui envisageait lui aussi de se présenter aux élections de gouverneur.

La décision de Brown eut un impact immédiat. Les partisans de la proposition 8 se mobilisèrent fortement face à ce qu'ils considéraient être un déni de démocratie. Ils choisirent comme champion le célèbre avocat Kenneth Starr, alors doyen de la faculté de droit de l'université Pepperdine de Malibu, dont la terrible rigueur inquisitoriale contre Bill Clinton lors de l'affaire Monica Lewinsky avait conduit le Président au bord de l'*impeachment*. Starr remporta une victoire facile. Bien aidée par le juge principal Ronald George et par une

1. Courtscalifornia.gov – Proposition 8.

marge de 6-1, la Cour suprême de Californie confirma la proposition 8[1].

Dans l'espoir de calmer un peu les esprits, la Cour concéda cependant que les mariages des couples de même sexe qui avaient été célébrés restaient valables. Mais la tension ne pouvait pas retomber. Chacun savait que désormais le combat se déroulerait devant les tribunaux fédéraux, où les juges détermineraient si l'amendement constitutionnel californien créé par la proposition 8 violait ou non la Constitution américaine. La Cour suprême des États-Unis aurait à trancher des années plus tard en dernier ressort. Mais le théâtre d'opération n'allait pas quitter les rives du Pacifique pour autant. Le ressentiment des partisans du mariage homosexuel était trop fort pour que la colère retombe.

Le jeu des chaises musicales put néanmoins se dérouler comme prévu chez les démocrates. Jerry Brown quitta son poste du procureur général pour celui de gouverneur. Il appartiendrait au prochain locataire de mener l'offensive contre la proposition 8 ou, au contraire, de faire primer la loi. Kamala, nouvelle procureure générale, se savait donc attendue sur un champ de bataille qui fumait encore.

Paradoxalement, ce ne fut pas le rejet de la proposition 8 qui consacra le mariage homosexuel en servant de base à la Cour suprême des États-Unis. Sept ans plus tard, en 2015, les juges l'adoptèrent par 5 voix

1. Courtscalifornia.gov – Proposition 8.

contre 4 dans le cadre d'une autre saisine : le cas Obergefell v. Hodges[1]. C'est lui qui entra dans la postérité en permettant aux juges d'affirmer l'égalité du mariage comme étant un droit constitutionnel.

Mais la Californie resta l'État précurseur en matière d'égalité des droits, et ce grâce à Kamala.

Lors de son entrée en fonction en janvier 2011 en tant que procureure générale, elle refusa d'intégrer la proposition 8 dans le droit positif californien. Elle s'est même opposée, à titre personnel, à la Cour suprême des États-Unis qui, en février 2013, exigeait que la loi soit respectée.

Kamala avait fini par s'approprier le sujet. Pour elle, comme elle l'expliqua à ses équipes, le but de la proposition 8 était d'empêcher les couples homosexuels de se marier, et sa seule fonction était donc de stigmatiser les gays et les lesbiennes. Il n'y avait absolument aucun intérêt légitime ou rationnel de l'État à le faire. La proposition 8 était donc inconstitutionnelle.

Comme la procureure générale Harris avait annoncé refuser de défendre la loi, les partisans de la proposition 8 se mobilisèrent. L'exigence de son application se retrouva vite sur le bureau du juge sous le nom de Hollingsworth *v.* Perry, du nom de Dennis Hollingsworth, un élu républicain d'une partie conservatrice des comtés de San Diego et de Riverside, ardent défenseur du mariage traditionnel[2]. Mais la Cour suprême des

1. Supremecourt.gov, 26 juin 2015.
2. Supremecourt.gov, 26 juin 2013.

États-Unis, qui naviguait alors à vue sur ce sujet hautement inflammable, conclut que Hollingsworth et les organisations qui contestaient la non-application de la proposition 8 n'avaient pas qualité pour agir, n'étant pas directement concernés par le mariage homosexuel. Seul l'État fédéral l'était. Telle était la nouvelle ligne de la Cour suprême. Aucun élu, aucune instance à part elle n'aurait le dernier mot sur le mariage homosexuel. Il faudrait patienter. Deux jours après la décision de la Cour suprême et dans l'attente de la décision finale du juge constitutionnel, la cour d'appel du 9e circuit de San Francisco rendit une ordonnance ouvrant la voie à la reprise des mariages homosexuels en Californie. Au jour dit, le 28 juin 2013, une foule immense se rassembla devant l'hôtel de ville de San Francisco pour assister aux nombreuses célébrations qui se succédaient. Kamala envoya un tweet : « En route pour S.F. Mairie. Sonnez les cloches du mariage ! #Prop8. » Kamala célébra officiellement le premier mariage avec ces mots : « En vertu du pouvoir et de l'autorité que me confère l'État de Californie, je vous déclare maintenant époux à vie[1]. » La cérémonie dura quatre minutes et trente secondes, tant de nombreux couples attendaient leur tour. Il n'y aurait pas de retour en arrière désormais.

1. Kamala Harris, *The Truth We Hold*, *op. cit.*, p. 110.

29

L'humiliation

En septembre 2012, Kamala, figure devenue incontournable du parti, endossa le rôle principal lors de la Convention nationale démocrate, sorte de grand-messe de tous les cadres avant une élection présidentielle et qui se tenait cette fois-ci à Charlotte, en Caroline du Nord. Barack Obama se battait pour sa réélection contre l'ancien gouverneur du Massachusetts Mitt Romney, mais la course s'annonçait plus serrée qu'en 2008. Ayant jeté la rancune aux orties après l'affaire de la crise des subprimes qui l'avait durablement éloignée d'Obama, Kamala avait fait campagne pour lui. Obama aurait-il oublié ? Aurait-il pardonné ? Restait à profiter de la lumière d'une campagne présidentielle. Tout comme le discours prononcé par Obama en 2004 avait projeté celui-ci sur le devant de la scène américaine, Kamala décida que le temps était venu pour elle de marquer également les esprits. Elle était nerveuse. Qui ne le serait pas ? Son discours précéderait celui de Bill Clinton. Kamala et son équipe avaient rédigé un texte qui, bien qu'il ne fût pas au niveau de celui d'Obama en 2004, était inspirant. Elle voulait prendre le temps de décrire la Californie des drames, des expulsions et de la pauvreté. La Californie post-subprimes, si loin des cartes postales : « Si vous voulez vraiment savoir ce qu'est la pauvreté, venez voir à l'ouest. Visitez la forêt des panneaux de saisies. Soyez le témoin des montagnes de dettes familiales. Parlez aux milliers de bonnes familles sans espoir d'avenir meilleur pour leurs enfants. Précipitez-vous à Stockton, la capitale américaine des expropriations[1]. » Kamala voulait ensuite que son discours prenne une tournure plus véhémente, à coups d'anaphores. Elle voulait s'attaquer aux institutions bancaires, accusées de s'être sauvées grâce au fameux « trop important pour mourir ». Elle voulait marteler : « Je vais vous dire ce qui est trop important pour mourir. C'est notre classe moyenne qui est trop importante pour mourir. C'est le rêve américain d'accession à la propriété qui est trop important pour mourir. C'est la promesse d'une éducation publique universelle et gratuite de qualité qui est trop importante pour mourir. Ce sont nos jeunes, la prochaine génération, qui sont trop importants pour mourir. C'est la protection de l'environnement qui est trop importante pour mourir. C'est notre vision d'une société inclusive qui est trop importante pour mourir. C'est l'égalité du mariage qui est trop importante pour mourir. Ce sont les droits des femmes qui sont trop importants pour mourir. Voilà ce qui trop important pour mourir[2] ! » Le discours était programmé pour faire lever le public de sa chaise et déclencher un tonnerre d'applaudissements.

1. Dan Morain, *Kamala's Way. An American Life*, *op. cit.*, p. 121.
2. *Ibid.*

Mais rien ne se déroula comme prévu. Il ne fut pas donné à Kamala la possibilité de déclamer son discours. Les responsables de la Convention nationale démocrate lui envoyèrent un discours préformaté sans souffle et bien conventionnel. Personne ne devait voler la vedette à Barack Obama, surtout pas une femme qui n'était plus dans son premier cercle. Ainsi fut fait. Kamala accepta les directives du parti. Elle lut le discours creux et plat qu'on lui avait préparé, buta sur des mots qui n'étaient pas les siens, dut supporter une salle distraite qui se désintéressait d'elle et qui l'applaudit poliment mais sans chaleur à la fin de son allocution. Ce qui aurait dû être le plus grand moment de sa vie politique se termina en humiliation et passa totalement inaperçu. Pour la première fois, sa carrière sembla faire du surplace. Quant à sa vie privée, elle était aussi insipide que possible.

30

« Monsieur Harris »

Né à Brooklyn dans une famille juive, élevé dans le New Jersey puis à Los Angeles, Doug Emhoff est devenu un brillant avocat d'affaires dans un cabinet international, Venable LLP, spécialisé en droit des entreprises. Ses clients sont aussi bien issus du monde de l'industrie que de celui du divertissement. Marié une première fois, Doug a un fils et une fille, et s'est récemment mis au golf. Passionné de musique, ses enfants, Cole et Ella, portent le nom des grands du jazz, John Coltrane et Ella Fitzgerald. Comme tout bon Angeleno, le nom des habitants de Los Angeles, Doug est davantage un fan de basketball, surtout des Lakers, que de politique, milieu qui l'intéresse peu. C'est à peine s'il s'est souvenu de faire un don de 100 dollars par mois au comité d'action politique fédérale de son cabinet d'avocats, un montant obligatoire, compte tenu de son rôle de leadership dans le cabinet, et de 100 dollars supplémentaires pour la campagne présidentielle de John Kerry en 2004.

Un jour de 2013, Chrisette Hudlin, une amie de longue date de Kamala, et son mari, le cinéaste Reginald Hudlin, allèrent voir Doug pour profiter de son expertise sur une question juridique épineuse. À la fin de la réunion, Chrisette demanda à Doug s'il était célibataire. « Pourquoi me demandes-tu cela ? », répondit Doug, étonné[1]. Chrisette, qui se désolait de ce que Kamala était toujours seule, recherchait depuis longtemps la perle rare. S'étant autodésignée « marieuse » de Kamala, elle dit à Doug qu'elle connaissait une amie qui pourrait lui correspondre. Doug voulut savoir son nom. « Kamala Harris », lui appris Chrisette. « Qui ça ? », relança benoîtement Doug en haussant les sourcils. Levant les yeux au ciel et maudissant les hommes pour leur incommensurable bêtise, Chrisette dut expliquer à l'avocat de Los Angeles : « C'est la procureure générale de Californie[2]. » Et, péniblement, la lumière fraya son chemin dans l'esprit lent de Doug. Sa réponse se trouva être à la hauteur de l'échange : « Oh, mon Dieu, mais elle est sexy[3] ! » Chrisette donna le numéro de téléphone de Kamala à Doug et lui dit de ne pas « tout gâcher », sinon les Hudlin « trouveraient un autre avocat pour gérer leurs affaires[4] ». Kamala écrivit dans son autobiographie que Chrisette, qui entendait éviter tout échec et prendrait les choses en main jusqu'au bout, l'a appelée pour lui parler de Doug : « Il est mignon et il est associé dans son cabinet d'avocats. Je pense que tu vas bien l'aimer[5]. » Doug envoya finalement un SMS à Kamala. Il raconta qu'il pianota le message sur son

1. Kamala Harris, *The Truth We Hold*, *op. cit.*, p. 104.
2. Dan Morain, *Kamala's Way. An American Life*, *op. cit.*, p. 127.
3. *Ibid.*
4. *Ibid.*
5. *Ibid.*

téléphone lors d'un temps mort d'un match des Lakers auquel il assistait. Kamala accepta de venir à Los Angeles le temps d'un week-end. Le premier rendez-vous fut naturellement fixé chez Chrisette Hudlin, qui pour rien au monde n'aurait voulu rater une possible idylle naissante. La relation s'est épanouie dans le plus grand secret. La priorité de Doug, outre son travail d'avocat, était de passer le plus de temps possible avec ses deux enfants. Ce temps-là était le plus précieux de tous, et il était hors de question de perturber le fragile équilibre qu'un père divorcé avait créé avec eux. Puis les présentations furent faites et Kamala entra peu à peu dans la vie de Doug.

Fallait-il aller plus loin ? Kamala décida de « tester » Doug. Elle se souvint que son premier directeur de campagne, Mark Buell, lui avait dit un jour qu'on pouvait apprendre beaucoup sur le caractère d'une personne en jouant au golf avec elle. Qu'à cela ne tienne. Elle obligea Buell à retrouver Doug sur le green. Buell choisit le parcours de golf de Mayacama, un club sélect de la région viticole du comté de Sonoma. Verdict : « C'était le gars le plus gentil », déclara le complice à Kamala[1]. De toute évidence, Doug, qui ignorait tout, avait réussi le test.

Environ un an après leur première rencontre, Doug fit sa demande en mariage à Kamala, en bonne et due forme, comme il sied à un avocat. Dans les semaines qui suivirent, après que les fiançailles furent rendues publiques, la nouvelle se répandit comme une traînée de poudre.

1. Kamala Harris, *The Truth We Hold*, *op. cit.*, p. 127.

Kamala Harris et Doug Emhoff se sont mariés le 22 août 2014 lors d'une cérémonie privée au palais de justice du comté de Santa Barbara, un magnifique bâtiment de style mission qui est un lieu de mariage privilégié du sud de la Californie. La sœur de Kamala, Maya, a placé une guirlande autour du cou de sa sœur, une tradition indienne. Doug, suivant la religion juive, a piétiné un verre pour le casser. Ils avaient tous les deux quarante-neuf ans, Doug étant né sept jours avant son épouse. Après le mariage, Harris et Doug ont organisé une petite fête pour leurs amis de San Francisco au très chic Presidio Officers' Club[1].

Doug dut quitter son cabinet d'avocats. Même s'il n'exerçait pas de métier de lobbying à proprement parler, son cabinet le pratiquait, notamment dans les domaines de la défense, de la santé et du divertissement. Les risques de conflits d'intérêts étaient trop grands. Doug abandonna donc sa vie d'avant pour Kamala. Lui qui s'intéressait plus aux Lakers qu'à la politique devint peu à peu son premier militant. Les gens ont même pu le voir sur une vidéo en train de danser au défilé des Fiertés de San Francisco en 2019 dans un cabriolet pendant que Kamala se moquait ouvertement de lui. En 2021, il se retrouvera dans un défilé bien plus important, celui de la descente de Pennsylvania Avenue à Washington, au bras de Kamala et aux côtés du couple Biden, lors de la traditionnelle marche qui suivait la prestation de serment. Entre-temps, Doug était devenu le premier « Second Gentleman » à la vice-présidence des États-Unis.

1. Kamala Harris, *The Truth We Hold*, *op. cit.*, p. 127.

31

Second mandat

En 2014, la question n'était pas de savoir si Kamala remporterait l'élection et exercerait un second mandat de procureure générale de Californie. Aucun rival sérieux chez les républicains ne pouvait la battre. La question était de savoir si elle irait jusqu'au bout de ce mandat-là. Kamala Harris était pressée. On lui prêtait désormais de réelles ambitions politiques. Les spéculations allaient bon train pour savoir si elle briguerait le poste de gouverneur, libre en 2018. C'était l'évidence. Mais il y avait aussi le poste de sénatrice des États-Unis qui pouvait se libérer dès 2016 si la battante Barbara Boxer décidait de prendre sa retraite.

Comme prévu, aucun démocrate n'osa défier Kamala dans une primaire. Son adversaire républicain, l'avocat de Los Angeles Ronald Gold, était issu de la nouvelle génération du Grand Old Party de Californie, dans la lignée d'Arnold Schwarzenegger ; il se montrait plus ouvert sur les réformes de mœurs. Tout chef des forces de l'ordre de Californie qu'il était, il militait pour la légalisation de la marijuana. Gold dépensa moins de 130 000 dollars pour sa campagne et ne reçut aucun soutien du parti républicain de Californie[1]. Sa candidature était de pure forme. Kamala fut bien interrogée sur la légalisation du cannabis, seul point un peu saillant d'une campagne sans grand intérêt tant le résultat était couru d'avance. Kamala soutenait depuis longtemps la légalisation de la marijuana à des fins médicales. Le sujet n'était donc pas le type de problème qui influerait sur la victoire finale.

Au cours de ses quatre premières années de mandat, la sortante s'était montrée habile à ne pas prendre position quand cela n'était pas politiquement nécessaire. Kamala aimait choisir ses combats, son terrain, et fixer ses propres objectifs. Le meilleur exemple fut le jeu. En Californie, les procureurs généraux sont chargés de superviser les jeux de hasard. Pas moins de 61 tribus indiennes de l'État possèdent 63 casinos qui génèrent au total 8 milliards de dollars par an, 88 autres salles de jeux qui rapportent 850 millions de dollars. La loterie d'État génère 2,5 milliards de dollars par an[2]. La Californie concurrence presque le Nevada sans bénéficier de l'impact de Las Vegas. Pendant le premier mandat de Kamala, les législateurs avaient envisagé de légaliser le poker sur Internet et les paris sportifs. Les tribus indiennes, parmi les plus grands donateurs de campagne en Californie, avaient été divisées. Les propriétaires de salles de jeux et les amateurs de courses de chevaux avaient aimé l'idée, à condition qu'ils

1. Kamala Harris, *The Truth We Hold*, *op. cit.*, p. 298.
2. Dan Morain, *Kamala's Way. An American Life*, *op. cit.*, p. 131.

puissent avoir une part des revenus. Kamala éluda et déclara qu'elle étudierait calmement la question. Le problème était que la légalisation de certains jeux en ligne ainsi que les paris sportifs opposaient ses donateurs. L'âpreté des intérêts financiers sous-jacents risquait de lui nuire, car chacun sait bien que, en politique, choisir, c'est mécontenter. Elle n'a jamais pris position. Et, à ce jour, le problème n'est toujours pas résolu.

La campagne pour son second mandat amena Kamala à tenter de reconquérir la police. Pour ce qui était des forces de l'ordre, elle était consciente qu'elle partait de loin. Elle restait, aux yeux de beaucoup, celle qui s'était opposée à la peine de mort, et elle avait perdu énormément de crédit lors de la fameuse affaire Espinoza. Pourtant, elle savait qu'elle avait besoin d'un minimum de soutien de la part des policiers si elle voulait faire vraiment bouger les lignes. Elle porta donc une attention particulière aux « bleus » pour calmer leur opposition. Kamala ne manqua plus les funérailles d'un officier décédé dans l'exercice de ses fonctions et se rendit aussi souvent que possible dans les commissariats de police pour remettre des prix aux agents récompensés.

Elle mena une campagne consciencieuse mais sans relief, faute de réelle menace. Comme à son habitude, elle ne laissa rien au hasard, leva beaucoup de fonds et dépensa 3,6 millions de dollars. Elle conserva un matelas de 1,3 million de dollars pour une future candidature[1].

1. Kamala Harris, *The Truth We Hold*, *op. cit.*, p. 298.

En accumulant d'énormes gains dans la région de la Baie et le comté de Los Angeles qui lui étaient traditionnellement favorables, Kamala savait qu'elle allait l'emporter. Mais, lors de la proclamation des résultats, son score ne fut que de 57,5 % des suffrages et 4 102 649 voix[1]. Certes, la victoire semblait confortable, mais, dans les détails, Kamala n'avait remporté que 26 des 58 comtés de l'État contre un adversaire terne et inconnu qui réussit à rassembler plus de 3 millions de voix[2]. Populaire autour de la Baie et à Los Angeles, elle était devancée dans le centre et le sud de l'État, les zones où l'on trouvait ce qu'on appelle les « petits Blancs ». Kamala n'avait pas séduit ces franges de populations, celles qui sont en décalage avec la vision progressiste d'une Amérique multiculturelle. Kamala, comme tant d'autres leaders politiques, n'a pas vu ces communautés en « sécession », qui se sentent désormais minoritaires dans leur propre pays. Dans un peu plus d'un an, en 2016, cet électorat frappé par le mal-être ferait basculer l'Amérique.

Le 5 janvier 2015, Tani Cantil-Sakauye, la juge principale de la Cour suprême de l'État, fit prêter serment à Kamala à l'entame de son second mandat[3]. La vie de Tani Cantil-Sakauye est un beau roman. Sa mère a émigré des Philippines, et la jeune Tani a vécu pendant un certain temps avec ses parents à côté d'une maison

1. California Attorney General Primary Election, 2014.
2. *Ibid.*
3. Kamala Harris, *The Truth We Hold*, *op. cit.*, p. 282.

de passe dans une ruelle crasseuse de la capitale Sacramento. Puis elle s'est inscrite à l'université en finançant elle-même ses études par des petits boulots. Dotée d'une volonté exceptionnelle, elle s'est hissée tout en haut de l'échelle sociale, est devenue procureure puis juge de première instance, et enfin a été élevée au rang de juge principale de la Cour suprême par le gouverneur Schwarzenegger. De sensibilité républicaine, elle quittera son parti quelques années plus tard après avoir écouté une Kamala solaire lors des auditions de confirmation à la Cour suprême des États-Unis de Brett Kavanaugh, candidat de Donald Trump, et accusé de harcèlement sexuel.

En janvier 2015, s'adressant à la petite foule venue fêter sa victoire au Crocker Art Museum du centre-ville de Sacramento et devant la presse locale qui rapporta ses propos, Kamala s'essaya pour la première fois à donner sa propre vision de la Californie et de l'Amérique : « Le pays se tourne vers la Californie. Il se tourne vers nous, pour voir à quoi ressemble le changement. Il se tourne vers nous, pour voir ce qu'est l'innovation. Il se tourne vers nous, car nous ne supportons plus les lourdeurs du passé et sommes inspirés par les espoirs qu'offre le futur[1]. » Kamala en a profité pour rappeler les réalisations de son premier mandat dont elle était la plus fière : sa lutte contre la prolifération et la circulation des armes à feu, avec 12 000 armes à feu illégalement détenues confisquées, son combat contre

1. Dan Morain, *Kamala's Way. An American Life*, *op. cit.*, p. 133.

les expropriations à la suite de la crise des subprimes. Au cours de ses quatre premières années en fonction, les agents du ministère de la Justice de Californie avaient saisi 6 tonnes de méthamphétamine[1]. Et elle promit qu'ils allaient doubler les chiffres. Elle s'engagea aussi à utiliser une nouvelle unité baptisée « eCrime » pour poursuivre les prédateurs en ligne et de lutter contre le *revenge porn*, en plein développement depuis la démocratisation des réseaux sociaux. Enfin, elle assura qu'elle persévérerait dans l'une des grandes priorités du premier mandat : lutter plus efficacement contre la gangrène de l'absentéisme scolaire. Mais elle sait que rien ne sera possible sans une réconciliation, indispensable, avec les forces de police chez qui la « crise de confiance » perdure. Ce chantier est essentiel, et elle compte bien y mettre toute l'énergie nécessaire pour « retourner » l'opinion des policiers en sa faveur. C'est juste une question de temps, pense-t-elle. Nous sommes le 5 janvier 2015, jour de sa prise de fonction officielle. Mais Kamala voudrait-elle se laisser ce temps ? Dix jours plus tard, la procureure générale Harris annonçait publiquement ce qui serait la prochaine étape de sa carrière.

1. Dan Morain, *Kamala's Way. An American Life*, *op. cit.*, p. 133.

32

Jeu de chaises musicales

Le coup de tonnerre résonna trois jours seulement après la prise de fonction de Kamala. L'une des deux sénatrices des États-Unis, Barbara Boxer, annonça qu'elle ne se représenterait pas aux élections en 2016, laissant vacant un siège qui était occupé depuis 1992. C'était le jeudi 8 janvier 2015. Le samedi, Kamala réunit toute son équipe au bureau du centre-ville de San Francisco. Ils avaient un programme de discussion chargé à l'ordre du jour. Ses collaborateurs prirent place à la table de conférence et s'assoient sur de vieux sièges en chêne massif tapissés de velours, récupérés du California Memorial Stadium sur le campus de l'université de Californie à Berkeley. Les murs de la salle de conférence étaient encore décorés de tableaux datant de l'époque de Lincoln. Sans oublier sa devise shakespearienne : « Quels fous, ces mortels ! »

Dans l'esprit de Kamala, son plan de carrière avait l'allure d'une mécanique d'horloge suisse. Tout était parfaitement réglé. Dans trois ans, en 2018, Kamala se présenterait au mandat de gouverneur de Californie une fois que Jerry Brown aurait pris sa retraite. Les Californiens se préparaient à la voir devenir de nouveau la première femme ayant été élue à un poste toujours occupé par un homme, de surcroît, un poste qui consistait à gouverner l'État le plus peuplé des États-Unis. Elle savait que le rival de toujours, Gavin Newsom, l'ex-maire de San Francisco devenu lieutenant-gouverneur, c'est-à-dire numéro deux de l'État, se présenterait également avec l'avantage d'être déjà dans la place. D'une façon ou d'une autre, cette élection à venir solderait le match entre les deux plus brillantes personnalités politiques du nord de la Californie. Kamala se préparait à cet affrontement depuis des années. C'était le jeu. Mais voilà que la retraite de Barbara Boxer rebattait les cartes.

Il fallait peser le pour et le contre. Le « contre » était assez facilement identifiable. D'abord, bien qu'elle ait évidemment soutenu la campagne à la présidence d'Hillary Clinton en 2016, Kamala était du camp opposé, même si elle ne faisait plus partie du premier cercle d'Obama, comme l'épisode de la Convention de Charlotte l'avait rappelé. Elle n'était donc pas du clan Clinton. Or, si la Chambre et le Sénat étaient aux mains des républicains, les oppositions dans les deux chambres étaient aux mains des « Clintoniens ». Kamala devait donc prendre en considération que, en cas d'élection au Sénat, elle occuperait le bas de l'échelle du parti minoritaire et que, même parmi les « Obamaiens », elle serait reléguée au fond de la cave pour cause de noviciat. Que ce soit aux États-Unis ou dans tout autre pays démocratique, la politique est un système féodal. Kamala aurait donc rang d'« écuyère » pour un féal minoritaire au sein d'une assemblée où son camp serait également minoritaire. Pour le dire autrement, ses marges de manœuvre et la possibilité de briller étaient quasi inexistantes. Elle passerait ses premières années à Washington à faire de la figuration et à voter anonymement contre des textes de loi qui seraient de toute façon adoptés par la majorité républicaine. Autre point négatif, au cours des dernières décennies, Jimmy Carter, Ronald Reagan, Bill Clinton et George W. Bush avaient tous été élus à des postes de gouverneurs pour finalement devenir Présidents. Et Kamala ne mettait plus de limites à ses ambitions, y compris, à terme, présidentielles.

Les arguments « pour » étaient moins évidents, mais ils existaient. D'abord, en réponse au dernier argument, il fallait rappeler que les sénateurs John Kerry, Barack Obama, John McCain, Hillary Clinton, Bernie Sanders et d'autres avaient montré que la voie parlementaire pour se lancer vers de plus hautes fonctions était parfaitement pertinente. D'autre part, pour le meilleur et pour le pire, la politique américaine s'était « nationalisée ». Les pouvoirs locaux avaient perdu de leur aura et de leur pouvoir. Paradoxalement, on exerçait davantage de pouvoir sur la Californie depuis la capitale fédérale que depuis Sacramento, San Francisco ou Los Angeles. L'une des nombreuses conséquences de cette concentration du pouvoir à Washington se voyait dans la baisse du nombre des agences de presse locales et dans la réduction concomitante de la couverture médiatique des administrations publiques des États au profit de celle de l'État fédéral. Même le pouvoir d'un gouverneur ne contrebalancerait pas, pour les médias et donc pour les électeurs, les prises de position d'un sénateur à Washington. Autre point en faveur du poste de sénateur, Kamala aurait comme prérogative de participer à l'audition, puis à la confirmation des juges à la Cour suprême, le vrai pouvoir aux États-Unis. Bien entendu, au moment où se tient cette réunion de crise, personne n'aurait pu imaginer le cataclysme de 2016. Mais une sénatrice brillante et ambitieuse issue du grand État de Californie pourrait se déplacer dans l'Iowa et le New Hampshire pour se constituer les réseaux indispensables à la préparation d'une éventuelle primaire à la présidentielle.

Kamala rentra chez elle pour y réfléchir avec son mari et sa sœur. Mais elle n'eut pas besoin de sonder trop longtemps les reins et les cœurs, car le « général chance » fit son retour. Le dimanche soir, Newsom appela Kamala pour lui annoncer qu'il ne comptait pas se présenter au Sénat et rendit sa décision publique le lundi, confirmant qu'il briguerait celui de gouverneur en 2018. Un argument supplémentaire renforça le côté « pour » de l'élection sénatoriale. Au petit jeu des chaises musicales, Kamala savait que, désormais, en se présentant à la succession de Barbara Boxer, elle n'aurait pas à affronter son pire adversaire.

Huit jours seulement après avoir prêté serment pour son second mandat en tant que procureure générale, Kamala annonça officiellement qu'elle était candidate au poste de sénateur des États-Unis pour la Californie.

Restait à mener campagne, car les élections sénatoriales se tiendraient l'année suivante. La priorité fut évidemment donnée aux levées de fonds. Kamala reçut 92 452 dollars dès le premier jour[1]. Un record. L'objectif avec l'argent récolté était autant psychologique que financier. Il fallait impressionner les potentiels adversaires par sa capacité à susciter les dons des électeurs. La seconde priorité fut celle de l'image. Pour Kamala, l'angle était tout trouvé. Elle choisit le surnom d'« Obama au féminin ». Le Président achevait tranquillement son second et dernier mandat à la Maison Blanche, et sa popularité était plus haute que jamais. Alors elle se fit filmer en train de cuisiner et d'aller au club de fitness avec un sweat à capuche, vêtement typique des Afro-Américains.

Le jour de l'annonce de sa candidature, Kamala reçut un soutien de poids, celui de la sénatrice du Massachusetts Elizabeth Warren, leader de l'aile gauche du parti démocrate et qui qualifia la procureure générale Harris de « femme intelligente, dure et expérimentée qui a toujours tenu tête à Wall Street[2] ». D'autres sénateurs démocrates, partout dans le pays, firent la campagne de Kamala *via* les réseaux sociaux, demandant à leurs abonnés de faire un don. La sénatrice Kirsten Gillibrand expliqua que Kamala était « exactement le genre de leader dont nous avons besoin au Sénat[3] ». Toutes les deux seraient en

1. Dan Morain, *Kamala's Way. An American Life*, *op. cit.*, p. 136.
2. Kamala Harris, *The Truth We Hold*, *op. cit.*, p. 92.
3. *Ibid.*

concurrence avec Kamala lors de la primaire présidentielle de 2020.

Mais, pour l'instant, tout le monde faisait partie d'une seule et même équipe. Seul *hic*, l'ancien maire de Los Angeles, Antonio Villaraigosa, envisageait également une candidature et aurait été un adversaire coriace. Politicien habile et populaire, le premier latino à avoir dirigé la deuxième grande ville aux États-Unis avait un « sourire à un million de dollars », selon la formule qu'il avait lui-même lancée. En outre, il appartenait au clan Clinton. Kamala et Villaraigosa étaient amis. Ils s'étaient rencontrés en 1995, lors du premier mandat de Villaraigosa à la Chambre des représentants de Californie. Villaraigosa se souvenait à quel point il avait été touché par la manière dont Kamala mettait systématiquement fin à leurs conversations téléphoniques en lui disant d'une manière fraternelle qu'elle l'aimait. Willie Brown était son mentor. Villaraigosa a grandi dans l'est de Los Angeles, fils d'une mère célibataire et d'un père absent et alcoolique. Le jeune Antonio mettait du carton au fond de ses chaussures lorsque ses semelles étaient usées par des trous. Il avait quitté tôt le lycée et aurait pu mal tourner quand il fut arrêté brièvement pour une bagarre dans un restaurant. Mais un professeur croyait en lui et l'a soutenu. Il est allé à la prestigieuse université d'UCLA, puis à la faculté de droit, et a trouvé un premier emploi grâce au syndicat des enseignants de Los Angeles. En 1994, il fut élu pour représenter une partie du district du centre-ville de Los Angeles et est devenu l'un des membres les plus radicaux de la

Chambre, faisant pression pour le contrôle des armes à feu et pour une augmentation des impôts pour les riches Californiens, alors même qu'aucun des deux thèmes n'était populaire à l'époque. En 2005, le latino fut élu 41e maire de la ville de Los Angeles. Ce fut l'époque où Villaraigosa et Kamala partageaient leurs équipes de consultants. Allaient-ils se retrouver rivaux pour le poste de sénateur ?

Alors que Villaraigosa envisageait sérieusement sa candidature, son mentor, Willie Brown, entra dans la danse et le pressa, au contraire, de soutenir Kamala. « Ta loyauté et ta relation avec elle sont précieuses. Tu devrais, à mon avis, y voir une occasion de le démontrer », déclara Brown[1]. Cependant, s'il est vrai que Villaraigosa, alors âgé de soixante-deux ans, souhaitait se présenter à une élection dans un État où les latinos représentaient désormais 40 % de la population, il avait pour rêve ultime de devenir gouverneur. La perspective de changer de vie pour se retrouver sur la côte est la majorité de son temps ne lui plaisait guère. Il renonça.

Kamala voyait l'autre dangereux adversaire de Californie lui laisser le champ libre. Mais si les grands fauves avaient décidé d'aller tester un autre terrain de chasse, les adversaires ne manqueraient pas pour autant. Il fallait notamment surveiller la nouvelle génération dont Kamala ne faisait désormais plus partie, elle qui venait de fêter ses cinquante ans. En mai 2015, Loretta

1. Dan Morain, *Kamala's Way. An American Life*, *op. cit.*, p. 137.

Sanchez, une démocrate elle aussi, membre de la Chambre et originaire d'Orange County, annonça qu'elle se présentait. Sur le papier, Sanchez était un adversaire à ne pas mépriser. Elle avait une belle histoire à raconter. Comme Villaraigosa, elle était issue de parents latinos immigrés et l'une de leurs sept enfants. Le plan de bataille de Sanchez était très simple. Rallier à elle les électeurs latinos et mettre en avant ses racines hispaniques pour récupérer, en particulier, les populations du sud de la Californie. Si le calcul se révélait exact, sa campagne « communautaire » pouvait la propulser au Sénat, car la loi du nombre était une donnée intangible en politique.

Malheureusement pour elle, Sanchez était sujette aux gaffes. Au début de sa campagne, elle fit la confusion entre les Amérindiens et les familles originaires d'Inde. Malgré ses excuses auprès des dirigeants autochtones, elle perdit le vote de la communauté des premières nations de Californie, mais aussi celui des Blancs qu'on n'appelait pas encore « woke », mais qui étaient sensibles à toute trace, même infinitésimale, de racisme. Puis Sanchez se mit à dos la communauté afro-américaine en mimant un mouvement chorégraphique typique de la communauté noire appelé « dab ». Les images firent le miel des médias et lui aliénèrent les Noirs. Enfin, sur le fond, Sanchez était en décalage avec la majorité démocrate de Californie. Conservatrice comme l'est, en réalité, un fort pourcentage de latinos, elle soutint, au Congrès, les lobbies des armes à feu en votant pour accorder aux armuriers l'immunité de poursuites judiciaires concernant leurs armes. C'était un projet de loi imaginé par la NRA. L'objectif était de permettre aux fabricants d'armes utilisées dans les fusillades de masse de bénéficier de l'immunité contre toute poursuite.

De son côté, Kamala, menait une campagne solide fondée sur une image aussi consensuelle que possible et sur des levées de fonds massives. Elle avait réussi à lever 3,977 millions de dollars en quatre mois. Un exploit quand le plafond maximal de dons était de 2 700 dollars par personne. La provenance des dons donnait une indication des cercles de soutien à Kamala.

Au-delà des petits donateurs californiens, Kamala recevait de l'argent de groupements spécialement constitués pour cela et qui étaient alimentés par des milliardaires de Wall Street comme George Soros et Ronald Perelman, des stars d'Hollywood, notamment Barbra Streisand ou Sean Penn, et des avocats de capital-risqueurs de la Silicon Valley[1]. Les 3,977 millions de dollars étaient à comparer aux presque 4,2 millions de dollars que Sanchez collecterait durant toute sa campagne[2]. L'équipe de campagne de Kamala pouvait se montrer confiante. Sa candidate paraissait invincible. Mais ce sentiment fut de courte durée.

---

1. Dan Morain, *Kamala's Way. An American Life*, *op. cit.*, p. 137.
2. *Ibid.*

33

La course au Sénat

Une campagne sénatoriale aux États-Unis n'était pas une campagne locale ni même nationale. Concepteurs de lois des États-Unis, membres du puissant pouvoir législatif à qui la balance des pouvoirs octroyait des prérogatives immenses en matière de politique étrangère, on attendait des candidats sénateurs des prises de position sur les questions internationales telles que l'invasion de l'Ukraine, l'alliance de l'OTAN ou le Moyen-Orient, sans parler des questions fédérales qui étaient essentielles pour la Californie, comme les problématiques migratoires, les relations avec l'Amérique latine, les sujets liés à l'environnement et à l'approvisionnement en eau. Or Kamala esquivait ces questions. Plus à l'aise sur le terrain social et le local, elle avait décidé de maintenir sa stratégie de proximité sur les problèmes quotidiens, comme elle le faisait depuis le début de sa carrière politique. Elle pensait pouvoir continuer à imposer son propre agenda. Aussi se mit-elle à refuser les interviews, renforçant l'opinion des journalistes et de ses rivaux qu'elle n'était pas prête pour ce mandat. Kamala allait vite comprendre que, à un certain stade, ce sont les médias, non les candidats, qui dictent les règles du jeu. La situation allait rapidement empirer au fur et à mesure que la presse sentait l'odeur du sang. Pour la première fois de sa vie politique, Kamala perdait le fil d'une campagne. Elle subissait les assauts plutôt que de les lancer. Il fallait la débusquer et l'obliger à se livrer, en pleine lumière, aux questions dont on attendait d'elle des réponses claires.

Autre sujet d'inquiétude, le comité de campagne sénatoriale démocrate, dirigé par le parti depuis Washington, avait une vision nationale de ce qu'une candidate californienne de premier plan devait représenter. Kamala se vit imposer un organigramme d'experts et une stratégie de déplacements au coût extravagant. La rumeur se répandit que la campagne de Kamala était trop onéreuse et que les dépenses allaient dépasser les recettes issues des levées de fonds pourtant conséquentes. En octobre 2015, le *Sacramento Bee* a rapporté que la campagne de Kamala brûlait littéralement l'argent, et que la candidate, dans une espèce de cercle vicieux, dépensait des centaines de milliers de dollars pour des appels de dons[1]. En bref, les dépenses, comme un dieu Baal, servaient juste à lever des recettes et non plus à mener campagne.

En novembre, le *Los Angeles Times* rendit compte du licenciement en catastrophe d'une grande partie de l'équipe de campagne basée à Washington[2]. Mais le pire était à venir.

1. Dan Morain, *Kamala's Way. An American Life*, *op. cit.*, p. 137.
2. *Ibid.*

La revue *The Atlantic* raconta par le menu comment les collaborateurs de Kamala faisaient des folies avec location de voitures de luxe, billets d'avion en première classe et hébergements dans des palaces huppés[1]. Le magazine a répertorié des factures totalisant 18 000 dollars pour quelques nuits passées dans des hôtels de grand standing tels que le St. Regis de Washington, le Waldorf Astoria à Chicago et le W à Los Angeles. L'article citait enfin une source interne qui expliquait que les collectes de fonds étaient devenues anémiques, car les principaux donateurs étaient scandalisés que leur argent soit ainsi gaspillé. De favorite, bénéficiant d'une bonne image, de fonds à profusion et certaine de pouvoir mener campagne dans sa zone de confort, Kamala se retrouva projetée dans une arène hostile, avec des médias à ses basques, des levées de fonds en berne et, surtout, une image abîmée. De victoire probable, le scénario devenait celui d'une défaite possible, si ce n'était d'un désastre annoncé. Il fallait réagir vite.

Kamala réunit en urgence son premier cercle. Première priorité, changer de train de vie. Elle imposa une discipline de fer, fixa une réduction des salaires et exigea que son directeur de campagne ait un droit de regard, *a priori*, sur toute dépense au-delà d'une certaine somme. Deuxième priorité, reprendre son autonomie par rapport à la direction centrale du parti démocrate. Enfin, accepter de sortir de sa bulle et affronter les médias. La nouvelle feuille de route ainsi fixée, il fallait repartir à l'offensive.

1. Dan Morain, *Kamala's Way. An American Life*, *op. cit.*, p. 139.

Fort heureusement pour Kamala, la situation de ses adversaires n'était guère plus brillante. Pour la course à la primaire, Sanchez continuait de défrayer la chronique par ses gaffes à répétition et son positionnement jugé trop communautariste. Quant aux républicains, la direction nationale avait décidé de faire l'impasse sur la Californie, jugée ingagnable désormais. Le Grand Old Party avait estimé qu'il faudrait un candidat aussi connu que Schwarzenegger ou Reagan avec le compte en banque d'un milliardaire prêt à dépenser 100 millions de dollars. Le parti républicain, par ailleurs miné par les tiraillements et les dissensions internes du fait de la campagne aussi tonitruante que clivante de Donald Trump à la présidentielle, avait décidé qu'il n'allait pas dépenser un centime en Californie, et que son argent pourrait être beaucoup mieux utilisé dans les petits États où quelques millions de dollars pourraient faire pencher la course au Sénat.

La loi de Californie pour la sénatoriale qualifiait uniquement les deux candidats ayant obtenu le plus de suffrages, quelle que soit leur étiquette politique. Il n'y avait donc pas de primaire, et tout le monde concourait. À ce jeu-là, la faiblesse et la division des candidats républicains leur furent fatales. Pour la première fois, le Grand Old Party ne pourrait présenter aucun candidat au second tour dans une élection sénatoriale en Californie, symbole de sa perte d'influence dans l'Ouest américain. Kamala réussit un score extrêmement flatteur de premier tour après ses problèmes de frais de campagne et une presse agressive.

Elle vira en tête avec 39,9 % des voix et un peu plus de 3 millions de votants. Loretta Sanchez finit deuxième avec seulement 18,9 % et 1,4 million de voix, deux fois moins que Kamala. Le premier républicain, Duf Sundheim, ne totalisa qu'un petit 7,8 %[1]. Le schéma de second tour entre Kamala et Sanchez était donc plus apaisé. Kamala retrouvait sa zone de confort tandis que Sanchez aurait besoin de faire le grand écart entre l'électorat latino et les électeurs républicains qui sont, idéologiquement, les plus hostiles aux nouveaux immigrants hispaniques. Mais les républicains, même réduits à la portion congrue, allaient essayer de gripper la machine Harris. Kamala représentait, en effet, une vraie menace à l'échelle nationale. L'ancien maire républicain de Los Angeles, Richard Riordan, donna le ton en apportant son soutien à Sanchez. Même s'il a quitté ses fonctions en 2001, il dévoila la stratégie du Grand Old Party en Californie, dont le mot d'ordre était désormais une sorte de « tout sauf Harris ». Hugh Hewitt, un animateur très populaire d'une radio conservatrice, Salem Media Group, emboîta le pas à Riordan et soutient Sanchez. Puis ce fut au tour des parlementaires républicains locaux, comme Darrell Issa, l'élu du comté de San Diego, de se ranger derrière Sanchez. L'union sacrée, contre nature, entre conservateurs anti-immigration et latinos était devenue réalité. Restait à savoir si elle avait un avenir. Kamala n'y croyait pas. Elle se sentait suffisamment en confiance pour renouer avec le parti démocrate pour le second tour, après avoir décidé de mener sa propre campagne lors du premier.

1. United States Senate Primary Eection in California 2016, 8 juin 2016.

Pour ce faire, elle appela le vice-président Biden et lui demanda de participer à la Convention de l'État qui devait se tenir à San José en février 2016. Joe Biden accepta. Pour la première fois, Biden et Kamala se retrouvèrent ensemble sur une même estrade. Le vice-président fit un vibrant plaidoyer en l'honneur de la candidate, rappelant qu'elle avait été proche de son fils Beau, décédé l'année précédente du cancer qui le minait. Dans un discours fleuve d'une heure, Biden conclut par des mots qui résonneraient de la même manière quelques années plus tard : « Notre peuple n'est pas le problème. La politique est le problème. Elle est devenue si triviale, si égoïste, si agressive, si laide[1]. » Avec Biden donnant sa bénédiction à Kamala, le parti démocrate ne put que se ranger derrière elle. Barack Obama lui apporta, finalement, son soutien. Visiblement énervée que l'establishment démocrate, parti auquel elle appartenait, ait choisi son adversaire, Loretta Sanchez dériva littéralement et commit la gaffe ultime. Celle qui avait mené une campagne sans complexe axée sur ses liens avec la communauté latina laissa entendre dans une interview sur une chaîne de télévision de langue espagnole que si Obama soutenait Kamala, c'était parce qu'ils étaient tous les deux noirs. Outre qu'aucun politicien démocrate n'était plus populaire en Californie qu'Obama, ce commentaire de Sanchez, fleurant bon le racisme, fut le dernier clou sur le cercueil de sa campagne, désormais irrécupérable. Bref, il n'y avait plus beaucoup de doute sur l'issue du résultat. Sauf coup de théâtre.

---

1. *Los Angeles Times*, « Biden to California Democrats », 27 février 2016.

34

Pédophilie

En juillet 2016, Maggy Krell faisait du kayak avec son fils de huit ans sur le lac Donner, un plan d'eau beau et lisse digne d'une carte postale, niché dans les montagnes de la Sierra, un peu au nord du célèbre lac Tahoe, près de la frontière avec le Nevada. Le nom du plan d'eau avait été donné en l'honneur d'un groupe de pionniers qui s'étaient retrouvés prisonniers du terrible hiver de 1846-1847 et avaient survécu en pratiquant le cannibalisme sur les décédés. Le téléphone portable de Krell sonna, mais, le numéro étant masqué, elle ignora l'appel. Quelques minutes plus tard, le chef de cabinet de Kamala, Nathan Barankin, lui envoya directement un SMS l'implorant de décrocher son téléphone. Le téléphone sonna de nouveau. C'était Kamala qui était en ligne. Elle voulait des détails sur un dossier sur lequel Krell travaillait depuis trois ans. Une affaire de réseau pédophile. Combien de victimes y avait-il ? Voudraient-elles témoigner ? Qu'en est-il de la loi ? Krell répondit du mieux qu'elle put. À la fin de l'appel, Kamala lui demanda de lui ramener les victimes[1]. Ainsi, avec le soutien de la procureure générale en campagne pour les sénatoriales, l'avocate Maggy Krell, experte dans la lutte contre la pédocriminalité, allait mener à son terme un dossier éprouvant qui testerait les limites du droit de l'enfant en Californie. Elle condamnerait les propriétaires de Backpage.com, une société au chiffre d'affaires de 600 millions de dollars qui utilisait une technologie de pointe pour se livrer au plus vieux métier du monde : la prostitution.

Krell avait commencé à travailler sur le dossier en 2013, à la suite de reportages sur Backpage et de rapports du National Center for Missing & Exploited Children, qui avait identifié des centaines de cas présumés d'enfants vendus en Californie à l'aide de publicités de l'entreprise. Il n'a pas fallu longtemps pour prouver que le paravent Backpage était utilisé à des fins de prostitution. Son équipe s'est fait passer pour un réseau et a payé pour deux publicités : l'une pour la vente d'un simple canapé et l'autre pour proposer une mise en relation avec une escort-girl. Dans les quarante-huit heures, les avocats sous fausse identité reçurent 803 appels d'hommes cherchant les services de l'escort. L'étape suivante consista à prouver que le trafic fonctionnait dans les deux sens. Ce fut au tour des avocats de s'inscrire pour demander une prostituée. L'invitation camouflée en code figura bien sur le site, et des jeunes filles se rendirent au rendez-vous fixé, une chambre de motel miteux dans la banlieue de

1. Dan Morain, *Kamala's Way. An American Life*, *op. cit.*, p. 156.

Sacramento. Quatre femmes se présentèrent d'abord au rendez-vous fictif. Elles avaient toutes dans la vingtaine. Deux filles de quinze ans arrivèrent peu après. Enfin, une cinquième fille, connue uniquement sous les initiales E.V., âgée de treize ans, sonna à la porte. Sa photo était bien sur Backpage. E.V. suivait docilement les règles, avait un mentor, une fille de dix-sept ans, l'une des autres filles présentes, et toutes deux devaient rapporter l'argent des passes à l'entreprise qui faisait son office de proxénète. Au nom de l'État de Californie, Maggy Krell a déposé plainte au pénal à la fin de septembre 2016, accusant le P-DG de Backpage, Carl Ferrer, et ses principaux associés de proxénétisme aggravé. Ferrer a été cueilli à sa descente d'avion en provenance d'Amsterdam à l'aéroport intercontinental de Houston. Une fois Ferrer en détention, les agents ont fouillé les bureaux de Backpage à Dallas.

Le 6 octobre 2016, un peu plus d'un mois avant le jour du scrutin pour l'élection sénatoriale, le procureur général du Texas, Ken Paxton, dont les agents avaient aidé les autorités californiennes, a tenu une conférence de presse annonçant les arrestations et le démantèlement d'un réseau pédocriminel. Kamala a publié un communiqué de presse se félicitant de l'arrestation des dirigeants de Backpage, mais n'a tenu aucune conférence de presse. Ce n'était guère son style d'ameuter la presse après des arrestations. Consciente du travail accompli, cela suffisait à son bonheur. Mais, comme chacun sait, le diable se niche dans les détails. La défense de Backpage n'a pas tardé à accuser Kamala d'avoir fait coïncider la plainte avec les élections du 8 novembre. Un procès en cynisme empoisonnait de nouveau la campagne de Kamala. Cependant, avec l'avance de 22 points que lui créditaient les sondages, les risques de rechute étaient minces. L'essentiel était la mise hors d'état de nuire des dirigeants de Backpage. Encore fallait-il que ce soit le cas.

Au tribunal, les patrons de Backpage ont fait valoir qu'ils ne pouvaient être tenus pour responsables du contenu de leur site. Le Communications Decency Act leur donnait l'immunité contre les lois de proxénétisme d'État, plaidaient leurs avocats. Le 9 décembre 2016, un juge de l'État de Californie trouva un accord avec les avocats de la défense, l'affaire fut classée et les prévenus libérés[1]. Mais il était dit que ce ne serait pas la fin de l'histoire. Lors de la perquisition des bureaux de Backpage, les agents avaient déniché une énorme cache où se trouvaient des documents détaillant les transactions financières de l'entreprise. Ils ont ainsi pu démontrer que Backpage demandait à ses clients d'envoyer des chèques postaux en cas de problème de paiement en ligne, d'utiliser de la crypto-monnaie ou d'effectuer des paiements *via* des sociétés écrans. Autrement dit, les dirigeants de Backpage, qui n'avaient pas perçu uniquement de l'argent en ligne, se retrouvaient donc susceptibles d'être à nouveau poursuivis. Mieux, ces procédés de paiement prouvaient un blanchiment d'argent en utilisant des banques en Islande, en Hongrie et au

1. Dan Morain, *Kamala's Way. An American Life*, *op. cit.*, p. 157.

Liechtenstein. Kamala était déjà élue sénatrice quand, le 23 décembre 2016, Maggy Krell déposa une nouvelle plainte. Cette fois, sans possibilité d'échappatoire pour Backpage[1].

La décision de Kamala de s'attaquer à Backpage n'était pas sans risques politiques en Californie, qui vouait à la liberté d'Internet un culte païen. Bien que Backpage ait été une entreprise criminelle, il s'agissait d'une société en ligne dans un État qui avait créé Internet et combattait farouchement toute velléité de contrôle, même pour les raisons les plus louables. Certaines des plus grandes entreprises de Californie et bon nombre des plus gros contribuables de l'État dépendaient de la licence accordée par une loi californienne laxiste en la matière. Les critiques des libertaires rejoignirent celles des grands groupes. Le coup de canif dans la sacro-sainte législation permissive ne serait plus toléré de sitôt. Mais Kamala n'en avait cure. Elle avait engagé et gagné son combat contre la pédophilie en ligne en Californie en coordination avec Maggy Krell. Le 23 août 2017, l'État de Californie infirma sa décision et décida d'engager des poursuites pénales contre les dirigeants de Backpage[2].

En avril 2018, Ferrer a plaidé coupable aux accusations de blanchiment d'argent de l'État. Le bureau du procureur des États-Unis à Phoenix lança quatre-vingt-treize chefs d'accusation contre sept dirigeants de Backpage,

1. Dan Morain, *Kamala's Way. An American Life*, *op. cit.*, p. 157.
2. *Ibid.*

les accusant de complot, de proxénétisme aggravé et de blanchiment d'argent[1]. Le procès est toujours en cours à l'heure actuelle, et Ferrer coopère avec le gouvernement fédéral pour faire tomber tous les membres du réseau. Donald Trump devenu président des États-Unis enfonça, une fois n'est pas coutume, le clou en signant un des décrets présidentiels dont il était friand, stipulant que la loi n'accorderait plus d'immunité aux sites Web qui prostituent des enfants, et que les victimes et les procureurs généraux pouvaient dorénavant poursuivre pénalement ces sites.

1. Dan Morain, *Kamala's Way. An American Life*, *op. cit.*, p. 157.

35

Le discours d'Exchange LA

En octobre 2016, à deux mois du scrutin, la course au Sénat entre Kamala Harris et Loretta Sanchez semblait jouée. Forte de tous les soutiens possibles et d'une campagne apaisée qui se déroulait à un rythme qu'on qualifierait de « train de sénateur », Kamala caracolait en tête de chaque sondage depuis plus d'un an. Preuve que son succès annoncé trottait désormais dans toutes les têtes, chacun voulait voler au secours de la victoire. Au cours des dernières semaines précédant l'élection, Barack Obama, Président sortant dont le seul enjeu serait dorénavant de sculpter sa légende, apparut dans une publicité diffusée dans tout l'État. Il y faisait un éloge appuyé de la candidate : « Comme sénatrice, Kamala Harris sera une combattante intrépide pour chaque Californien[1]. »

Était-ce un mal ou un bien pour Kamala ? Hormis cette communication présidentielle en sa faveur qui fit

1. *Sacramento Bee*, « Obama Stars in TV Ads for Kamala Harris », 20 octobre 2016.

un peu parler, l'élection sénatoriale qui aurait dû être la plus médiatisée du pays passa au second plan. Les électeurs californiens, comme le reste des États-Unis, se passionnaient beaucoup plus pour la campagne présidentielle qui prenait des allures de tragédie grecque. Donald Trump, à qui personne ne donnait la moindre chance de victoire, était sorti largement vainqueur des primaires républicaines et, même s'il était en retard sur Hillary Clinton dans la quasi-totalité des sondages, son style, ses attaques grossières rendaient l'atmosphère de plus en plus irrespirable à mesure que le scrutin se rapprochait. À six jours de l'élection du 8 novembre, ses remarques outrancières et sexistes enregistrées sur la bande audio d'« Access Hollywood » où il explique comment « prendre » une femme firent l'effet d'un coup de tonnerre qui éclipsa toutes les autres élections, reléguées loin au second plan[1].

Même si cette saillie datait de 2005 et qu'elle sentait le coup préparé de longue date, les démocrates espéraient bien détacher un large pan de l'électorat féminin du milliardaire new-yorkais. C'est alors qu'un événement aussi imprévu que catastrophique pour la campagne de Clinton annula totalement l'effet escompté. Une lettre du directeur du FBI James Comey fut rendue publique, dans laquelle il annonçait la réouverture d'une enquête sur les e-mails d'Hillary Clinton[2].

1. *The Washington Post*, « Trump recorded having extremely lewd conversation about women in 2005 », 8 octobre 2016.

2. *The New York Times*, « Hillary Clinton Blames F.B.I. Director for Election Loss », 12 novembre 2016.

Comment, dans ces conditions, mener une campagne sénatoriale ? Le chroniqueur politique du *Los Angeles Times*, George Skelton, qui couvrait les campagnes californiennes depuis que Pat Brown était gouverneur, décrivit parfaitement l'état d'esprit du moment : « La course Harris-Sanchez passionnait autant les foules que l'élection d'un siège au conseil de lutte contre les moustiques[1]. » La Californie avait connu de nombreux combats captivants pour un siège au Sénat dans le passé, mais il était indéniable que celui opposant Kamala à Sanchez laissait tout le monde de marbre. Le combat de titans qui opposait Trump à Clinton absorbait toutes les attentions. Kamala en prit son parti, impuissante, comme son adversaire, à mener campagne. Elle se déplaça pour soutenir d'autres candidats. Elle se faisait ainsi des alliés, collectait des dons. De fait, des spéculations se répandirent sur la prochaine étape de sa carrière, alors même qu'elle n'était pas encore élue sénatrice. Le jour des élections, le 8 novembre 2016, alors que les bureaux de vote fermaient déjà dans l'est du pays, Kamala invita ses équipes, commanda du guacamole, des chips et des tapas dans un restaurant près des bureaux du ministère de la Justice dans le centre-ville de Los Angeles. Et tous firent comme la plupart des habitants de la planète, tant l'élection qui se jouait pour la Maison Blanche sentait la poudre et dépassait le simple cadre américain. Tous scrutaient leurs téléphones à la recherche d'un indice qui donnerait la tendance, vérifiaient l'aiguille du compteur de probabilité du *New*

1. Dan Morain, *Kamala's Way. An American Life*, *op. cit.*, p. 161.

York Times, qui, la veille, avait imprudemment donné 91 % de chances à Clinton de battre Trump[1]. Peu à peu, alors que la nuit froide d'automne tombait sur la côte ouest et que tous les bureaux de vote avaient enfin fermé, l'attente fit place au supplice, puis à l'incrédulité. Plus personne ne se souciait de la sénatoriale, désormais. À mesure que les nouvelles inquiétantes arrivaient de la partie est du pays, et que les États, les uns après les autres, tombaient dans l'escarcelle de Trump, les mines s'allongeaient, se figeaient. Ce qui semblait impossible était en train de se réaliser. Kamala devait quitter son bureau. Sa soirée électorale à elle, celle où elle devait célébrer sa victoire, se tenait à Exchange LA, un espace événementiel Art déco du centre-ville qui abritait autrefois la Bourse du Pacifique. Kamala y retrouva ses amis les plus proches.

Peu à peu, les conversations s'interrompirent, les bouteilles de champagne restèrent au frais, et tout le monde se mit à suivre le décompte des résultats qui s'égrenaient sur les écrans géants disposés partout sur les murs de la grande salle. Quand la Floride et la Pennsylvanie tombèrent dans l'escarcelle de Trump et que la victoire finale du républicain ne fit plus guère de doute, Kamala déchira le discours de victoire qu'elle avait écrit en prévision de « sa » victoire et de celle d'Hillary Clinton. Le monde entier s'apprêtait à sombrer en état de sidération. Ce sentiment fut sans doute le mieux résumé par

1. *The New York Times*, « Hillary Clinton has a 91 % chance to win », 18 octobre 2016.

un tweet resté célèbre, rédigé par l'ambassadeur de France de l'époque, Gérard Araud : « Un monde s'effondre devant nos yeux[1]. »

Vers 22 heures, Kamala monta sur scène, son mari à ses côtés, avec peut-être un millier de personnes qui la regardaient comme frappées de stupéfaction et, pour beaucoup, en larmes. Les résultats de la sénatoriale étaient désormais connus et parfaitement anecdotiques. Kamala avait été élue sénatrice des États-Unis représentant la Californie avec 61,6 % des suffrages exprimés et plus de 7,5 millions de voix, contre 38,4 % pour son adversaire qui avait reçu le vote d'environ 4,7 millions d'électeurs. Enfin, elle avait remporté 54 comtés sur 58[2]. Mais personne n'entendait fêter la victoire.

Puis Kamala s'avança vers le micro pour prendre la parole. Un silence de plomb se fit parmi les personnes présentes. La tradition voulait que, même si le vainqueur était issu du camp opposé, on lui rende hommage et on le félicite pour sa victoire. Qu'allait dire Kamala ? Assurément, la salle n'avait pas envie d'entendre ce genre de phrases plates et convenues. Était-ce Kamala la prudente calculatrice qui allait s'exprimer, ou bien une sorte de réincarnation de la déesse guerrière Kali, le cou orné de son collier de treize crânes, comme l'iconographie indienne la représentait fréquemment ?

---

1. 8 novembre 2016.
2. United States Senate Election in California, 8 novembre 2016.

Quand elle commença à parler, sans prompteur, pour l'un de ses discours improvisés le plus inspiré, le doute ne fut guère permis. Kamala était entrée en résistance. Fustigeant une présidence illégitime qui faisait honte à l'Amérique, elle répéta le mot « combat » pas moins de 26 fois dans un discours de 8 minutes. « Nous soumettons-nous ou combattons-nous ? Je dis que nous nous battrons. Et j'ai l'intention de me battre. J'ai l'intention de me battre pour nos idéaux. J'ai l'intention de me battre pour un État, la Californie, qui compte le plus grand nombre d'immigrants légaux et de sans-papiers du pays, et de faire tout ce que nous pouvons pour apporter justice, dignité et équité au nom de la loi. Sortez de l'ombre, battez-vous pour ce que nous sommes. J'ai l'intention de me battre pour Black Lives Matter. J'ai l'intention de me battre pour la vérité, la transparence et la confiance. J'ai l'intention de me battre pour l'accès des femmes aux soins de santé et d'IVG. J'ai l'intention de lutter contre ces opposants qui suggèrent que le changement climatique n'existe pas. J'ai l'intention de me battre pour les droits de tous, pour défendre l'égalité dans le mariage. Je m'engage à lutter contre la dette étudiante, contre les négationnistes de Big Oil et contre la prolifération des armes à feu[1]. » À la fin du discours de Kamala, le personnel de la campagne envoya, comme c'était la coutume, le lâcher de ballons. Mais personne n'était d'humeur à célébrer quoi que ce soit. La salle se vida rapidement. Kamala et son équipe de campagne étaient convenues de se retrouver au bureau de campagne

1. Kamala Harris, *The Truth We Hold*, *op. cit.*, p. 143.

le lendemain matin. Il fallait rapidement décider de sa première apparition publique en tant que sénatrice élue. Ce serait au siège de la Coalition for Humane Immigrant Rights de Los Angeles, une organisation de défense des immigrants. « Vous n'êtes pas seuls[1] », avait-elle dit. La sénatrice Kamala Harris avait défini la posture qu'elle adopterait à Washington.

1. Kamala Harris, *The Truth We Hold*, *op. cit.*, p. 143.

36

Washington DC

La prochaine étape de sa vie l'envoyait côte est, une région des États-Unis qu'elle connaissait peu et qu'il lui faudrait découvrir, puis dompter. Son travail commençait par le choix des commissions et sous-commissions où elle siégerait au Sénat. La commission de l'agriculture, de l'alimentation et des forêts l'intéressait beaucoup. Obama en avait fait partie en tant que sénateur en 2005 et l'avait beaucoup appréciée. Elle envisageait également la commission des anciens combattants, étant donné que la Californie compte deux millions de vétérans. Mais, par-dessus tout, elle souhaitait obtenir un siège à la commission des lois, car cela cadrait avec ses compétences, son expérience en tant que procureure et son intérêt pour la réforme de la justice pénale. C'était également l'une des plus prestigieuses du Sénat. Ses auditions y étaient fréquemment télévisées. Le problème est que ladite commission était extrêmement demandée, avec une liste notoirement longue de sénateurs convoitant une place.

Mais Kamala, en plus d'être compétente pour y siéger, bénéficiait d'une réelle visibilité nationale et du soutien de certains des démocrates les plus en vue. Ron Wyden de l'Oregon était l'un des nombreux sénateurs qui avaient contribué à financer sa campagne au Sénat. Les sénateurs Elizabeth Warren du Massachusetts, Cory Booker du New Jersey et Kirsten Gillibrand de New York lui avaient apporté leur soutien le jour de son annonce de candidature. Il y avait aussi l'avantage d'avoir récolté beaucoup d'argent, puis, comme on l'avait vu après un début de campagne chaotique, d'avoir su l'économiser pour le verser à d'autres candidats et se constituer ainsi un précieux réseau de haut niveau. Sur les 15 millions de dollars qu'elle avait collectés pour sa propre course au Sénat et le soutien financier à d'autres candidats, il lui en restait un peu moins de 1 million. Elle pouvait utiliser le reliquat pour le verser au comité de campagne sénatorial démocrate. Cette somme rondelette qu'elle mettait à disposition de ses collègues du Sénat la plaça tout de suite dans les petits papiers du futur patron du parti au Sénat, Chuck Schumer, élu de New York et qui allait devenir le chef de la minorité à la suite d'Harry Reid qui prenait sa retraite.

La bataille pour les commissions n'était pas la seule où il fallait agir vite pour se placer. Dans un organe législatif qui fonctionne beaucoup à l'ancienneté et aux alliances, il y avait d'autres réseaux importants à cultiver. L'un des défis les plus importants était de s'entendre avec la sénatrice principale de Californie, Dianne Feinstein. Compte tenu de son ancienneté, Feinstein détenait un pouvoir important. Elle pourrait aider Kamala – ou pas. Forger une alliance avec Feinstein était très délicat. La friction née des funérailles du policier Isaac

Espinoza en 2004, affaire qui avait décidément tout du sparadrap trop collant pour Kamala, était toujours présente. À l'époque, Feinstein avait publiquement désavoué sa cadette pour ne pas avoir demandé la peine de mort contre le meurtrier d'Espinoza. Kamala savait qu'elle devrait marcher sur la corde raide, trouver le juste équilibre entre respect et indépendance. Kamala pénétra donc dans le monde de Feinstein à petits pas.

Enfin, il fallait constituer son équipe de collaborateurs. Un sénateur, surtout celui d'un grand État comme la Californie, compte un cabinet pléthorique qui équivaut à celui d'un ministre français de premier plan. En outre, il y avait des choix à faire entre ceux qui formeraient l'équipe de Washington et ceux qui seraient basés en Californie. Kamala prit deux décisions symboliques, mais qui lui valurent une forte popularité. D'abord, elle embaucherait un personnel aussi diversifié que possible. Ensuite, elle s'engageait à s'assurer que tous les collaborateurs qui avaient prévu de rejoindre l'administration Clinton et qui se retrouvaient à présent sans travail se verraient proposer un contrat de travail à Washington ou en Californie. Deux des plus proches collaborateurs de Kamala, Debbie Mesloh et Michael Troncoso, qui faisaient partie de son personnel au bureau de la procureure générale de Californie, avaient été dépêchés à Washington pour diriger les efforts de reconversion de ces collaborateurs laissés sur le carreau.

Un des rares aspects positifs de l'élection de 2016 était que trois femmes de couleur rejoignaient un Sénat majoritairement blanc et masculin. Kamala retrouva Catherine Cortez Masto, élue du Nevada, alliée dans leur combat commun contre les banques à la suite de la crise des subprimes et qui était la première sénatrice latina de l'État. Et il y avait également Tammy Duckworth, l'héroïne de guerre handicapée de l'Illinois, qui était d'origine thaïlandaise. Les trois femmes se sont liées immédiatement. Mais ce réseau bien constitué trouva son point d'orgue avec Dianne Feinstein. Finalement, la vieille lionne avait adopté la cadette. Feinstein et la sénatrice sortante Barbara Boxer ont aidé Kamala à résoudre les nombreux problèmes logistiques comme la bataille stratégique de la distribution des bureaux entre nouveaux sénateurs. Feinstein offrit également à Kamala quelques-uns de ses collaborateurs les plus expérimentés pour commencer le plus efficacement possible son mandat de sénatrice. Enfin, Feinstein fit cadeau à Kamala d'un conseil qui non seulement l'aiderait à se frayer un chemin au Sénat, mais aussi la propulserait dans la stratosphère politique. Elle conseilla à Kamala de rejoindre la commission spéciale du Sénat sur le renseignement, plus communément appelée « Senate Intel ». C'était une somme énorme de travail supplémentaire, des heures exténuantes, de longues audiences et de nombreuses séances à huis clos au cours desquelles certaines des questions les plus sensibles du pays étaient abordées. Mais en être permettrait à Kamala de se trouver au cœur du dispositif décisionnel de la machine législative.

Lorsque Schumer, le nouveau chef de la minorité démocrate au Sénat, annonça enfin les affectations des élus dans les commissions, le 20 décembre 2016, Kamala décrocha l'équivalent d'un jackpot politique. Certes, elle n'obtint pas la commission des lois, compte tenu de la liste d'attente de sénateurs qui étaient plus anciens qu'elle dans un grade plus élevé, mais elle reçut un siège dans quatre commissions de prestige. Comme Feinstein le lui avait conseillé, elle siégerait au Senate Intel. Elle siégerait également à la commission de l'environnement et des travaux publics, à celle, essentielle, du budget, et enfin à la sécurité intérieure et aux affaires gouvernementales. Kamala se réjouissait surtout que ces nouveaux postes puissent la mettre en position idéale pour affronter l'administration Trump et le Président élu lui-même. Car son état d'esprit demeurait le même que celui qu'elle avait affiché lors de son discours de victoire. Elle voulait en découdre. Ces nominations étaient aussi le moyen de s'émanciper du carcan californien, devenu trop étroit pour la bataille qu'elle entendait mener contre l'exécutif. Dorénavant, son champ de bataille se situerait à Washington, au Sénat, là où elle pourrait mener la résistance la plus efficace contre ce Président qu'elle vouait aux gémonies.

37

La résistante

Le 3 janvier 2017, en période de transition, Joe Biden, encore vice-président pour quelques jours, fit prêter serment à Kamala en tant que 45e sénatrice de Californie[1]. La fille de Shyamala Gopalan et Donald Harris, immigrants d'Inde et de Jamaïque venus en Amérique à la recherche d'une éducation supérieure et d'une vie meilleure, était seulement la deuxième femme noire et la première femme d'origine indienne à siéger dans la haute assemblée pour y représenter l'État le plus peuplé du pays. Kamala avait mis tous les atouts de son côté pour réussir son entrée. Des alliés solides, un réseau puissant, une bonne image et d'excellents collaborateurs. Mais rien n'aurait pu la préparer – pas plus que le reste du Sénat – au tourbillon qui débuta dès l'ouverture de la 115e session du Congrès. Au lieu d'un transfert paisible des leviers du pouvoir de Barack Obama à Donald Trump, la passation de pouvoir fut un moment de forte tension et d'humiliation d'un camp sur un autre. Objectivement, aucun des deux partis ne fit de gros

1. Kamala Harris, *The Truth We Hold*, *op. cit.*, p. 150.

efforts pour éviter l'affrontement. L'intention de Trump était d'annuler autant de réalisations d'Obama et des démocrates du Congrès que possible, et le souhait des démocrates était de l'en empêcher coûte que coûte. Le fameux bipartisianisme, c'est-à-dire cette faculté si américaine, pour les démocrates et pour les républicains, de dépasser leurs différends pour s'entendre sur des sujets d'intérêt général, était à ranger aux rayons souvenirs.

Chacun sentait que la guerre serait totale pendant quatre ans. Ainsi, tous les candidats proposés par Trump à des postes administratifs qui supposaient des auditions et des confirmations par vote de la part du Congrès donnaient lieu à des foires d'empoigne de la part des démocrates. De leur côté, les républicains, qui contrôlaient le Sénat et la Chambre des représentants, suivaient aveuglément toutes les injonctions de l'exécutif sans sourciller, mettant l'indépendance du Congrès sous le boisseau. Tous les sujets majeurs, y compris l'immigration, l'environnement, l'assurance maladie, les impôts et les candidats à la Cour suprême étaient traités en amont à la Maison Blanche. Le Congrès devenait une chambre d'enregistrement servile, soumise, et les démocrates en minorité ne pouvaient guère faire plus que de la vaine obstruction.

Dans les jours qui ont précédé l'investiture de Trump, l'administration Obama était gravement préoccupée par les renseignements suggérant que la campagne du républicain, et peut-être le Président élu lui-même, aurait pu être de mèche avec la Russie d'une manière qui l'aurait aidé à vaincre Hillary Clinton. Travaillant en secret, l'équipe de sécurité nationale d'Obama a enquêté avant que Trump prenne le pouvoir le 20 janvier 2017. L'information a rapidement fuité dans la presse et a contribué à transformer la rancœur des républicains en sainte colère. Le 20 janvier advint, Trump prêta serment dans une ambiance aussi glaciale que le temps qu'il faisait alors à Washington. Et ce qu'on appellerait le « Russiagate » n'en finirait pas de polluer le mandat du nouveau locataire de la Maison Blanche. La recherche de liens occultes entre la Russie et l'équipe Trump allait, en effet, rythmer les premières années de la présidence. C'est sans aucun doute l'une des raisons qui poussèrent Chuck Schumer à placer Kamala dans de nombreuses et importantes commissions. Les compétences et la pugnacité de la sénatrice de Californie allaient pouvoir être très utiles aux démocrates.

Entre le Senate Intel, la sécurité intérieure, l'environnement et les travaux publics et le budget, Kamala se retrouvait au cœur du dispositif de la résistance à Donald Trump au Congrès. Son rôle ne ferait qu'augmenter, façonnerait son mandat au Sénat et, à terme, rendrait plausible, aux yeux de tous, sa candidature à la Maison Blanche.

38

Senate Intel

Le 10 janvier 2017, soit six jours seulement après sa prestation de serment, Kamala allait pouvoir mener la première offensive contre l'exécutif. Et connaître son baptême du feu. Le matin, la commission de la sécurité intérieure tenait une audition de confirmation pour le général du corps des marines John Kelly[1]. En tant que chef du commandement sud des États-Unis, Kelly avait supervisé toutes les opérations militaires américaines en Amérique centrale, en Amérique du Sud et dans les Caraïbes de novembre 2012 à janvier 2016. En tant que candidat de Trump au poste essentiel de secrétaire à la Sécurité intérieure, Kelly serait un acteur majeur pour des questions d'une importance cruciale pour l'État frontalier de Californie et pour la nation. Le général quatre étoiles bénéficiait d'une bonne image et pouvait espérer bénéficier d'un large vote de confiance bipartisan. Mais Kamala ne partageait pas l'avis de ses collègues, et, même si elle n'avait rien de personnel à reprocher à Kelly, celui-ci était le premier fonctionnaire

1. Kamala Harris, *The Truth We Hold*, *op. cit.*, p. 150.

choisi par Trump qui croisait sa route. Il était hors de question de faire de cadeau. C'était son premier os à ronger, et elle avait bien l'intention d'aller chercher la moelle tout au fond.

Quand ce fut son tour de poser des questions et après avoir remercié le général pour la qualité de ses états de service, elle porta immédiatement l'assaut et commença par lui demander s'il mettrait en œuvre le projet de Trump de construire un mur frontalier entre les États-Unis et le Mexique, d'expulser des milliers de personnes, d'étendre les pouvoirs de police de l'Administration et d'augmenter le nombre de cellules de détention dans tout le pays. Elle ajouta, avec un sourire qui laissait apparaître ses canines, que ces questions n'avaient peut-être pas beaucoup d'importance dans les Dakota du Nord et du Sud, mais qu'elles étaient d'une importance et d'un intérêt primordiaux en Californie, où 40 % de la population est latina, la plupart d'entre eux ayant des racines en Amérique centrale et 27 % de la population de l'État étant née à l'étranger. Kamala voulait aussi savoir ce que le général Kelly comptait faire des « dreamers », ces mineurs isolés venus des pays du Sud, et pour beaucoup devenus majeurs. Bien que les « dreamers » ne soient pas des citoyens américains, la plupart d'entre eux n'avaient aucun lien avec le pays d'origine de leurs parents.

La Californie comptait 183 000 « dreamers », dont beaucoup étudiaient à présent à l'université ou bien travaillaient. Les expulser serait l'une des premières initiatives de Trump, et Kamala voulait à juste titre savoir où se situait Kelly.

« Savez-vous que, sous vos prédécesseurs, c'était le directeur de la Sécurité intérieure qui prenait les décisions de maintien ou non de ces personnes sur le territoire américain, et non pas l'équipe du Président ? Êtes-vous familier avec cela ?

– Oui, madame, répondit Kelly.

– Bien. Et êtes-vous d'accord sur le fait que beaucoup de ces jeunes ont été amenés ici alors qu'ils n'étaient encore que des enfants et qu'ils ne connaissent pas d'autre pays que les États-Unis ?

– Beaucoup d'entre eux appartiennent à cette catégorie, répondit Kelly.

– Et êtes-vous d'accord, poursuivit Kamala, qu'ils étudient maintenant dans des collèges, des universités et des écoles supérieures à travers notre pays, que certains travaillent dans des sociétés cotées en Bourse, de grandes institutions ou des PME ?

– Je suis conscient de cela, oui, répondit encore Kelly.

– Et avez-vous l'intention d'utiliser alors les ressources limitées du département de la Sécurité intérieure pour les expulser du pays ?

– Je respecterai la loi », déclara Kelly[1].

Dans son interrogatoire, Kamala avait été polie, mais directe. Et elle avait obtenu une réponse à sa question. Kelly avait annoncé, sans le dire directement, qu'il

1. Kamala Harris, *The Truth We Hold*, *op. cit.*, p. 150.

superviserait lui-même et non pas Trump la politique migratoire, et notamment celle qui toucherait les « dreamers ». Mais cette avancée était timide. Rien n'empêcherait Trump de forcer la main du général quand il le voudrait. C'était une menace directe d'expulsion pour plus de 150 000 personnes en Californie. Kamala devait être logique avec elle-même et voter contre la nomination de Kelly. « Malheureusement, je n'ai pas la moindre garantie que le général John Kelly n'expulsera pas les “dreamers”, a-t-elle déclaré. Pour des raisons éthiques et morales, nous devons honorer la promesse faite par le gouvernement des États-Unis à ces enfants[1]. » Kelly fut confirmé à son poste par un large vote du Sénat, avec 88 « pour » et 11 « contre ». Feinstein vota pour lui. L'humiliation s'ajouta à la défaite. Mais Kamala trouverait sur sa route de plus gros os à ronger et bénéficierait davantage du soutien du côté démocrate que pour le général Kelly.

Sans une minute pour souffler, une heure seulement après la fin de l'audition de confirmation de Kelly, Kamala était convoquée pour participer à sa première audition publique de la commission Senate Intel. Sur la liste des intervenants figuraient quatre des plus hauts responsables de la sécurité nationale du gouvernement, qui étaient là pour informer les sénateurs d'un rapport sur les efforts répétés de la Russie en vue d'influencer l'élection présidentielle en faveur de Trump. Les spéculations publiques sur l'implication possible de la Russie dans la campagne Trump avaient atteint un paroxysme,

1. Kamala Harris, *The Truth We Hold*, *op. cit.*, p. 150.

et le Président élu semblait se nourrir de cette tension, prolongeant l'ère des « fausses nouvelles » entamée durant sa campagne. Alors qu'il ne lui restait que quelques semaines de mandat, en décembre 2016, Obama avait chargé le bureau du directeur du renseignement national, du FBI, de la CIA et de la National Security Agency de compiler un rapport top secret intitulé « Évaluation des activités et des intentions de la Russie lors des récentes élections américaines ». Une version résumée et déclassifiée en avait été publiée quelques jours avant l'audition à laquelle se rendait Kamala. Le rapport indiquait que la Russie avait bien mené une cyber-campagne pour tenter de saboter l'élection présidentielle américaine. Trump et Obama en ont tous deux reçu une copie. C'est à ce moment précis que le Président élu commença à échafauder une défense qui allait ravir ses partisans.

Il admettait que la Russie avait, sans doute, essayé d'influencer l'élection, mais il se gardait bien d'incriminer directement Vladimir Poutine. Puis, deuxième acte de la démonstration, il ajoutait que la Chine « et d'autres pays » pourraient avoir également cherché à percer la défense des systèmes électoraux. Enfin, il concluait en affirmant que ces agissements n'avaient eu aucun effet sur le résultat des élections. Il était vrai que le rapport public n'avait pas abordé la question de l'impact sur le résultat, faute de temps et de moyens. Mais si la version hautement classifiée du rapport contenait des conclusions déjà suffisamment alarmantes sur des tentatives de saper le processus électoral américain, le rapport détaillé que se procura le *Washington Post* mit le feu aux poudres au Sénat comme dans tout le microcosme. Selon le journal, les agences d'espionnage américaines avaient des informations non vérifiées mais crédibles selon lesquelles Moscou avait des informations *kompromat*, c'est-à-dire des informations compromettantes sur la vie personnelle et les finances de Trump. Cela signifiait que le futur occupant de la Maison Blanche était potentiellement soumis au chantage et à la coercition de la part d'un pays tiers et non des moindres. Et que ces informations pouvaient expliquer l'activisme russe à vouloir faire élire le futur président des Américains. Une élection pour les contrôler tous.

Ces conclusions furent compactées dans un addendum de deux pages joint au rapport complet. Cet addendum, rapporta le *Washington Post*, contenait également des allégations de contacts continus entre des membres du cercle restreint de Trump et des représentants du Kremlin. En tant que procureure générale de Californie, Kamala avait été tenue au courant d'informations sensibles sur les agissements suspects de tels gangs transnationaux, de telles menaces terroristes, etc. Mais la commission Senate Intel livrait des informations d'un niveau bien plus précis, plus détaillé et, pour tout dire, plus glaçant.

Kamala se retrouvait au cœur de la matrice de l'information ultime, de tout ce qui pouvait se savoir sur les secrets du monde. Le personnel de cette commission spéciale travaille dans un véritable bunker, pour éviter le hacking du complexe d'information compartimenté. Le centre névralgique où se trouvent toutes les données les plus sensibles est positionné dans une sorte de chambre forte sans fenêtre dans les entrailles sécurisées du Sénat. Les réunions d'Intel elles-mêmes sont dignes d'un film de James Bond. Elles sont diffusées en direct *via* des réseaux spéciaux d'information par câble uniquement réservées pour les travaux de la commission.

Lors de sa toute première réunion à Intel, Kamala, qui venait de sortir de l'audition du général Kelly, se trouvait, ainsi que ses collègues, face au directeur du renseignement national James Clapper. Le débat tournait autour du fait de savoir si les agences de renseignement américaines s'assuraient correctement que les réseaux informatiques et les appareils électroniques personnels du Président élu et de son équipe de transition avaient été protégés de possibles cyber-pénétration de la part de la Russie. Clapper répondit que ses équipes avaient fait de leur mieux pour informer l'équipe de transition des risques liés aux téléphones mobiles, aux ordinateurs portables ou tout autre objet électronique connecté. Kamala lui demanda si ces appels à la prudence et au respect des règles avaient été entendus. Clapper répondit alors de façon elliptique que la sénatrice devrait plutôt le demander directement au Président élu et à ses équipes. L'Administration bottait prudemment en touche, et les sénateurs resteront sur leur faim. Dans les mois qui suivirent, des indiscrétions mirent au jour un ensemble d'imprudences, de négligences pour ne pas dire de désinvolture dans la manière dont étaient gérées les protections des communications de données sensibles. De hauts responsables de l'équipe Trump utilisaient leurs téléphones portables personnels et des ordinateurs privés pour leurs activités professionnelles à la Maison Blanche.

39

La bête noire

Deux jours après l'audition de Kelly, Kamala eut de nouveau l'occasion de se faire les dents sur un des piliers de la garde rapprochée de Trump. C'était à l'occasion de la confirmation du candidat au poste de directeur de la CIA, Mike Pompeo. Kamala prépara le terrain en citant les conclusions du fameux rapport qui venait d'être publié. « Acceptez-vous pleinement ces conclusions, oui ou non ? », attaqua-t-elle. « Je n'ai rien vu qui puisse jeter le moindre doute sur les conclusions du rapport », répondit prudemment Pompeo[1]. Mais Kamala ne voulait pas se contenter de le mettre sur le gril à partir d'un rapport que tous ses collègues avaient en leur possession et qu'ils allaient utiliser pour le questionner. Elle voulut sonder le cœur et les reins de l'homme qui allait devenir le plus puissant des États-Unis dans le domaine du renseignement américain. C'est cette séquence qui, pour la première fois, mit la nouvelle sénatrice en pleine lumière, non seulement parmi ses collègues, mais bien au-delà des cercles restreints

1. Kamala Harris, *The Truth We Hold*, *op. cit.*, p. 243.

du pouvoir de Washington. La scène, filmée par la chaîne parlementaire C-Span, allait être reprise en boucle sur les chaînes d'information.

Kamala inspira profondément et interrogea Pompeo sur son scepticisme connu à l'égard du changement climatique. Elle voulait déterminer à quel point son climato-scepticisme était ancré. Et, plus important encore, Kamala demanda à Pompeo si ses convictions personnelles pouvaient avoir une influence néfaste sur les efforts de la CIA visant à recueillir tout renseignement vital, c'était le cas de le dire, sur les conséquences du changement climatique sur les États-Unis, leurs alliés et les tensions internationales qu'il serait susceptible d'engendrer. Pompeo, qui ne s'attendait absolument pas à ce genre d'attaque, a esquivé. Il n'était pas un scientifique. Point. Mais Kamala ne lâcha pas sa proie. Dans une nouvelle série de questions, elle revint à la charge pour le piéger. « Monsieur Pompeo, sur la question du changement climatique, je comprends que vous n'êtes pas un scientifique. Ce que j'aimerais savoir et ce que je veux entendre de vous, c'est si un directeur de la CIA est prêt à accepter des preuves flagrantes lorsqu'elles lui sont présentées, même si cela se révèle politiquement gênant ou vous oblige à changer de job prématurément. » Pompeo, dans les cordes, ne pouvait répondre autre chose qu'un : « Je le ferais[1]. » Kamala demanda que la réponse de Pompeo soit dûment archivée. Puis, changeant de sujet, elle lui demanda ce que l'administration

1. Kamala Harris, *The Truth We Hold*, *op. cit.*, p. 243.

Trump comptait faire pour lutter contre des pratiques discriminatoires au sein de la CIA vis-à-vis des employés musulmans américains. Elle obtint de Pompeo l'assurance que tous les employés seraient également traités et qu'aucune discrimination ne serait tolérée au sein de son administration.

Ces premières auditions firent de Kamala la sensation du début de la mandature. Son style poli mais percutant, sa connaissance des dossiers alliée à son sens politique faisaient merveille. L'administration Trump l'ajouta rapidement à sa liste noire des élus dont il fallait se méfier, et les candidats qui devraient passer des auditions étaient préparés à affronter la « lionne de Californie », comme on commençait à la surnommer.

Pourtant Kamala ne recherchait pas systématiquement à attirer la lumière et prenait bien soin de « jouer collectif ». Elle faisait son travail. La différence résidait dans le fait que, quand Kamala intervenait, elle était parfaitement préparée et connaissait ses dossiers sur le bout des doigts. Au cours des auditions, elle ouvrait ostensiblement ses épais classeurs de documents et de notes. Elle avait pris l'habitude d'écrire ses questions à la volée sur de petits post-it blancs afin d'être le plus réactive possible aux réponses des personnes auditionnées. Surtout, Kamala avait appris les règles écrites et non écrites du Sénat. Elle ne faisait pas de faux pas vis-à-vis de ses collègues et se tenait sagement à sa place dans la hiérarchie interne du parti comme dans celle de la chambre haute. Enfin, comme on l'avait vu, elle avait su s'entourer d'une équipe de collaborateurs aussi dévoués que compétents. Son principal adjoint à Sacramento, Nathan Barankin, fut transféré sur la côte est et occupa le poste stratégique de chef de cabinet au Sénat. Ayant promis de faire de la diversité un marqueur et de s'occuper à recaser les membres de l'équipe Clinton, elle embaucha Clint Odom, qui serait le seul directeur législatif noir du Sénat, et Tyrone Gayle, un attaché de presse afro-américain de vingt-neuf ans qui avait travaillé sur la campagne d'Hillary Clinton. Elle s'entoura également de deux vétérans de Capitol Hill : Rohini Kosoglu en tant que cheffe de cabinet adjoint et, pour superviser sa stratégie médiatique nationale, Lily Adams, la petite-fille de feu la gouverneure du Texas Ann Richards. Adams avait occupé un poste similaire pour Hillary Clinton. Elle est rapidement devenue un rouage majeur de la communication de Kamala et joua un rôle essentiel dans la préparation des auditions à fort impact médiatico-politique.

À un autre niveau, non moins important, la sénatrice de Californie devait également pouvoir s'appuyer sur des professionnels politiques aguerris. Ses conseillers politiques à San Francisco, Ace Smith, Sean Clegg et Dan Newman, ont naturellement continué de travailler pour elle. Et, au cœur du Sénat même, Kamala a su approcher des figures de l'autre bord pour travailler avec elles sur des questions d'intérêt général. Ce fut le cas avec le sénateur républicain du Kentucky, Rand Paul. Ils partageaient leur vision de ce que devrait être la protection des plus fragiles et ont corédigé un projet de loi visant à protéger les mineurs sans papiers. Elle se rapprocha également du puissant sénateur républicain de l'Arizona John McCain. Le candidat malheureux à la présidentielle de 2008 contre Obama était l'un des sages de la haute assemblée et respecté sur tous les rangs. Il lui offrit conseils précieux et petits coups de main discrets tout le temps qu'il fut en état de le faire, car sa santé déclinante l'éloigna peu à peu du Sénat. Et puis Rand et McCain avaient un intérêt certain à aider la jeune lionne démocrate. Tout ce monde détestait Trump.

Kamala mit en place une organisation toute militaire pour communiquer et diffuser ses messages et interventions sur les réseaux sociaux. Loin des outrances des tweets de Trump, Kamala bâtit un compte Twitter sobre et fidèle à son image. On lui reprochera, comme on l'a vu, d'être un peu trop sirupeux et sans aspérités. Mais si Kamala croyait en effet que les réseaux sociaux pouvaient aider à attirer la lumière et à policer une image, elle ne comptait pas en faire une arme de guerre, contrairement à Trump. Son compte se limitera donc quasiment tout le temps à faire le compte rendu fidèle de ses travaux et de ses actions. Mais la Kamala de la vraie vie, offensive et insatiable, tranchait nettement avec la Kamala numérique, apaisée et sobre. Elle prenait de plus en plus de plaisir à tourmenter ses interlocuteurs lors des auditions. Les informations qu'elle récoltait à Intel lui donnaient un avantage considérable dans ses duels, même si les règles de confidentialité ne lui permettaient pas d'utiliser toute la somme de ce qu'elle avait appris. Bonne cliente dans les milieux de la télévision, elle commença à apparaître de plus en plus fréquemment dans les émissions d'actualité les plus regardées du pays et dans les pages des principaux journaux. Sa visibilité à l'échelle de la planète grandit également, grâce au nombre impressionnant de correspondants étrangers à Washington venus faire la chronique au quotidien de l'administration Trump. Au début de l'été 2017, Kamala était devenue l'une des figures politiques les plus agressives et donc les plus médiatisées de l'exécutif. Fidèle à son discours de victoire de 2016, Kamala était pleinement entrée en résistance au Sénat. Plus largement, elle était considérée comme le symbole d'une nouvelle génération d'élus à Washington, une génération plus batailleuse. En ces temps de forte tension, ça tombait bien.

40

Kavanaugh

En temps normal, l'arrivée d'une novice comme Kamala au Sénat aurait généré des frictions au sein du camp démocrate de la chambre haute, univers impitoyable. Mais la menace que faisait peser, selon lui, le camp Trump sur la démocratie américaine poussa ledit camp à opter pour l'union sacrée. Tout embrouillamini personnel, tout conflit jugé mineur entre sénateurs démocrates était sévèrement réprimé. Le personnel administratif non partisan du Sénat, formé au strict respect de neutralité, s'engageait aussi plus ou moins ouvertement dans la résistance. D'un coup, ces petites mains venaient en soutien, et c'était à qui distribuait les dossiers à l'avance, à qui prévenait d'une information censée rester confidentielle, à qui apportait gracieusement barres énergétiques et boissons aux sénateurs démocrates qui veillaient tard le soir pour peaufiner leurs dossiers. C'est comme si l'« État profond » du Sénat avait décidé, exceptionnellement, de prêter main-forte aux résistants. De nombreux membres du personnel trouvèrent en Kamala une sénatrice beaucoup plus accessible que la plupart de ses collègues. Sympathique, attentionnée et drôle avec le personnel, elle devint l'une des coqueluches des sans-grade. Or tout élu connaît l'importance d'être apprécié par l'Administration, tant celle-ci peut rendre quantité de services. Or, à la veille de la plus importante bataille de sa mandature, la lionne de Californie aurait besoin de tout le monde.

Kamala n'a pas pu bloquer la confirmation de Brett Kavanaugh à la Cour suprême en septembre 2018, mais ce ne fut pas faute d'avoir essayé. À travers cette audition qui forgea sa légende, la sénatrice a montré qu'elle était capable d'affronter les hommes de pouvoir les plus rompus à la rhétorique, qu'elle n'avait eu aucune crainte à pointer un certain système de domination masculine et sa perpétuation par différents rites et coutumes, et enfin qu'elle pouvait être l'un des porte-drapeaux du féminisme dans un Congrès toujours très dominé par les hommes.

Le calcul de départ était simple. Les républicains détenaient la majorité pour assurer l'adoption d'une candidature qui lui était proposée par l'administration Trump. Avec 51 sièges sur 100, le leader du Sénat, Mitch McConnell, savait qu'il avait les voix pour confirmer Kavanaugh au poste le plus prestigieux qui soit dans la démocratie américaine après celui de président des États-Unis : juge à la Cour suprême. La Cour suprême est le sommet du pouvoir judiciaire aux États-Unis et le tribunal de dernier ressort. Conformément à l'article III de la Constitution, elle est compétente sur tous les cas relevant de la Constitution ou des lois des États-Unis et des traités qu'ils ont conclus.

En France, elle serait l'équivalent du Conseil constitutionnel, du Conseil d'État et de la Cour de cassation réunis sous une même coupole. Elle se limite généralement aux affaires les plus importantes, et, notamment, elle tranche pour déterminer si les lois des États-Unis ou celles des différents États sont conformes à la Constitution, dont elle est l'interprète ultime. Pour être le plus clair possible, la Constitution est ce que la Cour suprême dit qu'elle est.

Et, contrairement au président des États-Unis, chef de l'exécutif qui ne peut gouverner au-delà de huit ans maximum, les juges de la Cour suprême sont élus à vie. Autrement dit, l'équilibre des forces au sein de la Cour n'est pas seulement crucial. C'est encore plus important que cela.

L'article III de la Constitution fixe leur mode de nomination. Ils sont nommés par le président des États-Unis, avec approbation du Sénat à la majorité qualifiée des trois cinquièmes. L'accord d'une partie de l'opposition s'avérait donc indispensable. Dès avril 2017, constatant que les 49 sénateurs démocrates ne joueraient jamais le jeu et bloqueraient systématiquement l'ensemble des nominations voulues par l'exécutif, Mitch McConnell, le leader de la majorité républicaine au Sénat, fit voter l'abolition de la majorité qualifiée, instaurant la simple majorité absolue. Cela permit la confirmation du juge Neil Gorsuch le 7 avril 2017 par 54 voix contre 45, alors que les démocrates souhaitaient évidemment faire échouer cette nomination[1].

---

1. Kamala Harris, *The Truth We Hold*, *op. cit.*, p. 297.

Le rapport de force, défavorable aux démocrates, se représentait donc pour la nomination de Brett Kavanaugh. Le problème qui se posait se révélait cependant plus aigu que pour la nomination de Gorsuch quelques mois plus tôt. D'abord, parce que, cette fois, le rapport de force gauche-droite était en jeu. Sur les huit juges en poste au moment de la retraite du centriste Anthony Kennedy, les juges Thomas, Gorsuch, Alito et le président Roberts étaient des conservateurs tandis que Breyer, Ginsburg, Kagan et Sonia Sotomayor étaient des progressistes. Et même si les décisions de la Cour ne reflétaient pas forcément un antagonisme aussi tranché, le choix du neuvième juge se révélait néanmoins d'une importance capitale, car, en cas de désignation de Kavanaugh, il ferait clairement pencher la balance à droite. Ensuite, le passé de Kavanaugh donnerait une tournure beaucoup plus polémique à cette nomination. Alors que les auditions débutent le 4 septembre 2018, tout le monde sait que son audition au Sénat sera sanglante.

À l'ouverture de la séance par le sénateur de l'Iowa Chuck Grassley, président de la commission des lois, les démocrates interrompent immédiatement les débats. C'était, bien entendu, préparé. Kamala prend la parole : « Nous ne pouvons pas procéder à cette audition, monsieur le président[1]. » Et elle se plaignit, comme d'autres sénateurs démocrates, que les sénateurs aient reçu 42 000 pages relatives aux états de service de Kavanaugh à peine quinze heures plus tôt et qu'ils n'avaient pas eu

1. Kamala Harris, *The Truth We Hold*, *op. cit.*, p. 268.

le temps matériel de les examiner. Grassley, du haut de ses quatre-vingts ans qui en font le deuxième sénateur le plus âgé, déclara avec son ton folklorique qui n'appartenait qu'à lui que tout report était irrecevable, et l'audience se poursuivit en dépit des protestations de Kamala et des démocrates.

Le premier jour, les débats durèrent près de sept heures. Il s'agissait principalement de déclarations liminaires et d'opinions personnelles, bonnes et mauvaises, sur Kavanaugh. L'audition était frustrante. Outre l'assurance d'être minoritaires en voix et donc de ne pouvoir empêcher la nomination de Kavanaugh, les démocrates constataient amèrement que ce dernier esquivait très bien les questions gênantes. Il faut dire que le candidat n'est pas n'importe qui. C'est un vétéran des années Bush, dont il sera l'un des artisans de la campagne présidentielle victorieuse en 2000. Il participe au recomptage des voix en Floride qui donnera la victoire finale au camp républicain contre Al Gore. Au début du mandat de George Bush en 2001, Kavanaugh est engagé comme assistant du conseiller juridique de la Maison Blanche, Alberto Gonzales. À partir de 2003, il devient l'assistant du Président et fait partie du personnel du secrétariat de la Maison Blanche. À ce titre, il était responsable de la coordination de tous les documents provenant du Bureau ovale ou destinés à Bush. En récompense, celui-ci nomma Kavanaugh à la cour d'appel des États-Unis pour le circuit du district de Columbia le 25 juillet 2003.

Kavanaugh est donc un républicain du sérail, un conservateur loyal et un expert juridique reconnu. Un savant mélange de juriste et de politicien. Les démocrates se cassent les dents sur l'animal politique qu'ils auditionnent, et même la qualité des questions au scalpel de Kamala ne parvient pas à entamer sa ligne de défense. Pire, les attaques répétées au cours des auditions commencent à irriter l'opinion publique qui considère que Kamala et certains autres sénateurs démocrates usent et abusent des attaques contre Kavanaugh pour mener leur autopromotion médiatique.

Kamala, en particulier, est ciblée, accusée de prendre cette nomination trop à cœur, et est désormais moquée dans les médias. Le qualificatif de « drama queen » se mit à circuler sur son compte en raison de ses questions jugées trop théâtrales. Un bon exemple de la futilité des attaques s'illustre lorsqu'elle essaie de démontrer le racisme supposé du juge et déterre un vieil article du *Wall Street Journal* datant de 1999 à propos d'une obscure affaire judiciaire dans laquelle Kavanaugh avait utilisé à deux reprises l'expression « système de butin racial ». « Que signifiait cette expression ? », demanda-t-elle[1]. Il a esquivé. Elle posa quatre fois la même question, puis fut contrainte d'abandonner face aux murmures désapprobateurs qu'elle percevait dans son dos, y compris émanant de son propre camp.

Mais elle ne jeta pas l'éponge sur ce point sans avoir rappelé que l'expression employée était familière des

1. Kamala Harris, *The Truth We Hold*, *op. cit.*, p. 268.

suprémacistes blancs et qu'elle décrivait le maintien du système des peines visant à sanctionner plus durement les Noirs que les autres minorités.

Kamala changea son angle d'attaque et mit Kavanaugh sur le gril à propos de sujets qui concernaient ou concerneraient la Cour suprême, comme le mariage homosexuel ou l'utilisation des préservatifs, cheval de bataille récurrent des conservateurs les plus extrémistes qui considèrent que rien ne doit empêcher la vie de naître. Mais c'est sur l'interruption volontaire de grossesse que Kamala porta ses attaques les plus violentes. Le sujet est l'une des oppositions politiques les plus irréductibles entre la gauche et la droite aux États-Unis.

L'avortement est autorisé dans tous les États depuis les fameux arrêts de la Cour suprême Roe *v.* Wade en 1973[1] et Planned Parenthood *v.* Casey en 1992[2]. Toutefois, les juges ont reconnu aux États les droits d'apporter des « restrictions raisonnables » aux modalités d'avortement. Ainsi, 487 lois ont été adoptées pour réduire la portée de l'IVG. Et les manifestations de la part d'opposants « pro-vie » emplissent régulièrement les pages des journaux locaux, notamment dans le sud et le centre des États-Unis. « Pensez-vous que le droit à la vie privée protège le choix d'une femme d'interrompre une

1. Supremecourt.gov – Roe v. Wade, 22 janvier 1973.
2. Supremecourt.gov – Planned Parenthood v. Casey, 22 juin 1992.

grossesse ? », demanda Kamala à Kavanaugh[1]. Elle en profita pour citer Ruth Bader Ginsburg, juge à la Cour suprême, encore vivante à cette date et égérie de la gauche progressiste : « C'est un sujet central dans la vie d'une femme, pour sa dignité. C'est une décision qu'elle doit prendre pour elle-même. Et lorsque le gouvernement contrôle cette décision à sa place, elle est traitée comme une irresponsable de ses propres choix[2]. » Kavanaugh, qui s'attendait naturellement à ce type d'offensive, esquiva facilement. Le sujet était convenu, l'opposition des deux opinions était connue et ce clivage sur l'IVG constituait l'un des marronniers de la vie politique américaine. On s'apprêtait donc à passer à autre chose quand la sénatrice choisit une stratégie en deux temps qui envoya son interlocuteur dans les cordes pour la première fois depuis le début des auditions.

Elle joua d'abord la carte de l'ironie mordante : « De toute évidence, monsieur le juge, et avec tout le respect que je vous dois, vous ne répondez pas non plus à cette question. Nous pouvons par conséquent passer à autre chose. » Puis elle lança d'une voix innocente qui semblait presque être une réflexion après coup : « Pouvez-vous penser à des lois qui donnent au gouvernement le pouvoir de prendre des décisions concernant le corps masculin ? » Kavanaugh interloqué, chercha à gagner du temps pour réfléchir à une réponse et lui demanda de préciser sa question. « Je vais répéter la question. Pouvez-vous penser

1. Kamala Harris, *The Truth We Hold*, *op. cit.*, p. 269.
2. *Ibid.*

à des lois qui donnent au gouvernement le pouvoir de prendre des décisions concernant le corps masculin[1] ? »

Acculé face à un public visiblement ravi de cette saillie inattendue et des caméras se rapprochant de son visage empourpré, Kavanaugh bredouilla :

« Je ne suis pas – je ne le suis pas – je ne pense à aucun cas de figure en ce moment, madame la sénatrice.

– Bien sûr que non, rétorqua-t-elle, sachant qu'elle s'apprêtait à remporter le pli. Il n'existe pas de telles lois[2]. »

L'échange fut repris dans les reportages ce jour-là et devint rapidement viral. Planned Parenthood et d'autres défenseurs du droit des femmes l'épinglèrent en « pin » sur leurs pages Web. Et Kamala retrouva la faveur des commentateurs. Ce ne fut cependant qu'une maigre victoire, une petite satisfaction d'ego, certainement pas suffisante pour faire dérailler la confirmation de Kavanaugh. Mais un nouvel événement, inconnu jusqu'alors des sénateurs, aurait un impact autrement plus déterminant sur le processus de désignation.

Alors que les auditions avaient débuté depuis une dizaine de jours, le 17 septembre 2018, *The New Yorker* publia un article dans lequel une femme qui voulait rester anonyme affirmait que, au début des années 1980, Kavanaugh aurait tenté de l'agresser sexuellement lors d'une soirée, lorsque les deux étaient encore lycéens et mineurs. Christine Blasey Ford accusait Kavanaugh de

1. Kamala Harris, *The Truth We Hold*, *op. cit.*, p. 269.
2. *Ibid.*

l'avoir agressée sexuellement quand il avait dix-sept ans et elle quinze.

Avant de devenir une *via dolorosa* pour le juge, le sujet enflamma le camp démocrate en interne. Blasey Ford raconta avoir appelé Feinstein pour l'informer de son histoire, mais en lui demandant de ne pas la révéler sauf s'il existait un risque que Kavanaugh devienne juge à la Cour suprême. Feinstein avait demandé à Blasey Ford d'écrire l'histoire dans une lettre, ce qu'elle a fait. Feinstein a alors gardé la lettre secrète, n'évoquant même pas le sujet avec ses collègues démocrates, respectant en cela la volonté de la jeune femme. Le temps passa. Kavanaugh fut désigné par Trump pour le poste de juge. Blasey Ford s'attendit donc à ce que Feinstein rende sa lettre publique. Ne voyant rien venir, elle demanda à rencontrer Kamala et, le 9 septembre, lui raconta toute l'histoire, y compris le fait que Dianne Feinstein était déjà au courant. Hors d'elle, Kamala appela la sénatrice, exigeant des réponses à propos de cette lettre secrète. Les sénateurs démocrates se réunirent en urgence dans un cadre privé et attaquèrent violemment Feinstein. Acculée, l'autre sénatrice de Californie répondit que Blasey Ford lui avait demandé la confidentialité et qu'elle avait honoré la confiance de cette femme. Peu convaincus par ce plaidoyer, d'autant que Blasey Ford avait bien insisté sur le fait qu'elle voulait que sa lettre fût rendue publique en cas de nomination possible de Kavanaugh à la Cour suprême, les démocrates décidèrent de ne pas pousser plus avant l'inquisition. Il fallait en revenir à l'essentiel et ne pas se tromper de cible. Ce n'était pas Feinstein le problème, c'était

Kavanaugh, qui, d'opposant politique, venait soudainement d'endosser le costume d'ennemi public numéro un.

Deux jours avant l'article du *New Yorker* qui avait révélé le scandale, Blasey Ford s'était pourtant exprimée une première fois dans le *Washington Post*[1]. Elle n'avait pas souvenir de tout ce qui s'était passé quarante ans plus tôt, mais elle accusait Kavanaugh et l'un de ses amis de l'école préparatoire de l'avoir entraînée dans une chambre à l'étage lors d'une fête dans une banlieue riche de Washington et que Kavanaugh l'avait coincée et pelotée contre son gré tout en essayant de la déshabiller. Quand elle a essayé de se débattre, Kavanaugh, qu'elle décrivait comme étant ivre, aurait mis sa main sur sa bouche pour l'empêcher de crier. « Je pensais qu'il pouvait me tuer par inadvertance », murmura-t-elle avant d'ajouter qu'elle avait réussi à s'échapper en les bousculant d'un coup sec pour finir par sortir de la pièce en courant[2].

Le monde se divisa alors en deux. Les partisans de Blasey Ford d'un côté contre ceux de Kavanaugh de l'autre. Les démocrates contre les républicains, et naturellement les journaux en fonction de leur orientation politique les uns contre les autres, tentant de rallier l'opinion à leur thèse.

Lorsque Kavanaugh a été contraint de revenir devant la commission le 27 septembre pour répondre aux

---

1. *The Washington Post*, « California Professor Christine Blaser Ford », 16 septembre 2018.

2. Kamala Harris, *The Truth We Hold*, *op. cit.*, p. 270.

allégations d'agression sexuelle, il eut la désagréable surprise de voir que Blasey Ford avait été convoquée également. Les deux protagonistes se retrouvaient donc assis côte à côte, à des tables séparées, dans le plus pur style des films à suspense qu'affectionne tant Hollywood. La politique est aussi un show aux États-Unis, et c'était là l'occasion d'une piqûre de rappel. Chacun s'exprima et livra sa propre version des faits sous le flot des questions posées par les sénateurs. Quand ce fut le tour de Kamala, elle s'adressa exclusivement à Blasey Ford, ignorant Kavanaugh, et présenta ses excuses à celle-ci. « Madame, vous savez que vous n'êtes pas jugée. Vous êtes assise ici devant des membres de la commission des lois du Sénat des États-Unis parce que vous avez eu le courage de vous manifester, car vous estimez que c'était là votre devoir civique[1]. » Kamala a ensuite accompagné avec toute la douceur possible Blasey Ford à travers une série de questions comme elle l'avait fait jadis pour n'importe quelle victime d'agression sexuelle. Puis, le visage grave, Kamala tenta une première fois d'obtenir de la commission un engagement du FBI de diligenter une enquête complémentaire sur les antécédents de Kavanaugh. La demande fut repoussée sans surprise. La commission, contrôlée par les républicains, vota contre et ordonna séance tenante la poursuite du processus de confirmation.

Mais l'affaire avait désormais enflammé le pays, et Trump ne pouvait pas ne pas réagir. Quelques jours

1. Kamala Harris, *The Truth We Hold*, *op. cit.*, p. 271.

plus tard, il convoqua Kavanaugh à la Maison Blanche pour un entretien dont la teneur est demeurée secrète. À la sortie, les services du Président américain se fendirent d'un communiqué pour rappeler le soutien le plus entier de Trump à la candidature de Kavanaugh. Le message s'adressait autant à l'opinion publique qu'aux sénateurs républicains. Aucune voix ne devrait manquer au juge. L'affaire connut pourtant un épilogue aussi subit qu'inattendu.

Peu avant le vote de confirmation, la commission des lois du Sénat rendit publique une lettre cosignée par 65 femmes ayant connu Kavanaugh à l'époque des faits. Elles prenaient sa défense, jugeant les allégations de Blasey Ford « hautement improbables ». Le 4 octobre, soit deux jours avant le vote, un rapport du FBI corrobora ces dires et indiqua que rien ne confirmait les accusations d'agressions sexuelles portées contre le juge. Les démocrates dénoncèrent une enquête incomplète et à décharge, mais, une fois le vote passé, début novembre, Blasey Ford avoua avoir menti. Elle voulait empêcher son accession à la Cour suprême. Le 6 octobre 2018, Brett Kavanaugh fut confirmé par la plus mince marge de l'histoire de la désignation d'un juge à la Cour Suprême, 50 voix pour, 48 contre et 2 abstentions[1].

1. Kamala Harris, *The Truth We Hold*, *op. cit.*, p. 274.

41

Atmosphère de guerre civile

En quelques mois, Kamala était devenue une invitée régulière des émissions de télévision. Son aisance, son franc-parler, son humour en faisaient l'une des stars montantes de Washington. Puis vint le temps des talk-shows, ces émissions typiquement américaines à l'origine et qui sont, à présent, copiées partout dans le monde sans être jamais égalées. Kamala faisait d'autant plus facilement partie des invités réguliers que les humoristes qui animaient ces TV shows étaient également entrés en résistance contre Trump et ne manquaient pas une occasion de le moquer ou de le vilipender. Stephen Colbert, l'un des animateurs vedettes les plus en vue, qui maniait un humour corrosif, lui avait littéralement réservé un rond de serviette dans son émission, tant Kamala était désormais perçue comme l'une des combattantes du trumpisme les plus virulentes et en même temps les plus drôles. Revers de la médaille, Kamala était rapidement devenue l'une des bêtes noires des commentateurs de la chaîne conservatrice Fox News. Ainsi, Jason Miller, un fidèle du président Trump, n'hésitait pas à user des insultes sexistes les plus viles, en traitant régulièrement

Kamala d'« hystérique ». C'était la rançon de la gloire. Beaucoup d'ennemis, beaucoup de talent. À cette aune, la sénatrice de Californie faisait partie des plus brillantes de la nouvelle génération. Dans les dernières semaines de la campagne de mi-mandat en 2018, elle était particulièrement invitée.

Elle répondait à toutes les sollicitations possibles. Elle avait raison d'en profiter. Ne cachant plus son ambition de participer à la prochaine présidentielle, Kamala multipliait les escales dans tous les États possibles, notamment les plus importants en termes d'électeurs ou de leveurs de fonds : Iowa, New Hampshire, Caroline du Sud, Nevada, elle n'avait jamais passé autant de temps dans les avions, volant littéralement d'une mégalopole à une petite ville perdue, d'un meeting dans un stade géant à un autre en pleine campagne au milieu de nulle part. À l'approche du jour du scrutin, elle avait dépensé au moins 709 500 dollars sur son million de dollars de reliquat de sa propre campagne sénatoriale pour aider les candidats démocrates au Sénat et à la Chambre des représentants. Elle en profita pour faire habilement des dons aux partis démocrates locaux en Floride, au Wisconsin, en Pennsylvanie, au Michigan, en Iowa, au New Hampshire, en Caroline du Sud, sans oublier, bien sûr, sa chère Californie. Elle était consciente que son trésor de guerre ainsi généreusement distribué allait lui attirer des faveurs le moment venu. Ses objectifs étaient connus de tous, et sa course à la présidence des États-Unis tenait désormais du secret de polichinelle.

Les élections de mi-mandat furent un semi-échec. Certes, les démocrates reprirent le contrôle de la Chambre des représentants, mais pas du Sénat où ils restaient minoritaires. Trump, qui fut très actif durant la campagne, n'hésitant pas à renouer avec les meetings géants qu'il affectionne tant pour soutenir les candidats républicains au Sénat, s'autoproclama « faiseur de rois ». Il est vrai que, contre toute attente, les républicains avaient plutôt bien résisté. Et la croyance que Trump serait un épiphénomène qui allait s'effondrer et entraîner le Grand Old Party dans sa chute fit long feu.

Les raisons de ce résultat électoral décevant furent nombreuses. Outre l'activisme de Trump qui galvanisa incontestablement ses sympathisants, il y eut des faits d'actualité saillants, notamment sur le thème clivant de l'immigration.

Quelques semaines avant le scrutin, une caravane de plusieurs milliers de migrants honduriens se mit en branle à travers le Mexique pour rejoindre les États-Unis. La formation d'une autre caravane d'un millier de migrants au Guatemala semblant vouloir prendre le même chemin permit à Trump de mobiliser l'électorat républicain. Évoquant « un assaut » contre les États-Unis et accusant le parti démocrate d'encourager l'immigration illégale, Trump fit monter la température. Son vice-président Mike Pence accusa, lui, le gouvernement vénézuélien chaviste et des groupes politiques honduriens de gauche d'avoir organisé les caravanes.

Un mois avant les élections, Trump réaffirma vouloir mettre fin au droit du sol et fit déployer 5 000 soldats américains à la frontière entre les États-Unis et le Mexique, qui s'ajoutèrent aux plus de 2 000 membres de la garde nationale déjà présents sur place.

Comme si l'atmosphère n'était pas déjà assez irrespirable, à la fin de ce même mois d'octobre, des attaques d'extrême droite furent lancées aux États-Unis. Plusieurs colis piégés contenant des bombes artisanales furent envoyés de manière coordonnée à des personnalités anti-Trump. Barack Obama, Hillary Clinton et beaucoup d'autres, dont, naturellement Kamala, furent destinataires de ces colis piégés qui furent tous interceptés et désamorcés avant d'atteindre leurs destinataires. Il n'y eut aucun blessé à déplorer. La piste du terrorisme intérieur fut privilégiée. Le 26 octobre, après que deux autres colis piégés furent interceptés, le principal suspect fut arrêté par le FBI à Plantation en Floride. Il s'agissait d'un partisan de Trump âgé de cinquante-huit ans dénommé Cesar Altieri Sayoc.

Mais ce mois d'octobre allait définitivement sombrer dans le sang et le chaos quand un activiste de l'extrême droite antisémite et qui le revendiquait ouvertement, Robert Bowers (un anti-Trump, contrairement à Cesar Altieri Sayoc), entra dans la synagogue Tree of Life de Pittsburgh et ouvrit le feu en criant : « Tous les juifs doivent mourir[1] ! » Il assassina onze personnes avant l'arrivée de la police. Ce fut l'attaque antisémite

1. *The New York Times*, « Who is Robert Bowers, the Suspect in the Pittsburgh Synagogue Shooting ? », 27 octobre 2018.

la plus meurtrière de l'histoire des États-Unis. Le réseau social très utilisé par l'extrême droite anglophone Gab, sur lequel Bowers était actif, ferma son site deux jours après la fusillade.

Avec une telle tension dramatique et des camps se renvoyant la responsabilité de la violence, ce sont 48 % des électeurs inscrits qui se déplacèrent, le 24 novembre 2018, pour voter, soit la proportion la plus élevée depuis cinquante ans pour des élections de mi-mandat. La mobilisation bénéficia autant aux démocrates qu'aux républicains[1].

Autre élément à retenir, 39 millions d'électeurs avaient choisi de voter par anticipation ou par procuration dans les 37 États sur 50 qui autorisent ce mode de vote, un niveau inégalé dans l'histoire. Il s'agit même d'un doublement en huit ans, par rapport aux 19,19 millions de votes anticipés en 2010[2].

Le Président américain se félicita bruyamment d'avoir été le principal artisan du maintien à droite du Sénat. Ayant privilégié la chambre haute, il avait délégué la défense du maintien de la majorité républicaine à la Chambre des représentants à Paul Ryan, son président. La colère du New-Yorkais fut homérique contre Ryan, accusé d'avoir failli.

Ce qui énervait Trump au plus haut point, c'est que la perte de la Chambre allait donner aux démocrates des armes institutionnelles supplémentaires dont ils ne

1. Census.gov : Behind the 2018 U.S. Midterm Election Turnout.
2. *Ibid.*

bénéficiaient pas jusque-là. En plus de voter les lois fédérales, la Chambre des représentants détient l'initiative pour le vote du budget. Mais, surtout, elle peut voter la mise en accusation du président des États-Unis et diligenter des enquêtes sur ses agissements. Même si le procès, notamment celui de l'*impeachment*, se tient par la suite devant le Sénat, la possibilité d'enquêter et de poursuivre un Président peut très bien se lancer depuis la Chambre.

42

Faire la « chose » ?

La rencontre a duré deux jours. Elle s'est tenue quelques mois avant les élections de mi-mandat. Kamala, ses plus proches conseillers et sa famille se sont retrouvés à la Park Hyatt Residence, dans l'appartement de Maya à Manhattan, surplombant Central Park, les 28 et 29 juillet 2018. Ils étaient là pour discuter de la « chose ». Devait-elle faire la « chose » ? Et, dans ce cas, comment la « chose » se déroulerait-elle ? Quel effet la « chose » aurait-elle sur leur travail et leur vie ? La « chose » était la décision la plus importante de la carrière de Kamala, mais aussi de la leur. Kamala devait-elle se présenter à la présidence des États-Unis[1] ?

Maya, sa sœur, Doug, son mari, ses conseillers du premier cercle, ceux de l'équipe sénatoriale et ceux qui étaient là depuis ses débuts à San Francisco, tous étaient réunis pour répondre à cette question. Smith, Clegg, Rodriguez et le chef de cabinet du Sénat, Nathan Barankin, son successeur, Rohini Kosoglu, la directrice

1. Dan Morain, *Kamala's Way. An American Life*, *op. cit.*, p. 206.

de la communication, la précieuse Lily Adams et quelques autres se sont réunis dans le salon de Maya et ont livré leurs analyses. Le sondeur David Binder, qui avait été celui d'Obama, avait mené une expertise approfondie. Le panel des sondés avait estimé dans sa majorité que Kamala incarnait la force et avait une autorité morale.

Évidemment, la compétition entre démocrates serait rude, mais l'expérience de vie de Kamala, sa carrière de procureure et ses prises de position progressistes pourraient lui permettre de sortir du lot. Quand la parole fut donnée à son équipe chargée de la collecte de fonds, le département névralgique de toute campagne réussie aux États-Unis, celle-ci livra l'analyse suivante : les relations intimes que Kamala entretenait avec la baie de San Francisco et Los Angeles lui offraient un quasi-chèque en blanc automatique pour la présidentielle.

Kamala a écouté chacun et peu parlé à l'occasion de ces deux jours de réunion. Pesant sans cesse le pour et le contre, elle expliqua néanmoins que si elle décidait de se présenter, elle courrait véritablement pour la gagne, pas pour la deuxième place. Plus important encore, elle ne voulait pas que son camp perde une deuxième fois face à Trump. Battre le Président sortant, si honni, était l'objectif aussi existentiel qu'obsessionnel. Si elle sentait qu'elle risquait d'affaiblir les démocrates, elle ne se présenterait pas et, si elle était déjà lancée, à la moindre alerte, elle se retirerait de la course.

Se présenter à la présidentielle aux États-Unis tient autant de la politique que des échecs. Il y a les candidats faisant figure de favoris et qui doivent « avaler » davantage d'adversaires moins cotés que leurs concurrents afin de se renforcer. Et il y a les « petits » candidats qui monnaient leur soutien et mettent leurs financements au service d'un candidat jugé plus populaire qu'eux contre l'espérance d'un retour d'ascenseur en cas de victoire de celui-ci. Et puis, parmi ces « petits », il y avait toujours des surprises. Kamala devait absolument faire partie de cette dernière catégorie. Si elle devait se lancer en outsider, il fallait vite qu'elle puisse sortir du peloton.

Et quoi de mieux pour sortir vite que d'avoir un petit coup d'avance ? En 2017, le Congrès de Californie vota le principe de l'avancement de la primaire de l'État au premier mardi après le premier lundi de mars. Un petit détail que l'équipe de campagne de Kamala avait discrètement accompagné. Ce petit détail-là donnerait à la candidate putative un grand avantage avec une primaire légèrement avancée en Californie et la possibilité de rafler rapidement un nombre important de délégués. Kamala serait alors difficile à arrêter.

Les personnes présentes à la rencontre chez Maya considérèrent, avec une égale acuité, les inconvénients. Kamala verrait non seulement sa vie privée mise à nue, mais également celle de sa famille. On déterrerait chaque phrase, on disséquerait chaque mot qu'elle aurait pu écrire ou prononcer. C'était un risque énorme, non seulement pour elle, mais aussi pour les gens qu'elle aimait, jusqu'aux enfants de Doug. Et puis il y avait le timing. Kamala n'était sénatrice que depuis deux ans. N'allait-on pas lui reprocher sa précipitation ? Ne devrait-elle pas davantage bâtir son image avant de se lancer, peut-être lors de la campagne suivante ? Enfin, une campagne comme celle-là est un marathon qui dure plus de dix-huit mois. Elle commence par une primaire où il faut réussir à se différencier de candidats politiquement proches sans se les aliéner. Pourrait-elle supporter la virulence feutrée des attaques entre alliés ? Tiendrait-elle la distance physiquement et mentalement ? Cette tempête sous un crâne était légitime. Tous les points soulevés étaient justes. Mais il fallait finir par trancher. Et Kamala trancha.

Elle chargea son équipe de louer un siège de campagne à Baltimore, dans le Maryland, à une heure de Washington, puis reprit ses activités habituelles au Sénat. Outre les auditions de Brett Kavanaugh qui se déroulèrent quelques mois plus tard, elle se remit à mordiller l'os républicain avec un appétit décuplé. Au début de l'hiver 2018, Kamala s'en prit aux responsables de l'administration Trump sur le traitement des femmes enceintes réfugiées en détention à la frontière. Elle exigea que le département de la Sécurité intérieure réunisse les enfants et leurs parents. Elle présenta, dans la foulée, un projet de loi prévoyant que les agents de la patrouille frontalière et des douanes portent des caméras corporelles afin de pouvoir surveiller les éventuelles atteintes aux droits des migrants en cas d'interpellations.

Mais la campagne allait désormais accaparer son temps. Kamala devait d'abord s'assurer de son bas de laine. Les fonds de sa campagne sénatoriale avaient fondu comme neige au soleil. Le million de dollars qu'elle avait épargné avait été quasiment dilapidé. Certes, ces dons avaient été utilement dépensés. Une partie fut versée à des ONG et des œuvres de bienfaisance : 100 000 dollars à la Los Angeles Brotherhood Crusade qui aide les résidents à faibles revenus, 100 000 dollars à un fonds de soutien aux pompiers ; 50 000 dollars à la Coalition anti-récidive, 41 000 dollars au Mémorial des gardiens de la paix de Californie afin de bâtir un monument où seraient gravés les noms de tous les agents des forces de l'ordre de Californie morts dans l'exercice de leurs fonctions, dont celui d'Isaac Espinoza[1]. Elle avait versé de l'argent à des organisations qui promeuvent l'enseignement des sciences pour les filles, accueillent les victimes de violence domestique ou encore aident les migrants. Enfin, Kamala avait naturellement financé la campagne de mi-mandat de nombreux démocrates qui devinrent plus tard ses obligés. Mais un trésor de guerre reconstitué était indispensable pour avoir une chance dans une élection où la moyenne des dépenses d'un candidat à la primaire tournait autour de 20 millions de dollars et connaissait une croissance exponentielle. Et le millésime 2020 s'annonçait particulièrement riche en nombre de candidatures. Le *New York Times*, le *Washington Post* et d'autres journaux nationaux à l'affût colportèrent les rumeurs selon lesquelles les sénateurs Cory Booker, Kirsten Gillibrand et Elizabeth Warren se préparaient. Comme en 2016, Bernie Sanders se présenterait de nouveau et Joe Biden était susceptible d'entrer dans la course. CNN identifia pas moins de 29 candidats

1. Dan Morain, *Kamala's Way. An American Life*, *op. cit.*, p. 267.

démocrates à la présidence, dont quatre rien qu'en Californie.

Comme tout candidat qui se respecte, Kamala fit paraître son autobiographie, *The Truths We Hold* (« Ces vérités que nous détenons ») début 2019. La sortie du livre suscita immédiatement de nombreux commentaires et de spéculations. Elle esquiva une première fois la question de sa candidature lors d'une apparition matinale à l'émission vedette d'ABC « The View », présentée par l'actrice Whoopi Goldberg. Cette dernière demanda innocemment à Kamala : « Bref, je suis censée vous demander : participerez-vous ? » Elle répondit dans un grand éclat de rire : « Je suis heureuse d'annoncer sur "The View" que je ne suis pas prête à faire mon annonce[1]. »

Mais le jeu du chat et de la souris, en pleine promotion de son livre, ne pouvait guère durer. Elle annonça sa candidature en direct au cours de l'une des émissions les plus suivies de la télévision américaine, « Good Morning America », sur la chaîne ABC. C'était un 21 janvier, jour férié en mémoire de Martin Luther King[2]. Elle tint son premier meeting de campagne le dimanche suivant, le 27 janvier, chez elle, à Oakland, en Californie. Ses équipes sur place étaient entraînées

1. MSN, « Whoopi Goldberg Giggles While Asking Kamala Harris... », 26 octobre 2018.

2. Goodmorningamerica.com, « Sen. Kamala Harris annouces she will run for President ».

à organiser ce type d'événements. Elles l'avaient déjà fait pour Hillary Clinton lors de sa campagne de 2008 et avaient, à l'époque, attiré 14 000 personnes. Kamala les mit au défi de faire mieux. Le lancement de campagne devait impérativement être réussi, sans quoi la « petite » candidate savait qu'elle resterait dans les limbes. Les militants se mirent à pied d'œuvre, adressèrent des courriers, passèrent un nombre impressionnant d'appels téléphoniques, firent du porte à porte, etc. Et le pari fut tenu : 20 000 personnes se pressèrent pour venir écouter Kamala sous les drapeaux américains et les banderoles rouge, blanc et bleu dont était drapé l'hôtel de ville d'Oakland[1]. Le soleil brillait, et Kamala commença par un vibrant hommage à Martin Luther King, rappela le nom de Shirley Chisholm, la première femme noire à avoir brigué la présidence plus de quarante ans plus tôt. Le premier discours de Kamala était centré sur les femmes et la communauté noire. Elle égrena les noms et les hauts faits de héros afro-américains, raconta son histoire en l'illustrant de tranches de vie qui les mettaient en valeur. Kamala tenait surtout à donner d'elle l'image de l'Afro-Américaine qui, par sa volonté, s'était hissée en haut de l'échelle sociale. Ainsi était faite la politique, notamment aux États-Unis : il fallait un beau « storytelling ». Aussi repassa-t-elle en revue les principaux aspects de sa vie à Oakland, qu'elle était née à quelques centaines de mètres de là, à l'hôpital Kaiser Permanente et qu'elle y avait commencé sa carrière en tant que procureure adjointe du comté d'Alameda,

1. Dan Morain, *Kamala's Way. An American Life*, *op. cit.*, p. 210.

rappelant à quel point elle était fière quand, se tenant pour la première fois dans une salle d'audience, elle entendit résonner ces mots qui annoncent que la justice va s'exprimer : « Kamala Harris, au nom du peuple. » « Au nom du peuple » serait le thème de sa campagne, son slogan, ornerait chaque sticker, chaque autocollant, chaque affiche de sa campagne. Ce mantra sera la justification de sa course à la présidence.

La greffe prit, et la presse émit des critiques élogieuses. Même Trump, ô combien aficionado des grands-messes médiatiques, et sans doute aussi animé par l'envie de susciter le plus de candidatures possible chez les démocrates, reconnut candidement dans une interview au *New York Times* que le meeting de Kamala à Oakland était « le meilleur début de campagne à ce jour[1] ». Le lancement était donc réussi. Kamala avait montré sa force et se situait dans le groupe de tête du peloton. Restait à tenir la distance, car sa réussite allait forcément susciter des réactions chez ses concurrents. La lionne était sortie tôt des hautes herbes protectrices de sa savane. Elle était à présent à découvert.

1. « Excerpts From Trump's Interview with The NYT », 1er février 2019.

43

La blessure du Père

Trump avait raison de vouloir susciter des candidatures nombreuses chez ses concurrents afin de les diviser et de les affaiblir. Fox News, en service commandé, proclama que Kamala Harris était la « bonne surprise » de ce début de campagne et qu'elle faisait figure de favorite. C'était évidemment un gros mensonge, confirmé par tous les sondages qui plaçaient Joe Biden largement en tête, avant même qu'il annonce sa propre candidature. Mais Kamala se savait désormais scrutée. Et pas seulement par ses adversaires républicains. Les journalistes et les commentateurs commencèrent à enquêter pour savoir si elle avait été aussi bonne procureure qu'elle le prétendait. D'autres se sont demandé, au contraire, si elle n'aurait pas été trop bonne et ne serait pas devenue trop ferme et dure, manquant d'humanité. Bref, qu'elle ne serait jamais Obama. Mais c'est dans son propre camp que Kamala savait que les risques étaient les plus grands. Le *Los Angeles Times* a demandé à la sénatrice Dianne Feinstein si elle soutiendrait sa collègue. Comme attendu, la réponse de celle qui n'avait jamais fait de cadeau à Kamala fut à la hauteur des attentes. Elle soutint Kamala comme la corde soutient le pendu : « Je suis une grande fan de la sénatrice Harris et je travaille bien avec elle. Mais elle est toute nouvelle ici, il faut donc un peu de temps pour faire connaissance avec quelqu'un[1]. » Et elle conclut en annonçant son soutien total à Joe Biden.

Kamala n'était ni surprise ni mécontente. Elle savait depuis longtemps à quoi s'en tenir avec Feinstein et se souvenait encore de l'humiliation que son aînée lui avait fait subir lors des obsèques d'Espinoza. Il fallait avoir le cuir solide et passer outre.

Kamala avait donc opté pour la ville de Baltimore comme camp de base, bien qu'elle n'ait aucun lien avec la ville la plus importante du Maryland. Elle savait que, aux États-Unis, les informations circulent d'est en ouest, et que, pour être prise au sérieux, elle avait besoin d'être près de Washington. Maya devint sa présidente de campagne à l'est tandis que Juan Rodriguez, l'homme qui avait dirigé sa campagne sénatoriale, serait son directeur de campagne à l'ouest. Rodriguez était un génie de la politique et de l'organisation logistique. Et il n'avait pas encore trente-cinq ans. Il était le fils d'immigrants du Salvador venus aux États-Unis pour échapper à la violence et chercher une vie meilleure. Sa mère travaillait comme femme de ménage et son père était menuisier. Surdoué, Rodriguez avait intégré l'UCLA, puis avait obtenu une maîtrise en droit administratif à l'université Pepperdine de Malibu. Son

1. Dan Morain, *Kamala's Way. An American Life*, *op. cit.*, p. 211.

premier job fut de travailler comme stagiaire pour le maire de Los Angeles Antonio Villaraigosa avant de rencontrer Kamala et de rejoindre son équipe de campagne. Il en gravit tous les échelons. D'élément précieux, il se révéla vite indispensable.

Une campagne nationale non seulement met les candidats à nu, mais aussi elle révèle des fractures intimes inattendues et plus blessantes que les pires attaques des adversaires. En février 2019, Kamala déclara à un intervieweur qu'elle avait fumé de la marijuana à l'université. Et, voulant désamorcer toute polémique dans un pays où la drogue est largement un sujet clivant, elle conclut par une pirouette qu'elle croyait amusante : « La moitié de ma famille vient de la Jamaïque[1]. »

Mais Donald Harris, son père, ne goûta pas du tout la plaisanterie et jeta le calumet de la paix pour déterrer la hache de guerre. Il tweeta immédiatement que ses grands-mères et ses parents décédés « doivent se retourner dans leurs tombes de voir le nom de leur famille, la réputation et la fière identité jamaïcaine liés, de quelque manière que ce soit, en plaisantant ou non, au stéréotype d'un fumeur de marijuana[2] ». Après l'appel affolé de sa fille, il supprima finalement le tweet, mais pas avant que celui-ci n'ait été largement diffusé. Pour Kamala, cet épisode fut une immense blessure. Son père, dont elle n'avait jamais été proche, ne la

1. Dan Morain, *Kamala's Way. An American Life*, *op. cit.*, p. 212.
2. *Ibid.*, p. 210.

comprenait pas, ne la soutenait pas. Mais l'épisode, si pénible fût-il, lui servit de leçon pour la suite. Dans une campagne présidentielle, chaque mot prononcé par le candidat compte. Elle s'en rendrait compte lors des débats de la primaire démocrate quand l'épisode « fumette » refera inopinément surface.

44

Le scorpion et le buffle

Sur le front financier, la situation de Kamala était moins brillante qu'escompté. Profitant d'un fort potentiel de levée de fonds grâce à la Californie et ayant mené trois campagnes dans l'État, elle aurait dû bénéficier de davantage de dons. Malgré son impressionnant lancement de campagne à Oakland, Kamala n'avait levé que 12 millions de dollars au premier trimestre de 2019. Une performance médiocre. En comparaison, le sénateur Barack Obama avait levé plus de 25 millions de dollars au premier trimestre suivant son annonce de candidature, et c'était douze ans plus tôt, en 2007. Seule consolation, dans ce domaine, chez toutes les femmes candidates comme Elizabeth Warren, Amy Klobuchar et Kirsten Gillibrand, aucune ne se démarquait. Mais Kamala souffrait d'un autre handicap. On ne savait pas où la situer politiquement. Elle n'était pas autant à gauche que Warren ou Bernie Sanders, ni aussi à droite que la vraie révélation de ce début de campagne : l'ancien maire de South Bend, Pete Buttigieg. Buttigieg avait crevé l'écran. Il assumait son homosexualité, était un ancien combattant ayant servi en Afghanistan, resté proche des milieux militaires après un passage chez McKinsey, maltais-américain, épiscopalien et le seul « millenial » dans la course. Enfin, il avait été boursier, et beaucoup de jeunes pouvaient s'identifier à lui dans un pays où l'endettement pour payer ses études était un vrai cauchemar. Pire, pour Kamala, les raisons de sa candidature n'imprimaient pas vraiment. Certes, elle était connue pour sa combativité envers Trump, mais ce n'était pas la seule, de même que ce n'était ni la seule femme, ni la seule Afro-Américaine, ni même la seule candidate d'origine indienne à se présenter. Son positionnement plus ou moins centriste était, en outre, susceptible de prendre des voix à Joe Biden, ce qui la mettait dans la ligne de mire du parti qui avait déjà fait son choix en faveur de l'ex-vice-président, comme on le verrait à l'occasion de la grande primaire du Super Tuesday.

Restaient les débats entre candidats pour sortir de la nasse. Le premier rendez-vous médiatique se tint le 27 juin 2019. Kamala avait été admise de justesse à concourir dans le groupe des favoris, choix qui se faisait à partir des sondages. En effet, il avait fallu diviser le débat en deux, tant les candidats étaient nombreux (29). Après des débuts convenus où l'objectif des participants était de prouver la force de leur détermination à battre Trump, la parole revint à Kamala.

Elle marqua une pause, prit une inspiration, puis se tourna vers Biden. Et elle passa à l'attaque. Son angle était terriblement vicieux. Elle lui demanda de s'expliquer sur son travail parlementaire, des décennies plus tôt au Sénat, lorsqu'il acceptait de collaborer avec des sénateurs « ségrégationnistes » qui défendaient la séparation scolaire dans ce qu'on a appelé le *busing*. Le *busing* a été très utilisé du milieu des années 1970 jusqu'aux années 1990. Il consistait à affecter et à transporter en bus des enfants blancs vers des écoles majoritairement noires ou latinos, et inversement. Le système était très impopulaire parmi la population blanche, et de nombreux responsables politiques s'y étaient opposés. Les familles blanches aisées avaient d'ailleurs tendance à contourner le *busing* en inscrivant leurs enfants dans des écoles privées. Par la suite, le système a été peu à peu abandonné au profit du système des *magnet schools*, où il est de la responsabilité des établissements de refléter la diversité sociale et ethno-raciale de leur ville d'implantation. Kamala poursuivit : « Vous avez travaillé avec eux pour vous opposer au *busing*. Et, vous savez, il y avait une petite fille en Californie qui était transportée en bus à l'école tous les jours. Et, cette petite fille, c'était moi[1]. » Biden, dans les cordes, bredouilla une réponse vague. Le lendemain, toute la presse ne parla que de cet échange qui avait éclipsé tout le reste. Une conclusion s'imposait. Kamala avait pris un risque politique énorme. Elle avait été la seule à se montrer offensive vis-à-vis du chouchou du parti et des médias. Et le choix d'attaquer Biden sur la question cruciale de l'inégalité raciale aux États-Unis a clairement montré qu'elle n'était pas venue faire de la figuration. Mais le pari se

1. *The New York Times*, « When Kamala Harris and Joe Biden Clashed on Busing... », 31 juillet 2019.

révéla pertinent de prime abord. Les médias la déclarèrent majoritairement gagnante du premier débat, et la collecte de fonds repartit fortement à la hausse. Mais la victoire fut éphémère. Un article du *New York Times* le lendemain expliqua que, après enquête, s'il était admis que Kamala avait soutenu le *busing*, le journal avait noté qu'elle avait refusé de fournir des informations supplémentaires[1]. Après avoir soulevé la question, elle esquivait désormais le fait de devoir y répondre. La réalité allait finalement être révélée. Kamala avait également collaboré, au cas par cas, avec des politiciens, tel Jerry Brown, qui s'étaient montrés hostiles, à l'époque, au *busing*. Et n'avait-elle pas fait appel à un certain Joe Biden pour l'aider durant sa campagne aux sénatoriales ? Quelle serait la conséquence d'avoir attaqué ainsi celui qui lui avait pourtant apporté un soutien sans faille ? La presse illustra l'affront fait à Biden par la fable du scorpion qui transporté sur le dos du buffle pour passer une rivière le pique au milieu du gué et meurt finalement noyé.

Kamala dut donc assumer la violence de son attaque. On rappela opportunément les détails du soutien de Biden, deux ans auparavant, à la candidate à la sénatoriale en froid relatif avec Obama, et qui avait supplié l'ex-vice-président de se rendre à la Convention démocrate de Californie à San José afin d'appuyer sa candidature. Chaque mot du discours de l'époque du vice-président fut disséqué, et on nota que la conséquence fut que le

1. *The New York Times*, « When Kamala Harris and Joe Biden Clashed on Busing... », *op. cit.*

parti octroya son soutien à Kamala alors même que son adversaire était également démocrate.

Enfin, pour enfoncer le clou, les médias rappelèrent les liens d'amitié profonds qui unissaient Kamala à Beau, le fils de Joe Biden, avant son décès d'un cancer du cerveau. Autrement dit, la roche Tarpéienne se rapprochait dangereusement pour Kamala, qui avait brouillé son image par ce qui ressemblait fortement, non seulement à de l'opportunisme, mais surtout à de l'ingratitude.

45

Sortie de route

Il n'en fallait pas plus pour que l'odeur du sang attire les autres fauves et que Kamala connaisse à son tour les affres des attaques. Ce fut d'abord l'aile gauche du parti qui lança l'offensive. Les radicaux épluchèrent le bilan des mandats de procureure de district puis de procureure générale de Kamala, et ils posèrent la question de savoir si elle avait vraiment été la procureure « progressiste » qu'elle s'honorait d'être. Une campagne s'orchestra pour rappeler que, à maintes reprises, Kamala s'était opposée à toute réforme profonde de la justice pénale de l'État de Californie. Plus troublant encore, on releva que Kamala s'était farouchement opposée à la révision de condamnations obtenues par vice de forme, et notamment par la falsification de preuves ou par faux témoignages.

De prédatrice, Kamala était devenue une proie. Elle sentait la meute désormais à ses trousses. Et comme les pires attaques viennent toujours des gens dont on se sent le plus proche, lors du deuxième débat de la primaire démocrate, fin juillet à Detroit, ce fut Tulsi Gabbard, une autre femme indo-américaine (par sa mère) et élue d'Hawaï, qui se montra la plus dure envers Kamala. « En tant que procureure générale, déclara Gabbard, la sénatrice Harris a mis plus de 1 500 personnes en prison pour consommation de marijuana alors qu'elle avait avoué en avoir consommé elle-même. Beaucoup plus grave, elle n'a pas enquêté sur des éléments de preuves qui auraient pu disculper un condamné à mort[1]. » C'était brutal. Et sur une scène où s'entassaient dix candidats levant sans cesse la main pour demander la parole, Kamala ne fut pas en mesure de se défendre correctement.

Il lui restait la session de rattrapage. Les grands médias qui lui permettraient de mettre calmement les choses au point et de s'expliquer plus sereinement. Elle sollicita CNN et fut invitée par le journaliste star Anderson Cooper. Mais sa prestation fut médiocre. Plutôt que de remettre les pendules à l'heure et de sortir de cette séquence par le haut, elle se montra cassante et arrogante : « Cela semble impudique, mais je suis évidemment une candidate de premier plan et je m'attendais donc à être une cible. Quand des candidats se retrouvent à des niveaux proches de 1 %, il faut qu'ils cherchent à exister[2]. » C'est à peine si elle concéda un *mea culpa* sur certaines des positions qu'elle avait prises en tant que procureure de district et procureure générale, affirmant qu'elle regrettait qu'une de ses lois ait conduit à

1. *The New York Times*, « Gabbard Criticized Democrats in Democratic Debate », 20 novembre 2019.
2. CNN, « Anderson Cooper », 20 novembre 2019.

l'emprisonnement de parents d'enfants déscolarisés, décision qui lui avait été hautement reprochée à l'époque. Leur incarcération était une « conséquence involontaire » de sa loi, assura-t-elle. Mais les médias, qui ne lui passaient plus rien, déterrèrent une déclaration datant de janvier 2015, lorsqu'elle avait prêté serment pour son deuxième mandat de procureure générale, où elle avait déclaré l'inverse dans son discours d'investiture et s'était réjouie publiquement de sa loi.

L'épisode de CNN souleva les questions fondamentales suivantes. Qui était vraiment Kamala Harris ? Quels étaient ses principes et ses valeurs ? Et comme décidément tout allait mal, début novembre 2019, l'argent se mit à manquer, faute de donateurs, passablement refroidis par les derniers rebondissements. Le directeur de campagne de Kamala, Juan Rodriguez, fut obligé de procéder à des licenciements de militants dévoués et d'affronter la colère et l'amertume de ces personnels remerciés. La campagne était une vraie ruine, et l'hallali était désormais redouté. Le *New York Times*, de son côté, déconstruisit la campagne chaotique de Kamala dans un long article qui oscillait entre sévérité et commisération. Le journaliste rappelait que chaque candidat avait connu ses phases d'ascension et de dépression, mais qu'aucun n'avait fait le yo-yo de façon aussi brutale que Kamala. La Californienne, qui avait un temps talonné Joe Biden dans les sondages, n'était désormais plus créditée que de 3 % d'intentions de vote. Serait-ce l'épitaphe de la campagne manquée de Kamala ? On allait vite le savoir, car les primaires débutaient bientôt.

L'incapacité de Kamala à remonter dans les sondages avait grandement affecté sa collecte de fonds, et, sans argent, elle ne pouvait pas acheter du temps d'antenne pour des publicités qui auraient pu l'aider à remonter dans les sondages. C'était un horrible cercle vicieux. Ainsi avait-elle levé 40,3 millions de dollars, soit environ moitié moins que les 76 millions de dollars levés par Pete Buttigieg[1]. Pire, elle avait échoué à convaincre les petits donateurs qui fournissent une grande partie des dons. En effet, les statistiques de la Commission électorale fédérale prouvent que, à chaque élection présidentielle, plus de 50 % des dons reçus sont des virements de 200 dollars ou moins.

Il restait cependant un espoir. Certes, les candidats à la présidence perçoivent des dons limités à hauteur de 2 800 dollars pour la primaire et de 2 800 dollars supplémentaires pour l'élection présidentielle. Mais, compte tenu des coûts exorbitants pour mener campagne, les candidats s'appuient sur les Political Action Committees ou PAC, voire Super PAC. Les Super PAC doivent fonctionner indépendamment des candidats et peuvent accepter des dons de taille illimitée. Ensuite ces fonds peuvent être reversés à un candidat. Ce système permet aux très riches donateurs de financer la campagne d'un candidat de leur choix, quasiment à fonds perdus. Voyant que Kamala ne s'en sortait pas et manquait de fonds, ses plus riches soutiens et deux anciens collaborateurs se sont regroupés pour créer un super PAC baptisé « People Standing Strong ».

1. Dan Morain, *Kamala's Way. An American Life*, *op. cit.*, p. 216.

Mais en politique, le timing compte autant que le programme. Des spots publicitaires vantant la personnalité, le programme et les plus grandes réussites de la candidate commencèrent à inonder les ondes. Des clips repassaient des extraits de sa confrontation avec le juge Brett Kavanaugh avec, en final, un gros plan sur son visage prononçant ces mots : « Je vous pose une question très directe. Oui ou non ? », et la voix du narrateur de conclure : « Kamala Harris est la vraie bête noire des républicains. Elle révèle leurs mensonges. Elle fera de même avec Trump. Kamala Harris, la démocrate que Donald Trump craint le plus. » Mais la cavalerie arriva trop tard. Le 3 décembre, deux mois avant le début des élections primaires, prévu le 3 février dans l'Iowa, Kamala mit fin à sa campagne.

Cette sortie de route prématurée pour une élue de Californie donnée pendant un temps comme faisant partie des favoris était un terrible échec. Mais les comptes étaient vite faits. Kamala n'avait pas assez d'argent pour même se placer sur la ligne de départ. En abandonnant tôt, elle pourrait au moins s'éviter l'embarras de perdre tout crédit et toute influence pour la suite. Et son nom ne figurerait pas sur le scrutin du 3 mars en Californie. C'était pour le mieux. Les sondages avaient de toute façon montré qu'elle allait mordre la poussière chez elle. Le temps de s'effacer et de panser ses blessures était venu.

46

George Floyd

Les primaires débutèrent donc sans Kamala. Pete Buttigieg fit une entrée fracassante en remportant le caucus de l'Iowa, le 3 février[1]. Le 11 février, lors de la primaire du New Hampshire, Sanders remporta le scrutin et Buttigieg finit deuxième juste derrière lui[2]. Mais personne n'avait anticipé le profond soutien dont bénéficiait Joe Biden auprès de la communauté afro-américaine. Il resterait toujours le vice-président d'Obama et l'un de ses amis les plus proches. La campagne bascula définitivement lors de la primaire de Caroline du Sud, que Joe Biden, jusqu'ici malmené, remporta très largement et qui relança complètement sa course.

Kamala trouva rapidement un dérivatif à une compétition qui se déroulait sans elle. Un virus inconnu venu du centre de la Chine baptisé sous le nom scientifique de SARS-CoV-2 (Severe Acute Respiratory Syndrome

1. *The New York Times*, « Iowa Caucus », 4 février 2020.
2. *The New York Times*, « New Hampshire Primary Results 2020 », 11 février 2020.

Coronavirus 2), mais rendu populaire sous le terme de Covid-19, fit une entrée tonitruante dans la vie des habitants de la planète. Kamala présenta en mars un projet de loi afin de proposer une aide financière d'urgence allouée aux personnes au chômage en raison de la fermeture des commerces et des entreprises lors de la mise en place de mesures de confinement de plus en plus strictes. La pandémie se propageait de façon dramatique aux États-Unis, et la Californie devint le deuxième État le plus touché après celui de New York. Kamala demanda un moratoire sur les expulsions de locataires. Enfin, elle exigea un plan d'urgence pour les petites et moyennes entreprises, ainsi qu'une étude statistique détaillée sur les inégalités ethniques face au Covid.

Mais Kamala était une élue démocrate dans un Sénat contrôlé par les républicains au cours d'une année électorale, et elle avait cherché à être candidate à la présidence. Tout cela signifiait qu'elle n'avait aucune chance de faire passer le moindre de ses projets de loi. Il ne lui restait plus que la visibilité que lui offraient ses différentes prises de position. Elle existait médiatiquement par ricochet pour espérer camoufler son impuissance. Elle luttait contre sa mise à l'ombre comme elle le pouvait. L'essentiel était de tenir. Et d'attendre que le ciel s'éclaire.

Et le rayon de soleil frappa lors du débat démocrate du 15 mars 2020. Le parti avait fait place nette pour Joe Biden, et ses principaux concurrents centristes, dont Pete Buttigieg, avaient opportunément abandonné la course avant le Super Tuesday qui rassemblait, début mars, le plus de primaires en une seule journée. Joe Biden, qui n'avait plus contre lui qu'Elizabeth Warren et l'inusable Bernie Sanders, tous deux trop à gauche pour espérer l'emporter, se dirigeait désormais tranquillement vers l'investiture démocrate. C'est à l'occasion d'un de ces derniers débats entre démocrates qu'il annonça qu'il choisirait une femme pour être sa vice-présidente[1].

La nouvelle fit l'effet d'une bombe, et la presse s'empara immédiatement du sujet en égrenant le casting. Une femme, oui, mais laquelle ? La plupart des commentateurs estimaient osé de parier sur une femme de couleur. Le plus probable est que Biden choisirait une femme blanche. C'était compter sans ces événements qui peuvent changer le cours de l'histoire.

Le 25 mai 2020, un homme noir nommé George Floyd se retrouva le cou coincé sous le genou d'un policier blanc de Minneapolis, Derek Chauvin. L'agonie de Floyd dura huit minutes et quarante-six secondes. La scène fut filmée par des smartphones et l'on entendait distinctement le râle de plus en plus faible de Floyd implorant son bourreau par un « je ne peux pas respirer ». Floyd mourut pour une interpellation suite à l'achat d'un paquet de cigarettes avec un faux billet de vingt dollars. Deux mois plus tôt, la police de Louisville dans le Kentucky, pensant fouiller le domicile de trafiquants de drogue, avait abattu dans son lit Breonna Taylor, une infirmière de vingt-six ans. La mort de Taylor avait

1. *The New York Times*, « Joe Biden Commits to Selecting a Woman as Vice President... », 19 mars 2020.

porté la température du pays à incandescence. L'assassinat de Floyd, de surcroît filmé, engendra une conflagration comme les États-Unis n'en avaient plus connu depuis des décennies. Le 30 mai, cinq jours après, une immense manifestation se déroula à Washington pour réclamer justice.

La foule lançait des slogans hostiles à la police, à Trump et à ce racisme qu'elle vivait comme systémique. Tous les candidats démocrates, ceux qui étaient encore en lice comme ceux qui avaient abandonné la course se trouvaient là, masque sur le visage, Covid oblige. L'émotion se répandit dans tout le pays. Aux manifestations spontanées se succédèrent des sit-in, puis les inévitables émeutes, notamment dans les centres-villes de la côte ouest, à San Francisco, Portland dans l'Oregon ou Seattle dans l'État de Washington. La tension ne retombait pas et se télescopait avec la campagne électorale. Biden, qui faisait désormais office de candidat quasi officiel pour affronter Trump, se trouvait pressé de questions sur le profil de sa future vice-présidente, et la question de sa couleur de peau ne fut plus taboue. Au contraire, chez les démocrates, de plus en plus de responsables estimaient que le poste devrait évidemment revenir à une femme issue d'une minorité raciale.

Kamala se doutait bien qu'elle figurait sur la petite liste des candidates potentielles. Elle était au courant que les collaborateurs de Biden avaient approché les siens et que Rohini Kosoglu, son chef de cabinet, avait fourni toutes les informations nécessaires quant aux prises de position de Kamala sur les questions de race et de justice pénale, s'assurant ainsi qu'elles ne seraient pas en conflit avec les siennes.

Parmi les femmes noires figurant sur la liste de Biden, Kamala savait qu'elle était la seule à avoir participé à une campagne nationale. Mais il restait à solder l'affront du premier débat. Si Joe était prêt à passer l'éponge, il en était autrement de Jill Biden, son épouse, qui avait qualifié l'attaque de Kamala contre son mari de « coup de poing dans l'intestin[1] ».

Sentant le danger, Kamala s'arrangea pour être invitée sur « The Late Show », l'un des talk-shows les plus populaires du pays, avec Stephen Colbert en Monsieur Loyal. Kamala expliqua pourquoi elle avait défié Biden sur le *busing*. Il ne s'agissait que d'un débat. La seule et unique raison tenait en ces mots : c'était un débat. Fermez le ban sur un non-événement[2]. Quant à la perspective d'être choisie comme colistière de Biden, plus prolixe, elle déclara : « Je serais honorée si on me le demandait, et je suis honorée que mon nom soit cité. Honnêtement, laissez-moi vous dire quelque chose. Je ferai tout ce qui est en mon pouvoir, où que je sois, pour aider Joe Biden à gagner[3]. » Rien n'était joué pour autant. D'abord, en raison de l'âge de Biden, sa vice-présidente serait certainement la candidate naturelle à une élection présidentielle. Le parti devait donc aussi avoir son mot à dire, car ce futur-là le concernait. Or, les membres du

1. *Politico*, « The Inside Story of the Biden-Harris Debate Blowup », 19 mai 2021.

2. Realclearpolitics.com : « Kamala Harris Dismisses past Biden Criticism : "It Was A Debate" », 17 août 2020.

3. *Ibid.*

parti qui conseillaient Biden, tels que l'ancien sénateur Christopher Dodd et l'ancien gouverneur de Pennsylvanie Ed Rendell, pensaient que Kamala, du fait de sa campagne ratée, avait perdu le soutien populaire en Californie. D'autres candidates sérieuses postulaient également, notamment la représentante californienne Karen Bass, une démocrate de Los Angeles et présidente du Congressional Black Caucus. Mais, après examen, il s'avéra que Bass avait couvert d'éloges Fidel Castro et était soupçonnée de financer la controversée Église de scientologie.

Kamala sentait que sa candidature prenait de la consistance, mais qu'elle était un peu considérée comme favorite par défaut. Biden ne semblait pas l'envisager comme un choix naturel. Il fallait lui prouver qu'il avait tort.

La lieutenante-gouverneure de Californie, Eleni Kounalakis, était l'une des meilleures amies de Kamala. Son père était arrivé, sans le sou, aux États-Unis à l'âge de quinze ans depuis sa Grèce natale. Elle avait été une donatrice majeure de la campagne d'Hillary Clinton en 2008 et 2016, mais sans s'éloigner d'Obama. Celui-ci l'avait récompensée par un poste d'ambassadrice des États-Unis en Hongrie. Lorsque, à son retour de Budapest, en 2018, elle annonça vouloir se présenter au poste de lieutenante-gouverneure, Kamala lui apporta son plus total soutien. Elle fut élue. Et, le 31 juillet 2020, ce fut elle qui renvoya l'ascenseur. Elle sollicita une réunion Zoom avec l'équipe de campagne de Biden. Trois jours plus tard, la réunion se tint en distanciel. Mais Kounalakis n'était pas seule. Elle avait convié tous les principaux soutiens de Kamala en Californie. Étaient présents la maire de San Francisco, London Breed, la maire d'Oakland, Libby Schaaf, le maire de Long Beach, Robert Garcia, la trésorière du parti démocrate en Californie, Fiona Ma, le secrétaire d'État de Californie, Alex Padilla, et l'ancien gouverneur Gray Davis. Chaque invité eut deux minutes pour expliquer pourquoi Kamala était le bon choix. Certains avaient des histoires professionnelles à raconter, d'autres avaient des anecdotes plus personnelles. Kounalakis eut le mot de la fin : C'est une « femme transformationnelle » dans la politique américaine. « Il n'y a pas de stéréotype pour Kamala Harris[1]. »

---

1. *The New York Times*, « How Joe Biden Chose Kamala Harris as VP », 7 novembre 2020.

47

Le choix

Le 11 août 2020, Biden a appelé Kamala *via* Zoom. « Tu es prête à bosser ? » Le candidat avait gardé sa décision finale secrète. Le samedi précédent, aucun de ses plus proches conseillers n'avait encore la moindre idée de son choix. « Oh, mon Dieu. Je suis tellement prête à bosser », répondit une Kamala en lévitation[1].

L'opinion du fils de Biden, Beau, sur Kamala, avait davantage pesé sur sa décision que tous les conseils et avis autour de lui. « Il n'y a personne au-dessus de l'opinion de Beau, et je suis fier d'avoir Kamala à mes côtés dans cette campagne », déclara-t-il à ses collaborateurs. Mais il serait faux de penser que ce choix était dicté par la seule émotion. Du point de vue de Biden, prendre Kamala avait du sens. Elle s'était élevée par ses seules forces dans la jungle politique de San Francisco, avait gagné des combats difficiles et s'était montrée tenace et résolue. Ses qualités comme ses défauts étaient connus

1. *The New York Times*, « How Joe Biden Chose Kamala Harris as VP », 7 novembre 2020.

de l'équipe de Biden. Elle figurerait parfaitement bien dans le futur débat contre le vice-président Mike Pence. Enfin, dans une atmosphère de quasi-guerre civile, sa présence insufflerait un peu de réconfort et contribuerait à faire baisser les tensions raciales dans le pays. Quant à sa jeunesse, elle serait un atout majeur dans un ticket avec un candidat qui deviendrait potentiellement le Président le plus âgé de l'histoire des États-Unis.

En raison du Covid-19, les meetings furent tous annulés, et il fallut attendre le 19 octobre 2020, soit trois semaines seulement avant l'élection, pour assister au premier rassemblement avec la nouvelle candidate démocrate à la vice-présidente. Il se tint à Jacksonville, en Floride, un des États clés de la campagne, et qui avait largement voté Trump quatre ans plus tôt. Il pleuvait. Les haut-parleurs diffusaient « Work That » de la chanteuse noire Mary J. Blige. « Je veux garder la tête haute. Fille, sois toi-même », disait la chanson. Soudain Kamala plaça son parapluie en arrière à la manière de Gene Kelly dans *Dansons sous la pluie* et se mit à bouger sur le rythme, riant aux éclats, s'abandonnant à une forme de joie sauvage, tribale et communicative[1]. Les républicains ne manquèrent pas de critiquer la prestation de Kamala, qualifiée d'indécente, voire de « frivole ».

La mise en ligne de la danse attira 2,3 millions de vues en vingt-quatre heures. La séquence révélait finalement Kamala telle qu'elle était vraiment. Elle pouvait être dure, se montrer opportuniste, elle avait laissé

---

1. Dan Morain, *Kamala's Way. An American Life*, *op. cit.*, p. 224.

parfois son travail en friche, passant trop rapidement d'un dossier à un autre, mais elle pouvait aussi se montrer solaire, généreuse et pleine d'empathie joyeuse. Ce jour-là, elle se moqua de ce qu'on pouvait penser d'elle.

Au moment où s'engageait le dernier round de la campagne, Kamala mesura le chemin déjà accompli. Elle avait été la première femme afro-américaine à obtenir une investiture à la présidence des États-Unis. Deux autres femmes s'étaient présentées par le passé, mais avaient échoué : Shirley Chisholm en 1972 et Carol Moseley-Braun en 2004. Comme on l'a vu, Kamala avait lancé sa campagne présidentielle le jour de la commémoration nationale de Martin Luther King. Mais cette date du 21 janvier marquait également les quarante-sept ans, jour pour jour, du début de la campagne de Chisholm. Kamala lui rendit d'ailleurs un hommage supplémentaire en utilisant un jeu de couleurs et une typographie similaires pour son matériel promotionnel et le logo de sa propre campagne. Kamala savait qu'elle était à jamais la première Américaine d'origine asiatique et la première Afro-Américaine à être candidate à la présidence et plus seulement à une primaire. Enfin, si elle était élue, elle deviendrait la première femme, la première Américaine d'origine asiatique, la première Américaine d'origine indienne, la première personne d'origine jamaïcaine et la deuxième personne afro-américaine à devenir Présidente. Sans oublier que Doug serait devenu le premier « Second Gentleman » de l'histoire américaine. Biden et Kamala repartirent ensemble au combat.

Le 18 août, au deuxième soir de la Convention nationale démocrate de 2020, qui, en raison de la pandémie, se tint en virtuel pour la première fois de l'histoire, le parti désigna par un vote solennel Biden et Kamala comme candidats officiels. Les quatre nuits que dura la grand-messe, les cadres, les militants et les compagnons de route firent l'union sacrée contre Trump. La plateforme du parti fut également adoptée. La priorité serait triple en cas de victoire : vaincre la pandémie qui avait fait près de 500 000 morts, relancer l'économie américaine par un plan d'injection massive d'argent public et lutter contre les inégalités sexuelles et raciales.

La Convention démocrate n'était pas achevée que Trump, qui n'en manquait pas une seconde depuis la Maison Blanche, lança les hostilités. Et les attaques fusèrent à un niveau de bassesse rarement atteint au cours d'une campagne présidentielle qui en avait pourtant connu beaucoup dans son histoire. Il mit en doute les capacités mentales de Biden, affirmant qu'il souffrait de démence et qu'il prenait des dopants pour améliorer ses performances. Avant la tenue du premier débat, il exigea que son adversaire subisse un test de dépistage antidrogue. Naturellement, Biden refusa, ce qui permit aux médias pro-Trump d'enfoncer le clou. Trump insinua ensuite que Biden utiliserait des écouteurs électroniques camouflés pour le débat et fit une demande officielle pour que les oreilles de Biden soient fouillées. Les raisons de cette gesticulation présidentielle étaient claires pour tout le monde. Depuis que la pandémie avait frappé le pays, Trump était à la traîne dans les sondages.

48

Covid-19

Les premiers décès aux États-Unis furent répertoriés en février 2020. À cette date, Trump pouvait s'appuyer sur un indice de popularité qui avoisinait les 47 %. Certes, il était bas par rapport à ses prédécesseurs, mais le New-Yorkais bénéficiait de l'indéfectible soutien de sa base électorale, et, surtout, la proportion de la population qui lui était hostile était maintenue autour de 50 %[1]. C'était suffisant, avec le mode de scrutin particulier des élections américaines, pour lui donner de bonnes chances d'être réélu. Tout changea lorsque le Covid-19 envahit le pays. Trump sembla sous-estimer la dangerosité du « virus chinois », comme il commença à l'appeler. Certes, des mesures de protection furent prises. Le 6 mars, il signa le Coronavirus Preparedness and Response Supplemental Appropriations Act, qui permit un financement d'urgence de 8,3 milliards de dollars aux agences fédérales pour répondre à l'épidémie. Le 13 mars, il décréta l'état

1. Newsweek.com, « Trump's Approval Rating is Higher Now than This Times Last Year Despite Covid and BLM Protests », 2 novembre 2020.

d'urgence, donnant plus de prérogatives au pouvoir fédéral pour lutter contre la pandémie. Les frontières furent notamment fermées à certains pays, et des restrictions sévères à l'entrée frappèrent les étrangers non immigrants qui se retrouvèrent bloqués aux États-Unis, dans l'impossibilité de renouveler leur visa. À la fin mars, l'administration Trump invoqua le Defense Production Act de 1950 pour ordonner aux industries américaines de tout mettre en œuvre pour produire du matériel médical. Mais, en dépit de ces mesures, dès la mi-avril, des cas avaient été confirmés dans les cinquante États américains.

Ces mesures furent perçues comme voulant davantage préserver l'économie que la santé des personnes. En outre, Trump ne perdait jamais une occasion de minimiser la dangerosité de la pandémie, refusant ostensiblement de porter un masque. « L'homme du petit peuple », comme il aimait à se définir lui-même, semblait d'un coup manquer d'empathie. Sentant le danger, il s'en prit autant aux Chinois, accusés d'avoir une responsabilité dans la circulation du virus, qu'aux démocrates, notamment les gouverneurs, accusés d'« enfermer » leurs populations et de vouloir créer une psychose. La bataille sanitaire se transforma rapidement en bataille politique entre, d'un côté, les gouverneurs républicains sommés de suivre les directives présidentielles et qui refusaient toute mesure de confinement et, de l'autre, les gouverneurs démocrates, appuyés par tous les candidats à la primaire, qui avaient décrété la fermeture des commerces, des entreprises et la limitation de l'utilisation des services publics. Ce bras de fer tourna rapidement au désavantage de Trump. Il plongea irrémédiablement dans les sondages.

Sa nervosité alla croissant à mesure qu'il échouait à retrouver son socle de confiance. En outre, les démocrates le tinrent pour responsable des actes xénophobes et racistes contre les Américains d'origine asiatique qui se multipliaient. La campagne avait pris une tournure aussi dramatique qu'inédite. Les États-Unis détenaient le record du nombre de contaminations et de décès dus au Covid-19, le chômage grimpait en flèche, l'économie était à l'arrêt et, depuis la mort de George Floyd, les tensions raciales s'étaient répandues dans pratiquement toutes les grandes villes, avec leur lot d'émeutes, de pillages, le tout sur fond de confinement.

C'est dans cette atmosphère apocalyptique que l'automne 2020 arriva, avec l'épilogue de la course à la présidentielle. Restaient les débats entre les candidats. Quatre face-à-face furent actés entre les états-majors des deux partis. Trois débats opposeraient Trump à Biden, et une confrontation était prévue entre Kamala et le vice-président sortant Mike Pence. Cet exercice rituel de la démocratie américaine depuis le début des années 1960 avait généralement le goût d'un match de boxe dont les Américains raffolent et qu'ils suivent assidûment. Mais, cette année-là, tout le monde sentait bien que les débats tiendraient davantage du combat de gladiateurs.

49

Dans l'arène

Le premier débat eut lieu le 29 septembre 2020 au Samson Pavilion of the Health Education Campus à Cleveland. Comme si la tension n'était pas déjà à son comble, deux semaines plus tôt, la juge de la Cour suprême Ruth Bader Ginsburg décéda d'un cancer. Ginsburg était l'une des quatre juges progressistes. Sa mort était donc un terrible coup dur pour les démocrates. Outre sa stature et son influence extraordinaire en faveur des droits des femmes et des minorités, la gauche, déjà minoritaire, risquait de perdre encore davantage d'influence à la Cour. Les démocrates plaidèrent pour qu'un moratoire soit acté et que la désignation du successeur de Ginsburg soit différée au lendemain de la présidentielle, étant donné la proximité du scrutin. Mais Trump n'avait pas l'intention de rater l'occasion de renforcer le camp conservateur. Lui qui s'était énormément rapproché des évangéliques voyait d'ailleurs dans la mort de Ginsburg un « signe du destin ». Il désigna la conservatrice Amy Coney Barrett, et les républicains du Sénat, sous la houlette du chef de la majorité au Sénat, Mitch McConnell, furent sommés de procéder aux auditions et au vote de confirmation aussi vite que possible. Les démocrates condamnèrent la manœuvre à grands cris, mais rien n'y fit.

Le premier débat fut à la hauteur escomptée. Sous la ceinture. Alors que les débatteurs étaient censés se répartir le temps de parole avec un droit de réponse pour chaque candidat, Trump, extrêmement nerveux et agressif, passa son temps à interrompre Biden. À plusieurs reprises, le journaliste Chris Wallace, pourtant issu de Fox News, avait supplié Trump de respecter les règles du débat. Et la confrontation finit par dérailler pour ne devenir qu'une bagarre de cour de récréation. Excédé, Biden refusa de répondre à une question, ce qui conduisit Trump à reprendre la parole. Biden lança alors à son adversaire : « Veux-tu te taire, mec ? » Et le pseudo-débat s'acheva dans la confusion. Entre-temps, Biden avait traité Trump de « clown »[1].

Que retenir de ce pugilat ? Pour la majorité des commentateurs objectifs, rien. Les intervenants ayant passé plus de temps à s'invectiver qu'à débattre, seule une impression de gâchis se dégageait, avec le sentiment que la maladie qui frappait la démocratie américaine était aussi profonde que la pandémie. Soixante-treize millions de téléspectateurs avaient enduré ce qui fut le deuxième débat le plus regardé de l'histoire, derrière les 84 millions

1. CNBC, « First Presidential Debate 2020 : Trump vs. Biden highlights », 29 septembre 2020.

de la première confrontation Trump-Clinton, quatre ans plus tôt[1].

On attendait par conséquent beaucoup du débat des vice-présidents qui se tint le 7 octobre à l'université de l'Utah à Salt Lake City. Une femme, Susan Page, journaliste à *USA Today* fut désignée pour modérer le débat. Par une ironie de l'histoire, Trump et un certain nombre de collaborateurs de la Maison Blanche avaient été testés positifs au Covid-19 quelques jours auparavant. Il avait donc été décidé que Pence et Kamala se tiendraient à un peu plus de trois mètres cinquante l'un de l'autre, séparés, en outre, par une protection en Plexiglas.

Kamala s'était parfaitement préparée. Au-delà des sujets qui seraient abordés et qu'elle connaissait sur le bout des doigts, elle savait qu'il était de son devoir de contribuer à casser l'image désastreuse du premier débat. Elle savait aussi que sa confrontation avec Pence serait celle de deux images de l'Amérique, l'ancienne et la nouvelle. Pence représentait tout ce contre quoi elle se battait. L'élu de l'Indiana était un Born Again évangélique, profondément conservateur, notamment sur les sujets de mœurs. Il était davantage considéré comme un idéologue que comme un stratège. Proche du mouvement du Tea Party, il se définit lui-même comme « chrétien, conservateur et républicain ». Partisan du droit du sang plutôt que du droit du sol, il avait épousé sans réserve les thèses anti-immigration de Trump, à l'exception

1. CNBC, « First Presidential Debate 2020 : Trump vs. Biden highlights », *op. cit.*

notable de l'interdiction d'entrée des musulmans aux États-Unis, qu'il jugea *mezza voce* anticonstitutionnelle. Il fait partie des climato-sceptiques, tout en admettant que l'homme influence son environnement. Et il est naturellement contre l'avortement, pour la liberté de porter des armes et pour la peine de mort. Un mètre étalon du conservatisme américain. Il aurait sa place à Sèvres.

Le débat fut effectivement policé. En préambule, la modératrice Susan Page demanda aux deux candidats s'ils avaient discuté ou conclu un accord avec leurs colistiers « sur les garanties ou les procédures en matière d'invalidité présidentielle[1] ». Le problème avait pris de l'importance en raison de l'âge des deux candidats à la présidentielle et de l'hospitalisation de Trump au début du mois. Mais Pence et Kamala esquivèrent tous deux la question. Sur ce point, au moins, il y aurait consensus. Ce serait le seul.

Le débat ressembla à un dialogue impossible entre deux visions antagonistes de l'Amérique, mais, au moins, ce ne fut pas un pugilat. Une semaine après le chaos du premier débat, torpillé par les interruptions incessantes et agressives de Trump, ce face-à-face se déroula selon les codes du genre. Il fallut attendre les questions sur la gestion de la pandémie de Covid-19 pour que la confrontation s'anime un peu et que Kamala retrouve ses habitudes de procureure intraitable.

« Les Américains ont été témoins de ce qui est le plus gros échec de toute Administration présidentielle dans

1. Usatoday.com, « Vice presidential debate : Full transcript of Mike Pence and Kamala Harris... », 8 octobre 2020.

l'histoire de notre pays. Franchement, cette Administration a perdu son droit à prétendre à la réélection », asséna la sénatrice, assurant que la Maison Blanche avait su très vite que l'épidémie serait dévastatrice, sans prévenir les Américains[1].

La parade de Pence était connue. Il s'agissait du même mantra conservateur depuis le début de la pandémie. Il accusa les démocrates de « saper la confiance des Américains » et, en prétendant lutter contre la maladie, d'empiéter sur « la liberté du peuple » que les républicains entendaient, eux, « respecter ». Repartie immédiate de Kamala qui connaissait très bien cette ligne de défense : « Vous respectez les Américains lorsque vous leur dites la vérité[2]. »

Kamala n'a pas cherché à faire d'étincelles. Elle s'est contentée de marquer le point dès qu'elle le pouvait auprès de la catégorie de son électorat prioritaire : les femmes. « Monsieur le vice-président : j'ai la parole », a-t-elle répété chaque fois – il y en eut seize – que l'intéressé l'interrompait. Le débat était à peine terminé que l'équipe Biden mettait en vente un tee-shirt « I'm speaking[3] ».

Kamala a pu rassurer son camp. Pourtant, Pence sut aussi porter des attaques quand il accusa les démocrates de s'opposer à la fracturation hydraulique qui permet la production de gaz et de pétrole de schiste. Et pour

1. Usatoday.com, « Vice presidential debate : Full transcript of Mike Pence and Kamala Harris... », *op. cit.*

2. *Ibid.*

3. Forbes.com, « Mr. Vice President, I'm Speaking », 8 octobre 2020.

cause. Kamala avait initialement soutenu le Green New Deal, un plan très ambitieux de lutte contre le réchauffement climatique défendu par Bernie Sanders et l'aile gauche démocrate. Avant de revenir sur ses positions une fois désignée comme colistière, pour épouser celles, plus centristes, de Biden.

Après le match nul du premier débat, dans tous les sens du terme, ce débat-ci fut également considéré comme s'étant achevé sur une égalité entre Kamala et Pence. C'est tout ce que demandaient les démocrates qui savaient qu'ils conserveraient ainsi la tête des intentions de vote dans les sondages. *In fine*, la grande vedette de ce face-à-face fut une mouche qui se colla ostensiblement dans les cheveux blancs de Pence, attirant davantage de commentaires et de mèmes sur les réseaux sociaux que le fond du débat lui-même. Peu importait aux démocrates. Kamala avait parfaitement rempli sa mission.

Ce qui aurait dû être le troisième débat fut finalement repoussé, à la grande fureur de Trump qui, comme au casino, rêvait de « se refaire » après une première prestation qu'il estimait aussi avoir ratée. Mais sa contamination au Covid-19 permit à Biden de refuser opportunément le face-à-face. C'est donc le 22 octobre, à Nashville dans le Tennessee, que se tint le second et ultime débat entre les deux candidats. À moins de deux semaines du jour du scrutin, les chances, ou les risques, de le voir modifier considérablement les votes étaient infinitésimales.

Afin d'éviter les interruptions intempestives de Trump survenues lors du premier débat, la Commission des débats annonça que, pour la première fois au cours d'un débat présidentiel, seul le micro du candidat interrogé serait ouvert le temps de sa réponse initiale de deux minutes pendant que celui de son adversaire serait coupé.

Au bout du compte, cette arme de destruction massive ne fut utilisée que trois fois et sans conséquences particulières, car le débat fut nettement plus serein, à défaut d'être sans basse attaque. Trump n'hésita pas à traiter son adversaire de « cancre » en faisant référence à ses notes scolaires. En conclusion, il fut demandé aux deux candidats ce qu'ils diraient le jour de leur investiture aux Américains qui n'avaient pas voté pour eux. Trump disserta sur l'état de l'économie qu'il jugeait florissante. Biden, empreint de gravité, déclara qu'il demanderait aux Américains de « choisir la science plutôt que la fiction ». On pouvait entamer la dernière ligne droite[1].

---

1. Usatoday.com, « Debate transcript : Trump, Biden final presidential debate... », 23 octobre 2020.

50

Avant-dernière étape

Durant toute la campagne présidentielle de 2020, Kamala a soigneusement évité de tirer la couverture à elle. Elle serait passée pratiquement inaperçue si les républicains n'en avaient fait leur cible privilégiée. Trump, bien sûr, ne fut pas le dernier à alimenter le tir. Après avoir moqué son nom, il s'en prit à son rire : « Vous avez vu ? Elle n'arrêtait pas de rire. Je me suis dit : "Elle aussi, elle a un problème" », a-t-il lancé lors d'un meeting à Allentown, en Pennsylvanie[1].

Le sortant essaya sournoisement d'imprimer dans les esprits l'image d'une Kamala Harris installée dans le Bureau ovale. Sous-entendu : Biden ne tiendra pas quatre ans. Une femme, et une femme de couleur, pourrait lui succéder. Le 27 octobre, dans le Michigan, il est allé jusqu'à évoquer l'hypothèse d'une disparition violente de Biden, à peine l'investiture terminée. « Trois semaines et Joe est abattu. Kamala, tu es prête ? a-t-il interrogé de façon prémonitoire avec

1. Mcall.com, « Trump rally Allentown : President slams Joe Biden... », 26 octobre 2020.

quatre ans d'avance, avant d'assurer : Kamala ne sera pas votre première Présidente. On ne va pas avoir un Président socialiste. Encore moins une femme Présidente socialiste[1]. » Conformément à la constante stratégie des colistiers démocrates de ne jamais tomber dans la fange, Kamala refusa de répondre et de faire enfler la polémique.

Pour elle, le combat essentiel était ailleurs : battre Trump, un point, c'est tout. C'est pour cela qu'elle s'était rangée au premier rang de la résistance. Avec la campagne présidentielle de 2024, il est temps pour Kamala Harris d'entrer définitivement dans l'histoire. Ou du moins de le tenter.

1. kabc.com, « Trump Slams Biden For Selling Out Michigan Workers... », 2 novembre 2020.

III

LA CONQUÉRANTE

51

Un nouvel espoir

Une clameur incroyable, organique, tripale, s'élève des travées archibondées du United Center. L'antre de la mythique équipe de basketball des Chicago Bulls où trône la statue de près de quatre mètres de Michael Jordan, laisse exulter les cris et les applaudissements de ses 21 000 spectateurs en transe. S'y retrouvent en fraternité les 4 567 délégués qui ont voté, des personnalités politiques locales et nationales du monde du spectacle et de l'entreprise, ou encore de simples citoyens privilégiés qui sont tous venus pour communier, non pas avec le meilleur joueur de tous les temps dans son sport, mais avec la nominée officielle du parti démocrate pour l'élection présidentielle américaine : Kamala Harris.

Il est près de 22 h 30 « Central Time Zone », l'heure de Chicago, en cette soirée étoilée du jeudi 22 août 2024, quand Kamala Harris achève son discours d'investiture en un peu moins d'une heure. Aussitôt, sur l'immense estrade derrière laquelle s'affiche son nom en lettres géantes, et alors que tombent lentement du plafond des centaines de ballons et de serpentins rouges, blancs et bleus, aux couleurs du drapeau américain, la rejoignent pêle-mêle, enlacés les uns aux autres, son mari Doug Emhoff et ses enfants nés d'un premier mariage, Cole et Ella, et la sœur de Kamala, Maya, dont elle est si proche. Puis viennent Tim Walz, le colistier et son épouse Gwen et les principaux soutiens de la candidate, notamment les gouverneurs de Pennsylvanie Josh Shapiro et d'Arizona Mark Kelly, candidats malheureux au titre de colistier.

Le parti démocrate à l'unisson célèbre, dans une ferveur inconnue depuis la victoire de Barack Obama seize ans plus tôt, celle sur qui repose tous les espoirs de l'Amérique progressiste.

La soirée de clôture de la Convention a été réglée comme du papier à musique jusqu'à l'intronisation de la candidate et son discours final.

Tout débute à 17 h 30 avec la levée des couleurs du drapeau américain suivi du serment d'allégeance des délégués. Puis s'élève dans les airs « The Star-Spangled Banner » (« La bannière étoilée »), l'hymne national chanté à pleins poumons par tout un stade, chacun ayant pris soin de poser sa main sur le cœur.

À 18 h 00, les premiers orateurs se succèdent par ordre croissant d'importance, en général un élu local ou une personnalité de la ville ou de l'État de l'Illinois jusqu'à des parlementaires ou des personnalités que l'on souhaite particulièrement honorer.

La première *guest-star* à faire grimper la température est Elizabeth Warren, l'influente sénatrice du Massachusetts à 18 h 20. Puis à 18 h 40, sur l'immense scène, s'approche du micro sous un tonnerre d'applaudissements Craig Sicknick, dont le frère, Brian, fut l'un des policiers tué alors qu'il défendait le Capitole lors de l'assaut du 6 janvier.

Deb Haaland, l'égérie des Amérindiens, prend la parole à 19 h 30 suivie par d'autres parlementaires.

À 20 h 00, les petites-nièces de Kamala Harris, Amara et Leela, à savoir les petites-filles de sa sœur Maya, entrent en piste et détendent l'atmosphère en expliquant comment se prononce « Kamala » en Inde. Elles sont rejointes par Ella et Cole, les deux enfants du mari de Kamala Harris, issus de son premier mariage. La famille est ainsi rassemblée sous les projecteurs dans un « happening » très prisé des Américains et pour le plus grand bonheur des cœurs d'artichaut. Puis c'est au tour des vétérans, toujours très populaires aux États-Unis, d'entrer à leur tour dans l'arène à 21 h 00 sous un tonnerre de hourras.

Maya, la sœur adorée de Kamala, la conseillère, la confidente, prend finalement la parole pour évoquer leur sororité de façon plus intimiste, plus humaine et évoquer, les larmes aux yeux, leur mère disparue en 1989. L'émotion est à son comble. Le grand moment peut commencer.

Enfin à 21 h 30 pile, le moment tant attendu arrive. Kamala Harris fait son entrée sur l'immense plateau et se place devant un grand pupitre en bois clair. Tailleur-pantalon bleu sombre, sept immenses drapeaux américains flottant derrière elle en guise de décor, elle se prépare à prononcer le discours de sa vie devant les délégués vêtus de blanc – rappel de la couleur que portaient jadis les suffragettes – et près de trente millions de ménages qui vont la regarder en direct à la télévision, ce qui constitue un record.

La voilà en scène. Elle débute son allocution par un de ces rires solaires qui font sa signature aussi bien qu'ils alimentent le fuel des critiques des républicains. Un discours ciselé et mille fois retravaillé de quarante minutes environ. Pour la postérité. Car quoi qu'il puisse advenir le jour de l'élection, le 5 novembre, elle aura tracé sa voie et marqué l'histoire de ce pays sans que cette assertion si banale ne soit en rien ici surannée.

Et ce qu'elle dit restera également gravé dans les mémoires comme le marbre des grands discours des candidats qui ont un jour postulé à la fonction suprême aux États-Unis.

Se sachant en déficit de notoriété par rapport à Donald Trump, elle décrit d'abord sa vie par le menu. Sa jeunesse californienne aux côtés de sa mère qui l'a élevée et lui a inculqué ses valeurs progressistes issues de la lutte de ses parents pour les droits civils à la fin des années 1960, sa vocation pour le droit lorsqu'elle a appris que son amie d'enfance avait été victime d'agressions sexuelles par son beau-père, ses mandats de procureure en Californie qui ont suivi.

Puis viennent les attaques contre son rival, Donald Trump, grimé en homme dangereux et égotiste. « Son seul et unique client, c'est lui-même », et la candidate décrit de façon apocalyptique ce que signifierait la réélection de l'ex-président à la Maison Blanche.

« On ne retournera pas en arrière », scande-t-elle plusieurs fois à l'unisson avec le public.

Mais ce qu'on retiendra surtout de son discours de Chicago, ce sont deux phrases particulières. L'une qui résume son mantra personnel : « Ne laissez jamais personne vous dire qui vous êtes. Montrez-leur qui vous êtes[1]. »

Et la seconde qui symbolise le ton qu'elle donne à sa campagne, unitaire, axé sur les classes moyennes tentées de voter pour son rival républicain : « Aucun d'entre nous, aucun d'entre nous ne doit échouer. Pour que nous réussissions tous[2]. »

Davantage inspiré par un Barack Obama et son « post-racialisme » que par la théorie de la segmentation de la société par communauté (un mot pour les femmes, un mot pour les minorités, etc.) d'Hillary Clinton qui coûta si cher à cette dernière, le discours de Kamala Harris annonce autant une rupture qu'un retour aux sources du progressisme classique de la gauche américaine, résolument revenue à son universalisme originel.

Cette grandiose soirée d'investiture clôt un cycle aussi rapide que radical qui débuta un mois plus tôt, le 21 juillet quand Joe Biden annonça son renoncement.

Un mois de légende, un mois de « jamais-vu » qui fut parfaitement millimétré pour en arriver à ce moment de célébration dans la chaude nuit estivale de la capitale autoproclamée des Grands Lacs.

---

1. https://www.nytimes.com/2024/08/23/us/politics/kamala-harris-speechtranscript.html
2. *Idem.*

52

La course contre la montre

Flash-back. Le 23 juillet, soit deux jours après le retrait de Joe Biden et après avoir gardé un silence prudent, la vice-présidente abat ses cartes et annonce qu'elle est « candidate à la candidature ».

L'objectif est double : occuper le terrain pour empêcher un éventuel rival de se présenter contre elle et surtout entamer la course contre la montre légale consistant à lui permettre d'obtenir – sans avoir participé à une seule primaire – le soutien de la majorité des 4 619 délégués démocrates, représentants respectivement leur État et qui devront entériner officiellement le choix du parti.

Sur le premier point, la cible est rapidement atteinte. Mis à part le sénateur frondeur de Virginie Occidentale, Joe Manchin, qui avait laissé planer un doute, rapidement démenti par l'intéressé, sur sa candidature, personne ne relève le gant[1]. Kamala est bien seule en lice pour prendre la suite de la campagne. De fait, Joe

1. https://apnews.com/article/joe-manchin-2024-presidential-run-8377c2c336b14c660807941fe943b3b7

Biden avait adoubé sa colistière le jour même de son abandon. Il est rapidement suivi par Bill et Hillary Clinton, l'influente californienne Nancy Pelosi, ancienne « speaker » à la Chambre des représentants et le New-Yorkais Chuck Schumer, chef de file des démocrates au Sénat.

Seule personnalité à se laisser désirer et à faire patienter son monde : Barack Obama. Après avoir rapidement communiqué pour rendre hommage à Joe Biden, il attendra la fin de la semaine pour se fendre d'un texte appelant à soutenir Kamala Harris[1]. Excès de courtoisie à l'égard de son ancien vice-président ou bien prudence coutumière de l'ex-président, on ne se perdra pas très longtemps en conjectures. L'heure est à l'unité, pas aux spéculations.

Sur le second point, en dépit des recours déposés en masse par les constitutionnalistes du parti républicain pour contester la désignation – hors primaires – de Kamala Harris, la désormais candidate à la candidature réussit le tour de force de réunir la majorité des délégués dès le lendemain de son annonce. Et en moins de deux semaines, le parti démocrate met fin au faux suspense en annonçant qu'elle avait obtenu assez de voix pour remporter l'investiture démocrate à la présidentielle américaine. Le vote virtuel des grands électeurs la désigne à la majorité dès le 2 août alors que la procédure devait s'étendre jusqu'au 5 août[2].

1. https://apnews.com/article/barack-obama-endorseskamala-harris-joe-biden-48e38547560ae64484399d278c697a7a

2. https://www.cbsnews.com/news/dnc-roll-call-of-states-2024/

Car pour se garder également de toute mésaventure juridique supplémentaire, le parti décide que ce vote virtuel se tiendrait avant le 7 août, date permettant de respecter le code électoral de l'Ohio qui exige que les candidats soient enregistrés et certifiés par leur parti quatre-vingt-dix jours avant le jour de l'élection pour être inscrits sur les bulletins de vote.

Prudente car seulement nominée en attentant le vote officiel de Chicago du 22 août, Kamala Harris déclare sobrement : « Je suis honorée d'être la candidate présumée du parti démocrate à la présidence des États-Unis. Et je vous dirai que le travail acharné de nos délégués, de nos dirigeants locaux et de notre personnel a été crucial pour rendre ce moment possible. À la fin du mois, nous nous réunirons à Chicago, unis en un seul parti, et nous aurons l'occasion de célébrer ensemble ce moment historique[1]. »

Pour enfoncer le clou définitivement, Joe Biden déclare de son côté qu'il « ne pourrait pas être plus fier ». « L'une des meilleures décisions que j'ai prises a été de choisir Kamala Harris comme vice-présidente », déclare-t-il dans un tweet.

---

1. https://www.newsweek.com/kamala-harris-democrat-nomineepresident-votes-1933979

53

Cent jours

La candidate semi-officielle a désormais cent jours pour convaincre les électeurs. Jamais dans l'histoire des États-Unis un candidat ne s'est retrouvé à mener campagne dans un laps de temps aussi court et sans jamais avoir remporté le vote d'un seul délégué. Pas plus en 2020 (Kamala Harris n'avait pas pu se présenter à la primaire) qu'en 2024. C'est une première dans l'histoire américaine et une entorse à la coutume électorale du pays. Le seul exemple qui fasse référence est celui de Lyndon Johnson qui renonça à se représenter en 1968, mais c'était en mars, pas en juillet. Et cette élection fut d'ailleurs un souvenir funeste pour les démocrates puisque son remplaçant, Hubert Humphrey, sera sèchement battu par le républicain Richard Nixon.

Cependant, pour dissiper les mauvais augures, Kamala Harris peut se rassurer avec du sonnant et trébuchant : l'argent. Avant même le résultat du vote virtuel des grands électeurs, elle bat un record historique dans la geste des campagnes électorales présidentielles américaines en récoltant 310 millions de dollars en dix jours en juillet, notamment grâce à des dons de montants modestes, qui témoignent de l'engouement populaire qui entoure sa candidature. Donald Trump, de son côté, ne lève « que » 138,7 millions de dollars, ce que les médias démocrates s'empressent de rapporter[1].

Enfin, pour achever victorieusement cette campagne éclair avant la Convention démocrate de Chicago des 19 au 22 août, il reste trois semaines pour trouver la perle rare : celui ou celle qui sera le colistier.

Donald Trump a, de son côté, choisi le bouillant sénateur de l'Ohio, James David Vance. Jeune, issu d'un milieu populaire dont la vie sera narrée dans le film *Une ode américaine*, ex-marine devenu avocat, il symbolise les ralliés tardifs à l'ex-président. Mais il n'en est pas moins un idéologue marqué très à droite, se définissant lui-même comme « néoréactionnaire », conservateur et populiste.

J. D. Vance ayant commencé à arpenter les meetings, seul ou avec Donald Trump, le temps presse du côté démocrate pour trouver le binôme de Kamala Harris. Or d'habitude, le processus typique de sélection, comme le décrit malicieusement Tim Kaine qui fut le colistier d'Hillary Clinton, consiste en « deux mois d'examen minutieux de tous les impôts payés, de chaque discours prononcé, de chaque article écrit, des interviews approfondies avec toute la famille ».

Pas le temps pour ces investigations. Le processus est raccourci au maximum et ne concernera qu'un nombre restreint de candidats à la vice-présidence. C'est Eric

1. https://apnews.com/article/harris-fundraising-democratstrump-fbc14aa926444b4f961f579c63811766

Holder, l'ancien procureur général des États-Unis sous Barack Obama et son cabinet d'avocats qui sont chargés de procéder à l'examen des antécédents des potentiels lauréats.

L'équipe de Kamala Harris prévoit de mener et de conclure le processus de vérification d'ici au 7 août.

Trois noms reviennent avec insistance. Celui du favori Josh Shapiro, le gouverneur de Pennsylvanie : il a été élu avec une victoire écrasante en 2022, battant le républicain Doug Mastriano. La Pennsylvanie, avec ses dix-neuf votes au collège électoral, reste l'une des clés pour entrer à la Maison Blanche. Mais Josh Shapiro est juif et, en plein conflit à Gaza, un écrit datant de ses vingt ans, sur les Palestiniens « qui ne cohabiteront pas pacifiquement » et sont « trop conflictuels pour pouvoir établir leur propre patrie pacifique » ressort opportunément. Compliqué d'espérer récupérer le vote des campus et de la minorité musulmane, notamment du Michigan avec ce choix. Exit Shapiro.

Le second candidat est Mark Kelly, sénateur de l'Arizona, qui représente lui aussi un « swing state ». Ancien astronaute et pilote de la marine, il présente le profil d'un véritable héros américain. Il a été élu en 2020 face à la sénatrice républicaine sortante Martha McSally et a été réélu en 2022 dans cet État frontalier du Mexique, traditionnellement acquis aux républicains mais qui a basculé pour Joe Biden en 2020. Cependant, Mark Kelly se voit critiqué pour avoir cofondé en 2012 World View, une entreprise de capital-risque qui a reçu des millions de dollars du géant chinois Tencent. Délicat lorsqu'on est censé défendre les emplois américains du Midwest face à la Chine. Exit Kelly.

Le troisième profil étudié est celui de Tim Walz. Le gouverneur du Minnesota est inconnu du grand public, mais a pour atout de faire campagne efficacement et d'avoir mis en avant le mot « bizarre » (« weird ») pour qualifier Donald Trump et son vice-président potentiel, J. D. Vance. Avec son faux air de « Papy Brossard », ce descendant d'immigrés allemands, nombreux avec les Scandinaves à avoir pris souche dans cette partie des Grands Lacs, est né à West Point, une petite ville de 3 500 habitants dans le Nebraska voisin. Ce « Monsieur Tout-le-Monde », sorte de voisin idéal, capable de se faire élire dans un État rural et conservateur, cache en réalité un authentique idéologue progressiste qui plaît donc à toutes les composantes du parti démocrate. Il a notamment légalisé le droit à l'IVG en réaction à l'arrêt Dobbs de la Cour suprême, fait adopter la gratuité des repas pour les élèves de son État, petit-déjeuner compris, mis en place vingt semaines de congés parentaux et fait voter la légalisation de la consommation de cannabis.

En prime, Tim Walz, en dépit de sa calvitie et de son restant de cheveux blancs a le même âge que Kamala Harris et ne représente pas un danger pour cette dernière, l'homme n'ayant jamais montré d'appétence pour la Maison Blanche. Il a le tempérament et le positionnement parfaits pour séduire une partie de la classe blanche rurale et paupérisée, ces oubliés de la mondialisation, premières victimes des opioïdes, notamment du fentanyl, et qui représentent le gros des bataillons d'électeurs qui votent traditionnellement pour Donald Trump.

Enfin et pourrait-on dire, surtout, Tim Walz qui s'est lancé en politique pour soutenir John Kerry, candidat malheureux à la présidentielle de 2004 contre George Bush, est entré, *de facto*, par capillarité, dans le giron de la Maison Obama.

Dès lors, son choix ne faisait plus aucun doute tant le leader naturel des démocrates demeure l'ancien président. Le 6 août, un communiqué de Kamala Harris annonce l'officialisation de Tim Walz comme colistier et un meeting commun se tient le soir même en Pennsylvanie chez le postulant malheureux, Josh Shapiro.

54

La drôle de guerre

Ce premier meeting préfigurera la grand-messe de Chicago deux semaines plus tard. Une ferveur jamais atteinte depuis des années, des files d'attente qui s'allongent pour venir assister aux discours de la candidate et de son colistier, une montée sur scène millimétrée au son de « Freedom », la chanson de Beyoncé et des attaques brutales contre Donald Trump, taxé d'« extrémiste » et décrivant sa politique comme « dépassée et rétrograde ».

Le candidat du parti républicain à la présidentielle de novembre veut « ramener notre pays en arrière », lance-t-elle à la foule électrisée. « Mais nous ne reviendrons pas en arrière ». « Voulons-nous vivre dans un pays de liberté, de compassion et d'État de droit, ou dans un pays de chaos, de peur et de haine ? », a-t-elle ajouté, en accusant son adversaire d'être à la solde des milliardaires et de chercher à affaiblir la classe moyenne.

Le ton est donné. La drôle de guerre, celle des mots qui précède ceux, très attendus, des débats de l'automne, a commencé.

Mais les républicains, et notamment Donald Trump, ne sont pas en reste. D'autant que depuis l'entrée en campagne de Kamala Harris, les écarts, jusqu'ici favorables au candidat républicain, se resserrent.

C'est d'abord le sénateur du Texas, Ted Cruz, qui veut rouvrir la vieille plaie de la politique migratoire en affublant la candidate démocrate du sobriquet de « Border Czar », sous entendu de « tsarine de la frontière » dans un sens évidemment péjoratif pour souligner à l'envi que c'est sous cette administration que le nombre d'entrées de migrants illégaux a explosé.

Puis c'est J. D. Vance, le colistier de Donald Trump, qui tente, le 7 août, de la surprendre sur un tarmac d'aéroport dans le Wisconsin où leurs deux avions se trouvent en même temps pour l'alpaguer. Il veut la pousser à s'exprimer, laissant entendre par là qu'en dehors de ses prompteurs et des fiches de ses collaborateurs, elle serait incapable d'articuler une phrase.

Mais c'est naturellement Donald Trump qui lâche le plus violemment ses coups. Renouant avec la stratégie qui l'avait tant fait apprécier des républicains lorsqu'il mettait en doute la citoyenneté américaine de Barack Obama en 2008, l'ex-président insinuant devant les journalistes médusés de la National Association of Black Journalists (NABJ) réunis à Chicago, que Kamala Harris « n'était pas noire ». « Elle a toujours été d'origine indienne et elle ne défendait que son héritage indien. Je ne savais pas qu'elle était noire jusqu'à il y a quelques années, quand elle est devenue noire[1]. »

1. https://apnews.com/article/trump-black-journalists-convention-nabj-1e96aa530e88013ed6f577feaf89ccb6/

Signifier publiquement que Kamala Harris choisirait une identité à des fins politiques tout en suggérant à une assemblée majoritairement noire qu'elle n'était pas l'une des leurs, relevait bien de la stratégie de l'outrance qui avait tant profité à Donald Trump contre Hillary Clinton. Mais Kamala Harris n'est pas Hillary Clinton et sa meilleure réponse fut l'attaque.

55

Le statut de favorite

Kamala Harris profita de la phase de préparation des débats à venir entre les deux candidats – et notamment le choix crucial des chaînes de télévision qui allaient les retransmettre – pour laisser entendre que son rival « avait peur de l'affronter ».

D'une part, les équipes de Donald Trump avaient imprudemment laissé dire que la confrontation initialement prévue avec Joe Biden le 10 septembre « n'était plus jugée opportune » puisque Kamala Harris n'était pas la candidate officielle. D'autre part, Donald Trump avait expressément demandé que le premier débat ait lieu sur la chaîne conservatrice Fox News. Il n'en fallut pas plus à Kamala Harris pour accuser son adversaire de couardise, voulant se réfugier chez une chaîne alliée. Et elle ajouta *via* un tweet : « Je serai présente le 10 septembre, comme Donald Trump l'a accepté. J'espère l'y voir[1] ».

Les deux rivaux se mettront finalement d'accord sur un compromis le 8 août. La date du premier débat sera

1. https://www.usatoday.com/story/news/factcheck/2024/08/23/kamalaharris-back-out-fox-news-debate-fact-check/74919558007/

bien maintenue au 10 septembre mais celui-ci aura lieu sur la chaîne « neutre » ABC.

De meeting en meeting, d'interview en interview, chacun fourbit ses armes et polit ses arguments de campagne, en prévision du 10 septembre et des deux autres débats prévus ultérieurement. Il est peu de dire que ces confrontations de septembre sont attendues avec impatience et fébrilité.

Le premier débat est particulièrement crucial car, bien que la date de l'élection soit fixée au 5 novembre, le vote par anticipation existe dans vingt-deux États et territoires. Ainsi, par exemple, en Caroline du Nord, le « Early in Person Voting », débute soixante jours avant le scrutin. D'où l'importance de ne pas se « manquer » à l'occasion de cette première joute[1].

Cependant, pour Kamala Harris, il reste une ultime étape à franchir avant les confrontations télévisuelles. La Convention démocrate de Chicago du 19 au 22 août demeure, certes, une formalité comptable. Elle se trouve déjà investie *de facto* depuis le 2 août et le vote virtuel des délégués. Mais le défi consiste à réussir à en faire une fête grandiose, un événement politique à la portée considérable qui donnerait au binôme Harris-Walz l'enthousiasme et l'impulsion suffisants pour se présenter en tête dans les sondages à l'entrée de la dernière ligne droite.

Le moins que l'on puisse dire est qu'elle se présente à la Convention en position de force.

---

1. https://www.ncsl.org/elections-and-campaigns/early-inperson-voting

56

Pour l'Histoire

Tout d'abord, la semaine précédente, le 15 août, Joe Biden et elle scellent officiellement la « passation du flambeau » (« Passing the Torch »), selon le mantra répété à l'envi par les démocrates qui voulaient forcer le président en exercice à renoncer. Trente-quatre minutes : c'est le temps qu'aura duré, discours inclus, l'apparition côte à côte de Kamala Harris et de Joe Biden lors de ce meeting dans le Maryland. L'ambiance est survoltée, Joe Biden donnant l'impression de n'avoir jamais été si populaire que depuis qu'il a été poussé dehors par ses camarades de parti.

Ensuite, sans perdre de temps, dès le lendemain en Caroline du Nord, Kamala Harris dévoile enfin son programme économique. Son silence sur sa vision de l'Amérique devenant un des arguments des républicains, il lui fallait répondre. Elle divise son plan en quatre points. Plutôt bien reçu par les démocrates, il l'est moins par la presse et par les milieux d'affaires, plus sceptiques sur ces propositions qui tiennent davantage de la gauche européenne que de la politique orthodoxe et centriste, typique des démocrates et menée jusque-là par Joe Biden.

Premier thème : contrôler les prix des denrées de première nécessité qui se sont envolés, en particulier le lait, les œufs et la viande, en hausse de 50 %, et qui fera l'objet en cas de victoire démocrate d'une loi fédérale pour lutter contre les prix abusifs.

Deuxième thème : la santé, proposant, après avoir obtenu une réduction de moitié, voire des trois quarts, sur des médicaments essentiels pour les personnes âgées assurées par le biais du système public Medicare d'annuler « la dette médicale » des Américains qui n'ont pas pu payer leurs soins.

Troisième thème : lutter contre la hausse du coût du logement, qui s'est envolé depuis que les Américains ont massivement plébiscité des maisons individuelles pendant le Covid et l'explosion du coût des prêts immobiliers en raison de l'inflation et de la hausse des taux.

Quatrième thème : la natalité. Kamala Harris souhaite rétablir les crédits d'impôts datant de la pandémie pour les familles qui accueillent un nouveau-né. Et elle conclut par l'un de ses arguments de campagne contre son rival républicain : « Donald Trump se bat pour les milliardaires et les grandes entreprises. Je me battrai pour rendre l'argent à la classe moyenne et aux travailleurs[1]. »

Donald Trump et les républicains ont beau jeu de dénoncer un « programme socialiste voire pire ». Les réseaux sociaux s'en donnent à cœur joie et bruissent en

1. https://time.com/7011865/kamala-harris-economic-plan-groceries-child/

boucle du jeu de mots qui lie les mots « Kamala » et « communiste » pour accoucher de « Kamaunist ». Quant aux économistes, ils s'inquiètent, par exemple, de l'inanité du contrôle des prix abandonné, depuis les années 1970, sous Richard Nixon et notent que le montant des maisons a augmenté de 25 000 dollars en raison des 25 000 dollars de subventions annoncées le matin même.

Enfin, beaucoup d'experts s'accordent pour constater que ces promesses de dépenses ne sont pas budgétées, alors même que la dette des États-Unis est déjà abyssale. Et ils parient sur les faibles chances de les voir validées par le Congrès.

Mais ces quelques nuages ne peuvent ternir la ferveur qui désormais entoure la candidate en cette mi-août. L'avant-veille de l'ouverture de la Convention démocrate, les oracles sondagiers offrent même une belle surprise à Kamala Harris. Non seulement elle devance désormais de quelques points Donald Trump dans la totalité des « swing states », mais le ticket Harris-Walz infléchit également les courbes dans les États dits de la « Sun Belt », la « ceinture du soleil », autrement dit des États du sud et du sud-ouest des États-Unis, traditionnellement plutôt acquis aux républicains. Il s'agit notamment de l'Arizona, de la Caroline du Nord, de la Géorgie et du Nevada qui pourraient basculer.

Kamala Harris achève ici sa mue. De vice-présidente, elle est désormais candidate. Les mois de juillet et août ont été bien négociés. Et en cette soirée du 22 août 2024 qui la sacre parmi les siens à Chicago sous le regard de bronze de l'immense statue de la star du basketball Michael Jordan et sous les flonflons, les ballons, les cotillons et les serpentins aux couleurs de l'Amérique, acclamée par la foule des délégués qui vient de valider officiellement sa candidature, la conquérante réussit cet ultime « dunk ».

La voilà donc qui entame la dernière ligne droite avec le clair statut de favorite. La suite appartient à l'Histoire.

Conclusion

Kamala Harris sera-t-elle la première femme, la première Afro-Américaine et la première Américaine d'origine indienne à devenir présidente des États-Unis ou bien trébuchera-t-elle devant l'ultime obstacle lors de l'élection du 5 novembre 2024 ?

Alors que les feux de la Convention démocrate de Chicago viennent de s'éteindre en ce 22 août où la vice-présidente de Joe Biden a été officiellement désignée par les délégués pour représenter le parti démocrate face à Donald Trump, il est naturellement impossible de répondre à cette question.

Mais cet ouvrage, s'il n'a pas l'ambition de jouer les boules de cristal, tente, en revanche, de donner les clefs de compréhension nécessaires pour considérer le chemin parcouru par cette conquérante hors pair issue d'un milieu académique relativement aisé de Californie, à l'éducation bourgeoise, mais aux solides valeurs progressistes inculquées par ses parents, qui se prédestinait au métier de la justice et qui s'est transformée en justicière de la politique, en « procureure face à un repris de justice », selon ses propres termes.

De la petite fille élevée par sa mère, passant de la Californie à Montréal avant de revenir sur la côte ouest américaine, à cette jeune femme éprise de liberté et d'égalité qui, grâce au droit, prend la lumière au gré de ses rencontres, aussi bien professionnelles que sentimentales, et qui trouve finalement sa voie et son plaisir dans le combat politique, Kamala Harris aura paradoxalement autant maîtrisé son destin qu'elle aura accepté de se laisser porter par les événements.

S'il y a un fil directeur dans le parcours de cette femme, c'est l'incroyable fidélité à sa famille, à ses racines, à ses valeurs.

Sa famille d'abord : Kamala Harris ne serait jamais devenue la personnalité que l'on connaît sans sa mère Shyamala et sa sœur Maya, sans cette incroyable trinité féminine qui a forgé son caractère et cette façon d'affronter l'adversité. Quand la conjoncture tournait en sa défaveur, quand les vents devenaient contraires, quand surtout elle était blessée par les aléas de sa carrière politique, c'est auprès d'elles qu'elle venait se ressourcer, retrouver du calme et de la sérénité. Et puis, il y a Doug Emhoff, ce mari si improbable mais si important. Avec ses deux enfants nés d'un premier mariage, Cole et Ella, ce Juif de Brooklyn, cet amoureux de jazz, va compléter la tribu et donner à Kamala l'équilibre sentimental et amoureux qu'elle recherchait.

Ses racines ensuite : plus indiennes ou plus afro-américaines ? La question, pernicieuse, lui sera plusieurs fois posée lors de la campagne de 2024 par Donald Trump. Qu'en est-il exactement mais surtout, quelle importance ? Kamala Harris est une Américaine typique.

Elle a des ascendances de différentes origines, comme la quasi-totalité des habitants de ce pays, même si aucune d'elles n'est rattachée à l'Europe. Indienne par sa mère, jamaïcaine par son père, mariée à un juif ashkénaze, élevée en Californie, elle est le symbole de cette nouvelle génération dont les racines melting-pot se sont désormais mondialisées.

Ses valeurs enfin. Issue d'une famille de professeurs d'université et de chercheurs, nourrie au lait des luttes pour les droits civiques menées par ses parents à la fin des années 1960, pur produit de la contre-culture californienne, Kamala Harris est de gauche. Forcément. Naturellement. De cette gauche américaine de la côte ouest, atypique et sans pareille et, en même temps, qui inspire et donne son *tempo* au progressisme occidental et mondial avec dix ans d'avance. Il ne fut guère surprenant qu'elle optât pour la carrière juridique ou plutôt pour le combat juridique. C'était dans la logique de sa nature et de son éducation. Et le fait qu'aux États-Unis les postes à responsabilité les plus prestigieux dans le domaine du droit soient des postes électifs a évidemment facilité son passage de la loi à la politique. La procureure générale de Californie était déjà, *de facto*, une élue de la nation.

Au fil de son parcours de vie, il est étonnant de constater à quel point, chez elle, chance et malchance se croisent et s'interpénètrent. Kamala se croit frappée par le destin quand elle doit renoncer à la primaire démocrate de 2020, faute d'argent et faute de maîtrise d'elle-même pour avoir violemment attaqué Joe Biden. Elle pense sa carrière politique définitivement enterrée mais les événements tragiques liés à la mort de George Floyd poussent le candidat démocrate, non pas à choisir simplement une femme, mais à choisir une femme issue de la diversité. Et il lui tend la main pour en faire sa colistière.

À l'inverse, Kamala Harris croit en sa chance d'être la « nouvelle Obama » lorsqu'elle devient sénatrice de Californie, avant d'être snobée par ce président qui ne lui offre qu'un rôle de faire-valoir.

En définitive, le parcours, toujours en devenir au moment où nous terminons ces lignes, est celui d'une femme au destin à la fois banal et exceptionnel. C'est aussi ce qui fait sa force. L'identification est aisée. N'importe qui ou presque aux États-Unis peut se dire « cela aurait pu être moi dans d'autres circonstances ».

Car au bout du compte, Kamala Harris, qu'elle s'en défende ou qu'elle le concède, est paradoxalement un énième avatar – mot sanskrit signifiant « incarnation divine » – de l'éternel « American Dream ».

Bibliographie

Adero, Malaika, *Vice President Kamala Harris*, Sterling, 2021.

Anderson, Kirsten, *Who is Kamala Harris ?*, Penguin Workshop, 2021.

Biden, Joe, *Promise Me, Dad*, Pan Books, 2018 ; *Promets-moi, papa*, L'Archipel, 2021.

Frizell, Michael, *Female Force. Kamala Harris*, Tidalwave Productions, 2020.

Glenn, Phoenix, *Inside the Mind of Joe Biden*, publication indépendante, 2020.

Grimes, Nikki, *Kamala Harris*, Atheneum Books for Young Readers, 2020.

Hammermill, Armand, *Hope is Back*, publication indépendante, 2021.

Harris, Kamala, *The Truth We Hold*, Penguin Press, 2019 ; *Nos vérités*, Robert Laffont, 2021.

Huffman, John, *1462 Days*, publication indépendante, 2021.

Justin K. C., *The Man Biden*, publication indépendante, 2020.

Morain, Dan, *Kamala's Way*, Simon & Schuster Ltd, 2021 ; *Kamala Harris*, Talent Éditions, 2021.

Muir, Diana, *Ancestors of Kamala Harris*, Lulu.com, 2021.

Obama, Barack, *Dreams From my Father*, Crown, 2007 ; *Les Rêves de mon père*, Presses de la Cité, 2018.

Osnos, Evan, *Joe Biden. The Life, The Run ans What Matters Now*, Bloomsbury Publishing, 2020.

Patel, Dhirubhai, *Kamala Harris: Journey of Bottom to Top*, publication indépendante, 2021.

Stephens, Ashley, *The Biography of Kamala Harris*, publication indépendante, 2020.

Schweizer, Peter, *Profiles in Corruption*, Harper, 2020.

Zaia, Mary, *I'm Speaking*, St. Martin's Press, 2021.

Table

Avant-propos. Genèse 9
Introduction 13

I

La fidèle

1. Présidente... du Sénat 23
2. Crise ouverte avec la France 31
3. Prise au piège 37
4. Au nom de toutes les femmes 45
5. Une petite brise inattendue 51
6. 84 minutes 55
7. Le grand secret 57
8. La marche trop haute 63
9. La défaite en chantant 67
10. Atropos 73
11. Marcher sur le fil du rasoir 79

II

L'ambitieuse

12. Au commencement était la Mère 89
13. Les années de poudre 97
14. L'exil québécois 101

15. Premier métier, premier amour 105
16. Les parfums de la baie de San Francisco 113
17. Se frotter au suffrage universel 117
18. L'affaire Espinoza 131
19. Mettre un pied devant l'autre 139
20. Obama 145
21. Le « général chance » 149
22. La première « première flic » de Californie 159
23. Le privilège de choisir ses combats 165
24. L'ADN de Kevin Cooper 171
25. Le fléau des armes à feu 175
26. Le mur de l'argent 179
27. La « proposition 8 » 189
28. La longue marche pour le mariage homosexuel... 201
29. L'humiliation 207
30. « Monsieur Harris » 211
31. Second mandat 215
32. Jeu de chaises musicales 221
33. La course au Sénat 231
34. Pédophilie 237
35. Le discours d'Exchange LA 243
36. Washington DC 251
37. La résistante 257
38. Senate Intel 261
39. La bête noire 269
40. Kavanaugh 275
41. Atmosphère de guerre civile 289
42. Faire la « chose » ? 295
43. La blessure du Père 303
44. Le scorpion et le buffle 307
45. Sortie de route 313
46. George Floyd 319
47. Le choix 327

48. Covid-19 331
49. Dans l'arène 335
50. Avant-dernière étape 343

III

LA CONQUÉRANTE

51. Un nouvel espoir 347
52. La course contre la montre 353
53. Cent jours 357
54. La drôle de guerre 363
55. Le statut de favorite 367
56. Pour l'Histoire 369

Conclusion 373
Bibliographie 377

CET OUVRAGE A ÉTÉ ACHEVÉ D'IMPRIMER SUR ROTO-PAGE
PAR L'IMPRIMERIE FLOCH À MAYENNE EN SEPTEMBRE 2024

N° d'édition : P32151/01
N° d'impression : 105500
Imprimé en France